So kalt und schön. Ein Sonderweg

Jens Dittmar

So kalt und schön

EIN SONDERWEG

Aus dem Nachlass von Hildegard Kleinschmidt (Temuco / Chile)
herausgegeben, kommentiert
und mit Anmerkungen versehen von Jens Dittmar

BUCHER

Gefördert durch die Kulturstiftung Liechtenstein,
die Guido-Feger-Stiftung, die H.E.M.-Stiftung
und die Buteas-Stiftung, alle in Vaduz

Die Handlung dieses Romans ist frei erfunden,
auch wenn der Leser vielleicht Personen begegnet,
die er zu kennen glaubt.

Bibliografische Information der Deutschen Nationalbibliothek:
Die Deutsche Nationalbibliothek verzeichnet diese Publikation
in der Deutschen Nationalbibliografie; detaillierte bibliografische
Daten sind im Internet über http://dnb.d-nb.de abrufbar.

1. Auflage

Hohenems – Wien – Vaduz
www.bucherverlag.com

Umschlag unter Verwendung eines Fotos
aus Privatbesitz des Autors
Lektorat: Peter Natter, Robert Lackner
Satz: Dietmar Waibel
Druck: BUCHER Druck & Verlag, Hohenems

Printed in Austria

ISBN 978-3-99018-246-8

Two roads diverged in a wood, and I – I took
the one less travelled by,
and that has made all the difference.
Robert Frost*

Die mit Stern (*) versehenen Wörter
und Wendungen werden im Anhang erläutert.

Prolog

Auf dem Klingelschild stand Aleph Kraus-Góngora, doch eigentlich hieß er Kraus, Alfred Kraus. Er lebte in einem Wohnblock im Villenviertel, wo die Häuser wie Unkraut emporschießen, das freilich von etlichen Baum- und Gartenpflegern ausgemerzt wird, bevor es Schaden anrichten kann.

Hermine Biedermann beschrieb ihren Nachbarn als stillen, freundlichen Herrn, mit dem sie gelegentlich ein paar Worte wechselte, wenn er zu einem Spaziergang ins Dorf oder zum Schloss aufbrach. Die alte Dame war es auch, die die Polizei anrief. Der Streifenwagen brauchte wegen der ewigen Baustellen im Städtle eine geschlagene Viertelstunde, bis er vor Ort war.

Als Frau Biedermann – von den meisten Mitbewohnern kurz »Mini« genannt – nach einem unerhörten Radau im Flur nach dem Rechten sah, musste sie feststellen, dass die Wohnungstür im Parterre aufgebrochen war. Nein, sie sei nicht erschrocken gewesen! Sie will vorher auch nichts gehört oder gesehen haben. Offenbar hatte sich der Einbrecher gewaltsam Zutritt verschafft. Als er den Toten jedoch im Sessel fand, suchte er schleunigst das Weite, wobei er alle Vorsicht außer Acht ließ und mehr Lärm verursachte, als seiner Karriere zuträglich ist.

»Anfänger«, sagte Mini verächtlich. »Ein blutiger Anfänger und Dilettant. Also wirklich!«

Der Föhn trieb eine leere Plastiktüte vor sich her, und vor der Haustür lag ein toter Müllsack, hingestreckt. Von fern hörte man einen wütenden Hund im Duett mit einer Motorsäge, während sich die Vögel im Garten und im nahen Wald schon daran gewöhnt hatten und ihrem Tagwerk nachgingen.

Auf die Frage, ob sie der Hund denn nicht störe, antwortete sie, die den lieben langen Tag aus dem Fenster sah: »Welcher Hund? – Ach, der! Den hör ich schon längst nicht mehr. Ich kann doch nicht nach jedem Kläffer mit Steinen werfen.«

Seit dem Tod ihres Mannes trug sie Trauer; niemand im Haus hatte sie je anders als in Schwarz gesehen. Dabei war sie kein Kind von Traurigkeit, keineswegs. Aber streng war sie, das schon! Heiter und streng. Die Kinder zollten ihr Respekt, denn sie litt es nicht, dass eines sein Fahrrad oder seinen Roller im Hof stehenließ. Bei ihr herrschte Ordnung. Jeden Abend drehte sie die Runde und sammelte Spielzeug ein, um es in den Geräteschuppen zu schließen.

Anzeichen für ein Gewaltverbrechen gab es keine. Kraus-Góngora starb an Herzversagen. – Ich finde, das passt zu ihm. Ebenso wie der Ausspruch: »Für den Föhn bin ich ein Purzelbaum. Der steckt mich weg, wie er kommt und geht – mal von Süd, mal von Nord.«

Da Frau Biedermann mit dem Satz nichts anzufangen wusste, war er ihr im Gedächtnis haften geblieben, und sporadisch, wenn die Sprache auf ihren Nachbarn kam, gab sie ihn zum Besten. So auch im Zuge der Ermittlung hinsichtlich des Einbruchs und Todesfalls.

Im Grunde ihres Herzens hielt sie Kraus-Góngora für einen komischen Kauz: meistens ein bisschen geistesabwesend und versonnen, aber immer gepflegt und adrett gekleidet. Da er nett zu ihr war, ließ sie ihn gewähren, wenn er seine Wäsche auf der Terrasse trocknete, anstatt sie in die Waschküche zu hängen. – Was hätte sie auch sonst tun sollen! Dass er eine ansehnliche Bibliothek besaß, konnte Frau Biedermann bestätigen; sie sei vom Garten aus zu sehen, wenn man bei der Birke stand.

»Weiter! Noch ein Stück! Bis zu der Birke! – Halt!« Sie rührte sich nicht vom Fleck, während sie ihre Anweisungen gab, sondern wedelte bloß mit der Hand.

»Sehen Sie's? – Wieso denn nicht?«

Sie kannte den Herrn seit Jahren und war fast immer zur Stelle, wenn die Post mit den Büchern kam, oder später die Lieferwagen von UPS und DHL.

»Nichts gegen Ausländer! Die meisten Fahrer sind höflich und benehmen sich anständig. Manchmal ist sogar ein Schwarzer dabei. Aber seit die Polen und Jugoslawen kommen, bin ich auf der Hut.«

»Sie meinen Zigeuner?«

»Ja, Zigeuner. Sag ich doch.«

Nein, neugierig sei sie nicht, jedenfalls nicht mehr als schicklich. In so einem Wohnblock bleibe eben nichts verborgen.

»Der Umgang mit all den Büchern ist doch Wahnsinn, finde ich.« Er habe sie nur so verschlungen – mit Haut und Haar, könnte man fast sagen, mit Stumpf und Stiel.

Ob er Zeit und Geld hemmungslos seiner Leidenschaft widmete, den Büchern? Oder hatte er noch andere Hobbys? Essen und Trinken vielleicht? – Das könne sie nicht mit Gewissheit sagen. Aber sie bezweifle, dass Sammler glückliche Menschen seien, wie behauptet wird. Vielmehr müsse doch jeder seine Abhängigkeit spüren, oder etwa nicht? Es sei doch kein Wunder, fügte sie hinzu: Wer Tag und Nacht liest, stirbt früher oder später an Herzverfettung.

»Dieser Bücherwahn!«, sagte sie und dachte, dass Bücher nur etwas für Reiche sind. Sie selbst hatte ja auch etliche Bücher. Charlotte Link zum Beispiel. Die lese sie gern. Irgendwie müsse sie die Zeit ja totschlagen.

»Meine eigene Tochter schaut nur noch am Wochenende kurz vorbei.«

»Angehörige?«

»Davon weiß ich nichts. Aber vor zwei Wochen hatte er Besuch von einer jungen Frau mit dem Fahrrad. Die hätte seine Tochter sein können. Altersmäßig, meine ich.«

Neben dem Leichnam stand der 25 Kilogramm schwere Stapelschneider, auch Guillotine genannt.* Für alle, die große

Papiermengen schneiden müssen, wie die Werbung verheißt. Daneben warteten stapelweise Buchblocks darauf, eingelesen zu werden. – Ein guter Scanner für den Hausgebrauch schafft zwanzig Seiten pro Minute. Zugleich wird das Dokument fotografiert und über ein Sprachprogramm konvertiert, sodass es auf dem passenden Reader als E-Book erscheint.

»Was hat das alles zu bedeuten?«, fragte einer der Polizisten. »Wissen Sie das, Herr Dr. Allgäuer?« So hieß der herbeigeeilte Arzt von nebenan, der später den Totenschein ausstellte. Er hatte es nicht mal für nötig gehalten, sich feste Schuhe anzuziehen.

»Nein, keine Ahnung. Das weiß ich auch nicht.«

Bis auf ein paar Künstlerbücher, Buchobjekte und Objektbücher* – sorgsam verpackte oder in Vitrinen ausgestellte Kunstwerke, mit denen keiner etwas anfangen konnte – waren die Regale im Wohn- und Arbeitszimmer leer. Also musste davon ausgegangen werden, dass er seine Bibliothek weitgehend entleibt hatte. Die Überprüfung der Festplatte würde diese Vermutung zweifellos bestätigen.*

•

Erste Begegnung

Seit ihrem zwölften Lebensjahr besuchte Andrea K. regelmäßig die Bibliothek. Ihr erster Mitglieder- oder Benutzerausweis trug die Nummer Eins-zwei-drei, woraus man schließen kann, dass sie als Kind schon eine eifrige Leserin war. Heute gibt die Ziffernfolge EMU789-3869 auf ihrem neuen Ausweis vielleicht mehr preis, als ihr lieb ist, nämlich alles, was sie mit der Zeit an Lesefutter in sich hineingestopft hat.* Schreckliche Vorstellung! Eines Tages wird man nachvollziehen können, wer wann welches Buch entliehen und auch gelesen hat – nicht in gedruckter Form, wie das Besucherverzeichnis der Herzog August Bibliothek in Wolfenbüttel, sondern als laufend aktualisierte PDF-Datei oder gar als DNA-Molekül nach dem Vorbild der Natur, dem Speicher der Zukunft.* Doch wen kümmert schon das eskapistische Verlangen einer arbeitslosen, unter Burnout leidenden Deutschlehrerin?

Andrea, eine attraktive Frau in den besten Jahren (wie es heißt), war bei Wind und Wetter mit dem Fahrrad unterwegs. Ihr kleines Velo mit der verchromten Lenkstange stand hinten im Hof, während Lorenz, ihr Mann, im Büro arbeitete. Er konnte von Glück reden, dass sie gerade jetzt ohne Beschäftigung war. Seit Monaten kümmerte sie sich um ihre Schwiegermutter und nutzte die freie Zeit zum Lesen.

Es gibt ja noch so viel zu tun, dachte sie. Wenn man bedenkt, dass ein Berufsleser im Laufe seines Lebens höchstens 3.000 Bücher sorgfältig lesen kann …* Arno Schmidt zufolge hat man einfach keine Zeit für Kitsch, weil man nicht mal die Weltliteratur schafft.

Am Vormittag hatte sie ihre Schwiegermutter noch im Pflegeheim besucht und ihr neue Hausschuhe gebracht. Mit Klettverschluss, versteht sich. Bei der Gelegenheit plauderte die alte Dame über ihren verstorbenen Gatten, der bei einem Großbrand ums Leben kam. Das war nichts Neues und allseits bekannt, aber sie fand, dass es Ilse guttat, wenn sie ihr Leben Revue passieren ließ. Biografie-Arbeit nennt man das großspurig, und die gehört inzwischen zum Alltag im Pflegeheim wie Alzheimer und Depressionen.

Mittags wollte sie mit ihrem Mann zum Italiener in der Fußgängerzone. Doch zuvor musste sie ein Buch in der Bibliothek abholen. Da sah sie ihn in der Cafeteria beim Getränkeautomaten. Außer ihm war niemand da, erst später kam ein Teenager dazu.

»Entschuldigung, darf ich mal bitte vorbei?«

Als sie nach links auswich, trat er seinerseits nach rechts und umgekehrt; da mussten sie beide lachen. Der alte Mann war eher klein als groß, glatt rasiert, er trug ein weites Schweizer Freizeithemd (sah teuer aus!), eine Leinenhose und heuschreckengrüne Adidas-Turnschuhe, was ihm ein stürmisches Aussehen verlieh. Mit seinen über achtzig Jahren war er alles andere als ein Opa – eher ein rüstiger Panther. Den Pappbecher in der einen und das *Vaterland* in der anderen Hand, lauerte er darauf, mit ihr ins Gespräch zu kommen.*

»Möchten Sie vielleicht die Zeitung haben?« Kraus-Góngora streckte ihr den Zeitungshalter entgegen, einen hölzernen Zeitungshalter, wie man ihn aus Wiener Kaffeehäusern kennt.

»Nein, danke.«

»Haben Sie das *Vaterland* schon gelesen?«, fragte er und räumte die Zeitung beiseite. Er selbst lese außer den Todesanzeigen nur noch die Leserbriefe. Da dürfe jeder seine krausen Gedanken an die Redaktion schicken und damit rechnen, gedruckt zu werden. So tief könne er sich gar nicht bücken, um das zu verstehen. Dabei dachte er an den Präsidenten des Literaturclubs, der jüngst ein Mitglied ausschließen wollte, um es wegen einer Grundsatzkritik an der Geschäftsführung zu bestrafen. Wie er sie verabscheute, diese Salondemokraten: Gib ihnen ein Schwert in die Hand, dann machen sie hemmungslos davon Gebrauch und sind empört, wenn ihr Urteil infrage gestellt wird.

Wo immer sie ist, wird Andrea von allen möglichen Leuten angesprochen. Das hänge mit ihrer Aura zusammen, behauptet ihr Mann. Jedenfalls sehe sie vertrauenswürdig aus, entgegnet sie. »Mich trifft es dauernd, wenn einer nach dem Weg fragt – ob ich mich auskenne oder nicht. Hier kann ich das ja verstehen, aber auf Reisen und in der Fremde? Wie jüngst in Leibnitz in der Steiermark.«

»Trinken Sie einen Cappuccino mit mir?« Kraus-Góngora rückte zwei Stühle zurecht, um nicht im Weg zu sein, und lud sie ein, mit ihm beim Fenster Platz zu nehmen. Der Kaffeeautomat brummte stillvergnügt vor sich hin und schüttelte sich wohlig hin und wieder.

»Was lesen Sie denn so?«, fragte er.

»Na ja, dies und das, kreuz und quer.« Sie erwähnte *Die wilden Detektive*, die sie mit Ach und Krach endlich hinter sich gebracht hatte.*

Wie sich herausstellte, kannte er sowohl das Buch als auch dessen Verfasser! Er hatte ihn mehrmals besucht – in Paris und später in Blanes. Er wusste sogar von seiner Beerdigung zu berichten, da er selbst an die Costa Brava gereist war, um sich von ihm zu verabschieden. Ja, er bezeichnete ihn als Freund, obwohl Bolaño ein Vierteljahrhundert jünger war als er. Bei der Gelegenheit erfuhr er von Carolina Lopéz, dass der allzu früh Verstorbene ein umfangreiches unveröffentlichtes Werk hinterlassen hatte. Da Aleph jedoch nur noch sporadisch in der Verlagsbranche tätig war, legte er die Hände in den Schoß. Zuweilen müsse man nur den richtigen Zeitpunkt abwarten, meinte er.

Vermutlich waren damals sowieso schon alle Verträge unter Dach und Fach – anders als Mitte der Siebzigerjahre, als er den Autor zum ersten Mal in Spanien besucht hatte, um ihn ins Deutsche zu übersetzen. Seine Suche nach einem Verleger war leider erfolglos geblieben.

Insgesamt verbrachte er vier Wochen in Barcelona, wo sich der chilenische Emigrant niederlassen wollte. Und ausgerechnet da machte sich die Choleraepidemie breit. Natürlich wurde die Sache heruntergespielt! Wenn die Presse beschwichtigt und gleichzeitig der Chlorgehalt des Trinkwassers täglich erhöht wird, weiß doch jedes Kind, was die Stunde geschlagen hat. Erst recht, wenn in der U-Bahn oder am Straßenrand jemand zusammenbricht und Bolaños Freundin abends nicht von der Arbeit kommt, weil sie in Quarantäne muss. Da hielt ihn nichts mehr in der verseuchten Stadt. Später hat er sie noch oft besucht – meist mit Roberto im Schlepptau, der ihn mit seinen chilenischen Freunden, den Realviszeralen und Lettristen, bekanntmachen wollte, aber nicht wusste, wie man von einem Stadtviertel ins andere kommt.

Autoren wie Bolaño folgen einer Obsession, erklärte er. Sie schrieben Tag und Nacht an einem einzigen Roman, dem Roman ihres Lebens. Man könne keine zwei Romane schreiben, ohne dass eine Verbindung zwischen ihnen besteht. Bove zufolge hänge alles mit allem zusammen. Daher sei kein Roman in sich geschlossen und folglich niemals vollendet.

Wiedergänger und Gespenster bevölkern die Weltliteratur, sagte er. Von 2.000 Personen im Werk von Balzac, einem Meister der Vernetzung, sind es insgesamt 593, die mehr als einmal auftreten. Aleph habe sie alle gezählt, als er mit seiner Freundin beim Windsurfen war.

»Die Flaute hat wohl lang gedauert«, vermutete Andrea. »Wo war das?«

»Was?«

»Na, die Flaute!«

»Das tut nichts zur Sache«, antwortete er.

Arroganter Zeitgenosse, dachte sie.

Erst dieser Tage sei ihm das Phänomen bei Hamsun wiederbegegnet: So habe die schöne Dagny Kielland einen Gastauftritt bei *Alfred Lynge*.*

»Und was ist mit Ihnen? Schreiben Sie auch?« Andrea musste sich überwinden, ihm die Frage zu stellen, denn sie wollte keineswegs aufdringlich sein.

Doktor Aleph Kraus-Góngora – zweifellos ein Pseudonym, dachte sie – arbeitete an einem Buch mit dem Titel *Tractatus logico-alphabeticus*.* Das Schreiben falle ihm schwer, bekannte er. Für ihn sei Schreiben Schwerarbeit. Während andere mit lockerer Hand Seite um Seite füllen, brauche er unendlich viel Zeit, weil er das von ihm Geschriebene immer wieder kürze und von vorn beginne. In seltenen Glücksmomenten schaffe er mehrere Seiten auf einmal. Sobald er sich aber über das Geschriebene beuge, fange er an zu streichen.

»Da bleibt kein Stein auf dem anderen.« Weil es ihm nicht gelinge, die Welt adäquat zu beschreiben. Wie Gontscharow, der dreißig Jahre an seinem *Oblómow* gefeilt habe, ergänzte er.*

Wann immer er das Gefühl habe, einen treffenden Begriff gefunden zu haben, stellten sich Zweifel ein: War es wirklich das, was er sagen wollte? Er wisse es nicht mehr. Er habe es vergessen. Es habe sich im Schatten der Wörter versteckt und dann aus dem Staub gemacht. Oft bliebe von der Arbeit nicht mehr viel übrig. Deshalb sei er eigentlich Vernichtungskünstler; Schriftsteller als Beruf lasse er nur ungern für sich gelten.

Wiewohl Heraklit zufolge das Wort allen gemein sei, täten alle so, als ob sie eine eigene Meinung hätten.* Eigentlich müsse es heißen: Im Prinzip bin ich *kein* Autor, fand er, denn für nichts könne er die Urheberschaft in Anspruch nehmen, nicht mal für selbstgemachte Neologismen wie »Notliebe«. Die würde er nämlich aus bekannten, gegebenenfalls fremdsprachigen Teilen zusammensetzen. Alles andere, zum Beispiel das willkürliche Nacheinander von irgendwelchen Lauten, sei wenig hilfreich. Stottern und Lallen zeuge zwar vom Ringen um Wahrheit, sei aber nicht die Wahrheit selbst. Der Einzige, der die Bezeichnung Autor verdiene, sei Gott. Der schuf nämlich nicht nur das Alphabet, sondern formte auch die Wörter, die die Welt bedeuten.

»Glauben Sie etwa an Gott?«, fragte Andrea.

»Selbstverständlich. So wie ich an die Wirklichkeit glaube: Gott ist eine institutionelle Tatsache.«

»Wie das?«

»Ganz einfach: Wenn Gott bloß eine Idee ist, dann ist der Teufel sein Rivale, der Geist, der stets verneint. Der eine wird erst durch den andern: Mephisto durch Faust und umgekehrt. Daher ist Gott eine ausgemachte Tatsache – eine Institution.«

»Das hieße ja, dass Gott ist, weil sein Dasein geleugnet wird.«

»Genau! Können Sie sich denken, dass ich 1955 ein Verfahren wegen Verstoßes gegen §166 StGB am Hals hatte? – Gotteslästerung! Das ist unglaublich, finden Sie nicht?! Die Welt ist eine Ausgeburt des Worts, und allmählich wächst sie mir über den Kopf«, sagte er.

»Also wer ist demnach ein Autor?«, fragte sie.

»Der Tausendsassa, der sich selbst beim Namen nennt! Konsens ist Nachweis genug.« Es gebe nämlich nur, was einen Namen trägt. Ohne Name kein Dasein, ohne Dasein kein Name. Nietzsche zufolge ein bewegliches Heer von Metaphern.*

»Wir verwandeln die Welt in Sprache, und die Sprache verwandelt die Welt. Das geschieht additiv – Schicht für Schicht. Ich zitiere«, sagte er: *»You see, what you describe. That's what you get, nothing else.«** Er wisse nicht mehr, von wem das sei – William Burroughs vielleicht, oder Laurie Anderson. Bill Gates war es jedenfalls nicht.

»Wörter sind Keksausstecher oder auf Schwäbisch Ausstecherle, wie sie von A–Z im Wörterbuch stehen. Mit Lebensmittelfarbe gefärbt, bilden die Plätzchen eine bunte Warenwelt«, sagte er.

»Und was ist mit dem Teig, der übrig bleibt?«

»Den rollt man nochmal aus. Irgendwann bleibt immer ein Rest, aber der ist bedeutungslos. Den können Sie getrost entsorgen.«

* * *

Mitunter fühle er sich wie der Landstreicher im Märchen, ein Schliffel und Taugenichts, der Sack und Pack mit sich herumträgt und ab und zu einen Teil davon hergeben muss. Immer wenn er Neues erfahre, versinke etwas Altes im Meer des Vergessens. Daher müsse er sein Wissen dauernd auffrischen.

»Haben Sie schon etwas publiziert? Müsste ich Sie kennen?«

Andrea schickte sich an, im Katalog nachzusehen, aber er winkte ab. Er schreibe erst wieder, seit er nicht mehr arbeite, also pensioniert sei. Nicht, dass Schreiben keine Arbeit wäre! Aber eben nicht im Sinn von Broterwerb. Denn die ganze Schreiberei sei entbehrlich. Man könne sie ebenso gut auch lassen – genau wie das Lesen.

Sein *Tractatus logico-alphabeticus* sei eine Art Literaturgeschichte ohne Realitätsbezug. Das Alphabet diene als göttliches Ordnungsprinzip. Für jedes Zeichen wolle er einen Namen wählen, um so die ganze Welt in 26 Buchstaben zu zwängen. Überraschenderweise empfinde er das nicht als Einschränkung, sondern im Gegenteil: Die Not öffne Türen, die sonst verschlossen blieben. Das Alphabet sei nämlich kein willkürliches Flickwerk, jedenfalls nicht willkürlicher als das Leben selbst mit seinen Maulwürfen und Fallgruben. – Günter Eich habe er eben hinter sich.

Sie wollte ihn nicht unterbrechen … Vielleicht könnte sie ihn später noch fragen, was es mit den Maulwürfen auf sich hatte.*

Derzeit beschäftige er sich mit Dobyčin.* Als der Schriftsteller 1936 auf dem Leningrader Kongress beschuldigt wurde, ein kleinbürgerlicher und detailversessener Pointilist zu sein, habe er sich aus dem Saal gestohlen und ward nie mehr gesehen.

»Entweder wurde er in Dora Mittelbau ein Opfer der Nazis, oder er beging Selbstmord. Sein Leichnam und seine Manuskripte sind jedenfalls verschollen.«

Vor nicht allzu langer Zeit hatte Andrea einen Filmbericht über Dora Mittelbau in Thüringen gesehen, wo die V2-Rakete produziert wurde. Yves Béon, der die Hölle von Nordhausen überlebt hatte, sagte nach seiner Befreiung: »Mein magerer Körper ist kein schöner Anblick. Meine Haut ist von allen Krankheiten und Leiden dieser Welt zerfressen. Ich bin ein widerliches Wrack … Aber ihr alle um mich herum, die ihr mich belauert, ich schwöre euch, ich werde nie aufgeben. Niemals!« Dabei ballte er die Faust und hielt seinen linken Unterarm mit der tätowierten Häftlingsnummer in die Kamera.

»Wussten Sie, dass E der wichtigste Buchstabe im Deutschen ist?* Lanze stolzer Gletscher, wie es bei Rimbaud heißt?« – Das überraschte sie nicht!

»Sind Sie eigentlich im PEN-Club?«, wollte sie wissen.

Den PEN-Club könne man ebenso abhaken wie das Literaturhaus. Er sei nichts weiter als eine Schokoladenmühle. »Sie wissen schon, mit der man früher Schokosplitter hergestellt hat.«

»Oder sind Sie gar Kommunist?«

»Wenn Sie wollen, erzähle ich Ihnen mein Leben. Aber das dauert …«

Andrea warf einen Blick auf die Uhr und dachte dabei an ihre Verabredung. Sie hörte ihm gerne zu, weil er anders sprach als Lorenz und ihre Kolleginnen am Gymnasium. Anders auch als dieser Frommelt, der fast einschläft beim Sprechen! Seine Blasiertheit stieß sie ab – ganz zu schweigen von seinem schlampigen langen Mantel.

Von einer Landkarte erwarte Aleph, dass sie die Landschaft abbildet. Keiner käme auf die Idee, die blaue Linie für den Fluss oder die rote Linie für die Straße zu halten.

»Das Zeichen ist nicht die Realität. Das ist allen jederzeit klar. Ganz anders in der Literatur: Gewohnt, sie als Darstellung der Realität zu verstehen, finden wir einen Schmöker umso spannender, je mehr wir vergessen, dass wir lesen.«

Da es aber auch Literatur gebe, die nicht auf Abbildung ziele, sondern Sprachspiele sind, sollten wir die traditionelle metaphorische Schreibweise endlich vergessen.

»Verstehen Sie, was ich meine?«

Womöglich könne man sogar von Konzept-Literatur sprechen. Der Maler versuche, die Welt lückenlos abzudecken. Aber das gelinge ihm so wenig wie dem Schriftsteller. Immer blieben Lücken, durch die das Licht dringt. Dort tun sich Welten auf. Wie bei einer Plakatwand, bei der das alte Bildmotiv durch die Risse des neuen blitzt.

Sie hätte ihn gerne gefragt, ob es auch gegenstandslose Literatur gibt, fürchtete aber wohl, sich zu blamieren.* Im Lauf der Zeit hatte sie gelernt, ab und zu den Mund zu halten. Vieles klärt sich dann von selbst.

»Die Poesie verbirgt sich in den Falten des Rocks, wo all die Krümel landen, die mir beim Frühstück von den Lippen fallen«, sagte er, während es am Nebentisch unentwegt piepste. Dort lächelte eine Schülerin verzückt ihr Handy an, und Andrea nahm sich vor, bei nächster Gelegenheit zu prüfen, ob es das Wort »simsen« schon in den Duden geschafft hatte.

Ein Sprachkunstwerk sei von Natur aus unverständlich. Es verfolge keine Absicht, weil Absicht der natürliche Feind der Kunst sei. Zudem sei Verständnis nicht oberstes Gebot. Stattdessen regiere die Metapher, das Gegensätzliche sei zweideutig und das Unglaubliche unglaublich raffiniert.

»Von Missverständnis ist die Rede, wenn ich rätselhaft schreibe, weil Sprache in erster Linie der Verständigung diene. Für die meisten Menschen mag das stimmen, aber nicht für mich. Jede wahre Sprache ist unverständlich, verstehen Sie?«

Das sei ihm 1955 in Salzburg im Mozarteum anlässlich eines Vortrags über Artaud klar geworden. Nachdem er dem Redner, einem inzwischen weltbekannten, aber längst verstorbenen Schriftsteller und Dramatiker, im Bräustübl von seiner Dissertation erzählt hatte, habe dieser Alpenbeckett und Menschenfeind bald darauf in der Zeitschrift mit dem programmatischen Titel *Der Morgen* behauptet, dass er fast alle deutschsprachigen Dichter – außer Christine Lavant – langweilig finde. Auch Doderer fand er langweilig. Er lese fast nur Péguy, Saint-John Perse, Hamsun und – Góngora.

Das wieder hatte zur Folge, dass Elfriede Gerstl, Jeannie Ebner, H. C. Artmann und noch ein paar andere im Café Hawelka zum Weinglas und dann zur Feder griffen, um dem Novizen die Leviten zu lesen.*

* * *

Die Liechtensteinische Landesbibliothek ist wohl einzigartig auf der Welt. Wenige Minuten vor zwölf verkündet eine Stimme, dass über Mittag geschlossen sei: »Ab halb zwei sind wir wieder für Sie da.« Danach ruht sie sich aus.

Kraus-Góngora hob resigniert die Achseln, mit einer leichten Kopfbewegung dirigierte er Andrea hinaus. Im Treppenhaus auf den Lift wartend, sagte er: »Haben Sie je eine Bibliothek erlebt, die ebenerdig keinen direkten Zugang hat? Der Empfang befindet sich im zweiten Stock.«

Wahrhaftig! Darüber hatte sie noch nie nachgedacht. Wie recht er hatte! Die Bibliothek – durchaus eine Nationalbibliothek und keine Leih- oder Volksbücherei im Stil der Nachkriegszeit – erstreckte sich über drei Etagen eines Häuserblocks aus den Siebzigerjahren; die beiden ersten Stockwerke standen leer. Alle Versuche, das ganze Haus für sich zu beanspruchen, waren bisher fehlgeschlagen. Dafür hatte man von dort oben eine fabelhafte Aussicht. Vor allem bei Föhn; da sind die Kinder außer Rand und Band. Und manche Erwachsene auch. Wie Lorenz zum Beispiel.

Da Andrea verabredet war, begleitete er sie ein Stück weit ins Zentrum. Dort trennten sich ihre Wege. Aleph nahm den schweißtreibenden Aufstieg zum Roten Haus in Angriff, um von dort durch die Weinberge zu seiner Bleibe zu gelangen.

Es sollte einige Zeit dauern, bis sie sich wiedersahen: Seit ihre Schwiegermutter im Pflegeheim war, hatte Andrea alle Hände voll zu tun. Ihre Schwägerin hatte nämlich rechtzeitig beschlossen, einen Streit vom Zaun zu brechen, um sich nicht um ihre Mutter kümmern zu müssen.

Als sie nach einigen Wochen wieder in die Bücherei kam – es war schon gegen Feierabend – raunte ihr der Bibliothekar zu, dass »dieser Klaus Góngora« nach ihr gefragt habe. Anscheinend hatte es Streit im Lesesaal gegeben. Anlass sei irgendein internationaler Kunstpreis gewesen.

Im Medienraum plagte Aleph sich mit dem Lesegerät ab. Offenbar versuchte er, das Inserat für einen Opel Rekord aus den Fünfzigerjahren auszudrucken. Dabei konnte sie ihm behilflich sein.

»So einen Opel hatte ich auch – damals in Westberlin«, erinnerte er sich. Das Fahrzeug habe ihm über zehn Jahre lang gute Dienste getan. Bis zu dem Verkehrsunfall auf der West-Autobahn vor Wien. Der Wagen sei damals völlig ausgebrannt. Totalschaden! Aber ihm wurde kein Haar gekrümmt. Dabei hatte er den Kofferraum voller Raubdrucke, die es auszuliefern galt. Da sei viel Geld im Spiel gewesen.

Wie er denn eigentlich hierhergekommen sei, wollte sie wissen. Bekanntlich war es nicht leicht, sich im Fürstentum niederzulassen.

Jährlich fänden zwei Losverfahren für den erwerbslosen Wohnsitz statt; dafür müsse man sich beim Ausländer- und Passamt bewerben. Dann werde geprüft, ob man die Bedingungen erfüllt. Dazu gehört der Nachweis verfügbarer Mittel. Und natürlich die rechtzeitige Zahlung der Gebühren. Das sei ganz wichtig.

»Wann war das? Und gefällt es Ihnen hier?«

Hier sei er Phrasen verfallen, die sein bisschen Verstand bedrohen. Wo Hirten ihr Lied ins Alpenglühen schmettern, da versinke sein Protest in Mimikry. »Hoho! Ave! Ave Maria! Gott

Vater, Schöpfer von Himmel und Erde! Aber bislang haben sie mich nicht am Schlafittchen!«

Er hatte die Hände wie einen Trichter vor den Mund gelegt, und Andrea – peinlich berührt – blickte sich um, ob sie beobachtet wurden. Sie kannte das Hirten-Ave vom Theater; der Schauspieler war plötzlich verstorben, was aber nichts mit seinem Gesang zu tun gehabt hatte.

Kraus-Góngora dagegen kannte ihn nicht, den Schauspieler. Für ihn waren Schauspieler belanglos. Was ihn interessierte, war das Publikum, das sich in der Regel besser verstellt als alle Schauspieler der Welt.

Mittlerweile war es 18 Uhr geworden, die Bibliothek wurde geschlossen. Auf dem Parkplatz stand ein ziemlich verbeulter, aber offenbar fahrtüchtiger roter Alfa Romeo mit Wiener Kennzeichen: W-TMS-103. Auf der Heckklappe hatte jemand eine Telefonnummer geschrieben: 0043 1 446 207 627. Mit Filzstift!

Da es Mitte September noch angenehm warm war, hatte sie nichts dagegen, mit ihm noch eine Weile im Park zu sitzen, wo ein Rentner mit Panamahut vor sich hin döste. Herbst lag in der Luft. Der Bach war jüngst renaturiert worden, das ursprüngliche Flussbett teils wiederhergestellt – die perfekte Idylle! Es hatten sich sogar schon ein paar Tier- und Pflanzenarten wieder eingefunden. Enten und Frösche sowieso!

»Was könnte ich berichten, was ich nicht selbst erfunden hätte?« – Geboren sei er – wann, wo und warum? – Was besagt das schon? Lebensgeschichte finde in der Gegenwart statt. Den Sinn seiner Vorzeit habe er völlig aus den Augen verloren.

»Oder können Sie sich Ihre Vergangenheit merken?« Sie kehre nicht zurück, so wenig wie die fallenden Blätter zum Baum zurückkehren.

Aber er könne ihr doch bestimmt sagen, wie alt er sei, beharrte sie und erschrak: Sie wollte dem alten Mann keineswegs zu nahe treten.

Zahlen seien schon immer sein Steckenpferd gewesen. Als Kind habe er die Rechenkünste der Asiaten bewundert. »Die Chinesen rechnen, wenn sie schreiben. Ihre Wörter sind Zahlen«, behauptete er und pochte ihr dabei rhythmisch auf den Schenkel, was sie ziemlich anzüglich fand. Seine Hand sah aus wie ein Stück Brot, wie eine bayerische Brezel – so weiß und braun.

Um ihn abzulenken, wies sie auf sein Hosenbein: »Sie haben da einen gelben Fleck.«

»Der kommt vom Löwenzahn, glaube ich«, antwortete er und wischte kurz darüber, ohne dass sich an dem Fleck etwas geändert hätte.

»Das kann nicht sein! Die Zeit ist vorbei«, sagte Andrea.

Seit seiner Geburt könnte er sein Leben in Siebenmeilenstiefeln durchmessen, wenn er wollte: 39 Schulbeginn, 46 Umzug nach Wiesbaden, 53 Club der Kryptologen, nach weiteren sieben Jahren Dissertation – und so fort ... bis heute.

»Mit 56 kommt der Johannistrieb. Kennen Sie den?«

Vor sieben Jahren sei übrigens seine Wohnung abgebrannt – wegen einer Lupe, die in der Abendsonne zum Brennglas wurde. Er sei wie das Feuer, das verzehrt und nie erlischt. So schaffe er Platz für Neues.

»Nehmen Sie jede beliebige ungerade Zahl außer der Eins und multiplizieren Sie sie mit sich selbst: Das Ergebnis wird immer durch acht teilbar sein, Rest Eins. Genau die Eins, die Sie vorher übersprungen haben, weil sie ja eigentlich keine Zahl, sondern eine Einheit ist. – Und warum ausgerechnet die Acht? Weil die erste Ungerade nach der Eins drei ist. Drei mal drei ist neun, also acht plus eins. Können Sie mir folgen?«

Glücklich das Volk, das nur bis sechs zählen kann. Wie die Bakaïri in Brasilien. Die Eingeborenen greifen sich in die Haare, wenn sie eine Zahl benennen wollen, die größer ist als sechs.

»Vom Standpunkt des Erzählers steht die Zentralperspektive fest, wenn der Standpunkt feststeht. Doch was ist, wenn sich der

Erzähler bewegt? – Dann kommt die Perspektive ins Wanken. Die Zeiten geraten ins Trudeln, die Konturen verschwimmen und das Verhältnis von Ursache und Wirkung verkehrt sich ins Gegenteil.«

Erzählen, sagte er, besonders von früher, hieße, einen plausiblen Sinn herstellen – egal, ob wirklich oder nicht. Wieso sollte das vernünftig sein? Wo es doch so viele Bedeutungen wie Menschen gab?

»Und jetzt passen Sie auf! Indem ich die Zeitachse herausziehe wie einen Zigeunerspieß, zerfällt die sogenannte Wirklichkeit samt der Identität in ihre Bestandteile.« Und schon könne man mit Aufräumen beginnen: Eine neue Ordnung sei schnell gefunden, und oft ist das Neue besser als das Gute.

Seit geraumer Zeit beschränke er sich darauf, Menschen zu erfinden, die sich gegenseitig verwirklichen, indem sie ihr Dasein beweisen. Deshalb sei er kein Erzähler, sondern Handwerker – ein Demiurg!

Familienbande

Sein Großvater war Seemann und starb 1907 bei einem Arbeitsunfall auf der *Kaiser Wilhelm II.*, einem Musikdampfer von 215 Metern Länge und 22 Metern Breite, der mit 1.800 Passagieren auf dem Atlantik zwischen Deutschland und New York unterwegs war. Das Schiff, eine schwimmende Stadt mit fast 2.500 Einwohnern, war berühmt wegen seiner edlen Einrichtung. 1906 gewann es sogar das Blaue Band beim Wettstreit um die schnellste Atlantiküberquerung. Alephs Großvater war eines von 660 Besatzungsmitgliedern.*

Der Unfall beschäftigte die Gerichte noch jahrelang. Die *Kaiser Wilhelm II.* lag in Bremerhaven am Kai, als sie plötzlich Schlagseite bekam und Wasser durch die geöffneten Kohlenpforten drang. Kurz darauf sank das Schiff. Sein Großvater wurde im Kohlenbunker überrascht. Während sich einige zu retten vermochten, schaffte er es nicht mehr bis zum Ausgang und ertrank.

Der Dampfer hatte sich bei niedrigem Wasserstand mit dem Seitenkiel in einer Sandbank festgefahren. Mit der Flut hob sich das Schiff auf der Weserseite und sackte auf der Hafenseite ab, sodass das Wasser alles überschwemmte. Die Einrichtung – Teppiche, Vorhänge und kostbare Gemälde – war völlig verdreckt, doch der Schaden konnte in kurzer Zeit behoben werden. Die Passagiere, die drei Tage später an Bord gingen, haben angeblich nichts von der Katastrophe mitbekommen.

»Ein Segelboot ist kein Dampfschiff, bei dem man merkt, dass man auf dem Meer ist«, sagte Aleph. Lautlos gleite es über die Wellen. Anstatt der Motoren höre man nur das Rauschen des Wassers. Sein Vater war der Meinung, dass die Christliche Seefahrt mit den Segelschiffen ausgestorben sei.

Einst gerieten sie mit ihrem Dreimaster bei Madagaskar in einen Wirbelsturm, erzählte er. Mit einem Mal wurde es Nacht, und eine schwarze Wand raste auf sie zu. Dann setzte furchtbarer Regen ein, der das Schiff fast zum Kentern brachte, weil die Sturmsegel zerfetzt waren und mehr oder weniger alles davonflog. Also musste an der Luvseite eine neue Persenning befestigt werden. Dann segelten sie weiter, immer hart am Wind. Ihr Schiff arbeitete sich durch die stürmische See, und es war zu befürchten, dass Stagen und Pardunen brachen und die Takelage über Bord ging. Plötzlich barst der Klüverbaum, die Vorbramstange brach entzwei und riss die Großbramstange mit sich. Die Wellen überspülten das Deck und drohten die Besatzung über Bord zu reißen. Dann zerschmetterte eine Sturzflut die vor der Kajüte befestigten Rettungsboote. Die Ringbolzen, die die Reservemarstange hielten, wurden einfach weggerissen, und der Mast rollte auf Deck hin und her. Die Kombüse verwüstet, der Hühnerstall und die Schweinekoben weit hinten im Kielwasser. Es war ein Kampf auf Leben und Tod.

Da ließ der Sturm nach, und das Schiff richtete sich auf. Doch alle ahnten, dass die Gefahr noch nicht gebannt war. Sie befanden sich im Zentrum des Orkans, der jeden Moment wieder losbrechen konnte. Es blieb nur wenig Zeit, um sich auf den zweiten Akt des Dramas vorzubereiten: die zerstörten Masten ersetzen, einen Notklüverbaum errichten, Taue spannen, Segel flicken … Danach erreichten sie völlig entkräftet den rettenden Hafen von Manakara an der Ostküste von Madagaskar. Die Bilanz war niederschmetternd. Sie hatten zwar keine Toten zu beklagen, ihr Schiff war jedoch in Mitleidenschaft gezogen, sodass sie Monate brauchten, um es flottzumachen.

Seemannsgarn! Wer weiß, ob das alles stimmt?, dachte Andrea, die Landratte, die nichts von Christlicher Seefahrt verstand. So viel war ihr indes klar: Mit Romantik hatte das nichts zu tun; die lebt nur in Romanen fort. Trotzdem wünschte sich ihr Lorenz nichts sehnlicher, als einmal mit dem Schiff den Atlantik zu überqueren.

In Alephs Familie sind quasi alle zur See gefahren. Nur er mied das offene Meer. Er zog das Binnenland vor. Den Neckar, den Rhein, die Elbe – aber höchstens bis Hamburg, denn dort riecht es schon nach Fisch.

Seinen Vater habe er während des Krieges nie zu Gesicht bekommen. Alle dachten, er sei verschollen … irgendwo im Pazifik ums Leben gekommen. Bis er 1945 plötzlich wieder auftauchte. Er hatte seit Kriegsbeginn auf einer Vulkaninsel vor der Ostküste von Malaysia ausgeharrt.

»Pulau Tinggi – schon mal gehört davon? Die Insel soll jetzt ein Taucherparadies sein«, sagte Aleph. Damals war sie im Visier der Japaner, die sie den Engländern abringen wollten, obwohl sie der britischen, indischen und australischen Armee zahlenmäßig weit unterlegen waren. Den Sieg verdankten sie ihrer technischen Übermacht. Während der Besatzung kam es zu unglaublichen Gräueltaten. So haben die Japaner wahllos Personal und Patienten eines Krankenhauses niedergemetzelt. Ganze Landstriche waren von der »Säuberungsaktion« betroffen. Man denke bloß an das Sook-Ching-Massaker in Singapur!*

Sein Vater war also nicht tot, wie sie annahmen, sondern hatte all die Jahre untätig auf der kleinen Insel verbracht. Auf dem Rückweg von Australien nach Europa, mit einer Ladung Kopra, Pfeffer und Gummi an Bord, erfuhren sie vom Einmarsch in Polen, und da jedes deutsche Schiff auf den Weltmeeren Gefahr lief, sofort aufgebracht zu werden, tarnten sie es: Mit viel Farbe und Holz wurden die Aufbauten verkleidet, und anstatt der deutschen Fahne setzten sie zerfetzte Lappen mit Fantasiezeichen. Wenn sie einem anderen Schiff begegneten, drosselten sie die Maschinen. So konnte sich »die alte Klapperkiste« retten. Schließlich tuckerten sie nach Telok-Betong in Malaysia, wo sie die Befreiung abwarten mussten.

»Meine Tante würde heute noch von Niederlage sprechen«, sagte Aleph, und Andrea nickte: Für ihre Schwiegermutter galt dasselbe, auch wenn sie mit dem Thema längst abgeschlossen hatte.

Unbehelligt von den Japanern machten die Matrosen Ausflüge ins Landesinnere, einige nahmen sich Frauen und ließen sich endgültig nieder. Der Kapitän konnte nicht anders und ließ sie gewähren. Eine kleine Gruppe versuchte sogar, auf eigene Faust nach Europa zu kommen, was ihnen aber misslang.

* * *

Alfred Kraus kam in Lauffen zur Welt.

»Kennen Sie Lauffen, Lauffen am Neckar? – Nein? Aber Sie wissen doch bestimmt, wo das liegt? – Dann sollten Sie sich dort mal umsehen. Hölderlin und die Klosterkirche, das Museum und die Rathausburg, der Neckar und der Kirchheimer Tunnel.* Vor allem der Neckar, der jedes Jahr im Mai über die Ufer tritt. Schiffe, verstehen Sie?«

Und wohin fahren die Schiffe? – Neckarabwärts nach Ludwigshafen am Rhein, und von dort stromaufwärts nach Basel oder stromabwärts nach Rotterdam. Der Wein hat die Gegend geprägt, doch Aleph war der Trollinger zu sauer, das Viertele nicht stilvoll genug.

»Wir wohnten in einem Fachwerkhaus am Ufer, mit einem Garten voller Hühner. Im Keller ein Brunnenloch von zehn Metern Tiefe, aus dem früher Trinkwasser geschöpft wurde. Der Brunnen befand sich hinter einem Bretterverschlag, damit wir Kinder nicht Gefahr liefen, hineinzufallen. Und wenn ein Huhn durchschlüpfte und runterfiel, sagte meine Mutter bloß: Seht ihr!« – Das war lange her. Aber die Vergangenheit lässt einen nie mehr los, dachte er.

Seine Mutter, diese beherzte Frau, habe er nur einmal weinen sehen: als das Hochwasser den Inhalt der Jauchegrube ins Wohnzimmer drückte. Da war sie am Ende ihrer Kräfte und saß weinend auf der Treppe.

»Das kommt davon, wenn man so viel scheißt, schimpfte Frau Brückmann aus dem zweiten Stock. Dann eilte sie in den Keller, um ihre Briketts zu zählen, denn sie war von Natur aus misstrauisch.«

Eine Treppe aus Stein führte vom Hintereingang in den Garten. Bei jeder Stufe war die Kante beschädigt, weil Wotan, sein großer Bruder, ein Fass hinuntergerollt hatte. Zuweilen schwamm schmutziger Schaum auf dem Fluss, weiße Häubchen mit braunen Rändern. Die kamen aus der Fabrik bei Marbach. Dann war Baden streng verboten.

»Mit dem Paddelboot durfte ich aber trotzdem aufs Wasser«, erinnerte er sich. Als er noch nicht schwimmen konnte, wurde er mit der Leine festgebunden, sodass er im Halbkreis paddeln musste. Als er endlich schwimmen konnte, war das Faltboot kaputt, das Gerüst verfault und die Bootshaut an manchen Stellen porös. Aber den Schriftzug, den er eigenhändig am Bug angebracht hatte, konnte man immer noch gut lesen: *navigare necesse est, vivere non necesse est.**

»Am schönsten war es bei der Schleuse, wenn der Lotse sich mit dem Ladebaum von Bord schwang.« Einmal habe der Frachter die Fähre gerammt. Der Kapitän sei wohl betrunken gewesen. Im Goldfischteich auf dem Nachbargrundstück soll eine Zauberin ihr Kind ertränkt haben. Und im Gartenhaus arbeitete der Frisör. Der Kinderhaarschnitt kostete damals fünfzig Pfennig.

Im Schultheater musste er nur einen einzigen Satz sagen: *Der Kaiser hat ja gar nichts an.* Mit diesem Satz wurden die Schneider überführt, die den Kaiser betrogen hatten.

»Kennen Sie das Stück?« – Natürlich! Jeder kennt das Stück. Es taugt schon lang nicht mehr als Gleichnis. Als er steckenblieb, war es aus mit seiner Schauspielkarriere.

Sein Bruder Wotan, der zu den Cowboys gehörte, war sein ärgster Feind. Die Hüte mit der breiten Krempe haben ihm gut gefallen, aber die Flitzebogen der Indianer gefielen ihm auch. Als sie die Blockhütte im Garten in Brand steckten, bekamen die Cowboys einen starken Verbündeten und Klein Adlerauge einen allmächtigen Feind, denn gegen seinen Vater vermochte er nichts auszurichten.*

»Mein Gott, hat mich der vermöbelt!« Aleph hat ihm das nie verziehen.

Als Klein Adlerauge es nicht übers Herz brachte, seinen Vater zu erschießen, war seine Mutter überglücklich. Und alle Tiere im Wald dankten ihm und gelobten, ihm notfalls zu helfen.

Bald darauf hatte er seinen ersten Schatz: Auf dem Schulweg verliebte er sich in die blonde Helga, die auf der anderen Seite des Neckars wohnte. Nach der Schule pfiff sie ein Lied, dann wurde sie mit dem Ruderboot abgeholt. Wenn er die Melodie pfiff, die er ihr abgelauscht hatte, geschah gar nichts. Sie schaute nicht mal aus dem Fenster. Als er sie küssen wollte, biss sie ihm in die Lippen und rannte lachend davon. Danach habe er nie wieder versucht, sie zu küssen. Alfred war acht.

An den Aufmärschen der HJ habe er sich nie beteiligt und entsprechende Einladungen stets ignoriert – nicht ohne Folgen: Rudolf Müller, ein Mitglied des HJ-Streifendienstes, drohte ihm unverhohlen mit dem Jugendschutzlager Moringen, das als Konzentrationslager für männliche Jugendliche bekannt war.* Es lag nicht weit von Göttingen entfernt, und die Ursachen, dorthin zu kommen, waren ganz unterschiedlicher Art. Da aber seine Mutter krank war, konnte er sich meist aus der Affäre ziehen und sein Fernbleiben rechtfertigen.

Als sein Bruder die schriftliche Weisung erhielt, sich mit dem Pappkoffer im Wehrertüchtigungslager von Merzhausen einzufinden, rückte der Krieg immer näher. Nach einem mehrwöchigen Lehrgang war Wotan nach Ansicht der Nazis einsatzbereit. Später, als der Marschbefehl kam, wurde er in Uniform gesteckt und musste an die Ostfront, um der Wehrmacht beim Rückzug zu helfen. Das Ende des Zweiten Weltkriegs erlebte er bei Marienburg in Ostpreußen, dem heutigen Malbork, sechzig Kilometer südöstlich von Danzig. Eben dort hat 37 Jahre zuvor, nämlich

1908, Otto Dietrich zur Linde das Licht der Welt erblickt, der am Vorabend seiner Hinrichtung gesagt haben soll: »Der Feigling erweist sich vor der Klinge.« – So oder wie auch immer.

Und dann der Rückzug, die Flucht nach Westen: »Links und rechts und von hinten das Feuer der Panzer, von oben stießen die Tiefflieger wie Habichte herab und jagten uns über den weiten, verschneiten Acker«, schilderte Wotan seine Flucht. Im Januar lag überall Schnee, er strauchelte, stürzte und fiel in den Graben, aber stolperte weiter, ohne Helm und mit nasser Hose. Bis sich ihm das apokalyptische Bild von einem Flüchtlingstreck bot. Die meisten Wagen waren umgestürzt, Pferde hingen in den Deichseln – und überall Leichen. Zermalmt, erschossen und zerfetzt. Frauen, Kinder, Greise. Sie waren den russischen Panzern im Weg, die rücksichtslos mitten durch den Elendszug fuhren.

Bald darauf zogen sie mit Sack und Pack nach Wiesbaden, wo Aleph das Gymnasium besuchte. Das Abitur bestand er mit Ausreichend. Da er in allen sprachlichen Fächern gut war, wählte er Hispanistik an der eben wiedereröffneten Johannes Gutenberg Universität Mainz. Die Lektüre der *Soledades* von Luis de Góngora y Argote hatte den Ausschlag gegeben.* Jeden Samstag musste er antreten und die ausgelagerten Buchbestände einräumen. Wochentags besuchte er Vorlesungen in Philosophie, Slawistik und Kunstgeschichte – je nachdem, wie ihm die Professoren gefielen. Die meiste Zeit verbrachte er jedoch in der Bibliothek.

Jonas Wittling

»Woran denken Sie, wenn Sie Fischmarkt hören – woran denken Sie da?« Kraus-Góngora kannte die Antwort selbst und ließ Andrea gar nicht erst zu Wort kommen.

Vermutlich an Hamburg oder ein romantisches Fischerdorf auf einer Insel im Mittelmeer. Kaum einer denke dabei an Mainz. Und doch hat der Mainzer Fischmarkt eine lange Tradition. Seit dem 14. Jahrhundert ist die Stadt ein wichtiger Umschlagplatz für Fische aller Art, besonders für Heringe und Bücklinge. Heute gilt das Fischerviertel als attraktive Wohnadresse. Trotz der stark befahrenen Rheinstraße, die es vom Zentrum trennt, ist es dort meist still, weil es etwas abseits liegt. Und im Licht der untergehenden Sonne kann man die Schiffe beobachten und in der Parkanlage spazieren gehen.

Beim Fischtor, einem gotischen Turm mit zwei Rundbögen, fand vor 150 Jahren der Fischmarkt statt. Nach diesem Turm, der 1847 abgerissen wurde, ist der Fischtorplatz benannt. Er verbindet die Altstadt mit dem Rheinufer. Die Fischergasse ist das Einzige, was von dem alten Fischerviertel übrig ist – wenn man von der Fischerstube absieht. Die gab es schon im 19. Jahrhundert, wiewohl nicht an derselben Stelle. Dort kann man heute wieder »gesalzen fysche« und »doerrfysche« essen – genau wie vor 700 Jahren, als diese so reichlich waren, dass es zu einem regelrechten Preisverfall kam. Stockfisch und Hering wurden von hier bis an den Oberrhein und in den Schwarzwald verschifft.

Da Jonas Wittling am Fischtorplatz wohnte, hatte er es nicht weit in die Fischerstube. Fünf Stufen führten hinauf in die Schänke. Dort, an seinem Stammplatz, mit Blick auf den Rhein, war er zu finden, wenn er nicht im Büro arbeitete. Für ihn galt, was Alfred Brehm, der Zoologe, allgemein über Fische schrieb: »Von einem regelmäßigen Tageslauf kann man bei ihnen nicht sprechen, obgleich sie zu bestimmten Zeiten tätig sind und andere der Ruhe widmen …«

Nachdem Aleph in der *FAZ* einen Artikel über Góngora veröffentlicht hatte, wollte Wittling ihn unbedingt kennenlernen, weil er einen Fachmann für spanische Literatur suchte. Darüber müsse er sich nach über sechzig Jahren noch wundern, nach über sechzig Jahren.

Wittlings Interesse an ihm war offenbar groß, denn bedingt durch eine Reihe von Umständen hatte er den Verleger vier Stunden lang warten lassen, was dieser ohne ein Wort des Vorwurfs hinnahm. Am Tag zuvor, dem 9. Juli, hatte auf dem Weingut der Freiherren Langwerth von Simmern* in Eltville nämlich eine Geburtstagsfeier stattgefunden, zu der viele Verlagsleute, Lektoren und Journalisten aus ganz Deutschland angereist waren – darunter Hermann Leins aus Stuttgart, der eine Schriftmustersammlung im Kofferraum seines schneeweißen Mercedes spazieren fuhr. Er erklärte Kurt Leonhard, den er natürlich aus Esslingen kannte, dass er mit dem Direktor des Gutenberg-Museums verabredet war, dem er seine Sammlung zum Geschenk machen wollte. Willi Weismann und Klaus Piper aus München hatten eine Fahrgemeinschaft gebildet, während Inge Stahlberg und Rainer Wunderlich mit öffentlichen Verkehrsmitteln angereist waren, die eine aus Karlsruhe, der andere aus Tübingen. Wunderlich schimpfte: Viermal umsteigen! Eine Weltreise! Eigentlich wäre auch Henry Goverts eingeladen gewesen, aber der wohnte neuerdings irgendwo im Ausland und sagte kurzfristig ab. Zweifellos hätte er noch viel öfter umsteigen müssen! Ferner kamen Buchhändler, Grafiker, Verleger, Übersetzer und Autoren wie Kurt W. Marek, der – wie jeder weiß – später einen Bestseller schreiben sollte. Laut seinem Kollegen Peter Rühmkorf war er schon »bedrohlich betrunken«.

Jetzt fehlt bloß noch, dass Klaus Wagenbach hier auftaucht, dachte Aleph, als er mit Inge, Elisabeth und Leo im Rosengarten der Kurfürstlichen Burg auf einer Bank saß. Mit dem hatte er nämlich ein Hühnchen zu rupfen. Später gesellten sich Maria und Heinz Friedrich dazu, der angetreten war, Alfred Andersch beim Hessischen Rundfunk abzulösen. Der Hessische Rundfunk sei eine noble Kulturadresse, versicherte er, was niemand bezweifelte.

»Victor Otto Stomps«, sagte er, »den Namen sollten Sie sich merken.«* Der habe schon vor dreißig Jahren Benns Gedichte gedruckt. Seine Rabenpresse sei legendär. Und Maria pflichtete ihm bei: Das sei so ein liebenswerter Sonderling – mit seinen Lederhandschuhen und Gamaschen. – Da merkte man gleich, dass sie die Schauspielschule besuchte.

Inge Schönthal, die ungestüme junge Fotografin, strebte mit ein paar Flaschen Hattenheimer Nussbrunnen zum Rheinufer, als Günther Busch* von der *Süddeutschen* ihn mit Hildegards Vater bekannt machte. »Darf ich vorstellen: Aleph Kraus-Góngora – höchst persönlich«, sagte er nicht ohne Ironie.

Dr. Kleinschmidt streckte Aleph die Hand entgegen wie ein leutseliger Politiker auf dem Parteitag der Liberalen und antwortete: »Freut mich sehr, Herr … wie war doch gleich Ihr Name? – Und das ist meine Tochter Hildegard«, fügte er hinzu. »Sie macht gerade ein Praktikum bei Rowohlt. Es gibt niemanden, der sich mit Henry Miller besser auskennt als sie.«

Das war natürlich übertrieben, doch was tut ein stolzer Vater nicht alles, um die Karriere seiner Tochter zu befördern. Ihm hatte sie es zu verdanken, dass sie ihre Tage in einem herrlichen Büro mit Blick auf die Alster verbrachte, wo sie von früh bis spät lesen durfte. Er hoffe bloß, dass sie sich bei den Fischköppen nicht das Saufen angewöhnt. – Wahrhaftig! »Saufen« hat er gesagt.

Aleph wich nicht mehr von ihrer Seite, und die Feier wollte kein Ende nehmen. Die meiste Zeit saßen sie an der Uferpromenade und schauten den Schiffen zu. Nicht weit von ihnen hatte sich Günther mit dieser Fotografin niedergelassen.

»Hilde, die später meine Frau wurde, wachte am nächsten Morgen neben mir in einem fremden Bett auf«, sagte Aleph.

»Lebt Ihre Frau auch hier?« Andrea konnte sich schon denken, wie die Antwort lauten würde, denn noch nie hatte sie ihn anders als allein gesehen.

»Sie ist schon lange tot. Wir hatten auch einen Sohn … Der ist jedoch früh gestorben. Um mich herum sterben sie wie die Fliegen. Wie alt ist Ihre Schwiegermutter jetzt?«

Da diese seit geraumer Zeit im Pflegeheim war, besuchte sie sie täglich, aber täglich wurden die Besuche kürzer, weil die alte Dame nicht nur blind, sondern auch depressiv wurde. Jeder Versuch, sie aufzumuntern, war zum Scheitern verurteilt.

»87 … – Warum?«

»Da lohnt es sich nicht mehr, sie zu vergiften.«

»Wieso sollte ich das tun?«

»Ach, mir fiel bloß ein, wie Claire Goll versucht hat, ihre Mutter mit Rattengift zu töten. Aber das klappte nicht, weil das Luder den Pudding mit dem Gift versehentlich vom Nachttisch gefegt hat.«

Dann hielt er ihr einen Vortrag über das Drama seines Lebens: »Wir treten auf die Bühne, wenn das Stück in vollem Gang ist. Es hält nicht mal kurz an, damit wir unsere Plätze einnehmen können, sondern legt an Tempo scheinbar noch zu.«* Wenn wir abträten, sei es nicht anders. Das Stück gehe einfach weiter, indem das Publikum den Saal verlässt. Das Bühnenbild werde zwar ab und zu um-, aber nie neugebaut; deshalb sei die Technik auch schon gegangen.

»Und keiner ist da, der das Licht löscht und die Türen schließt. Weil es kein Ende gibt – das ist der Grund. Deshalb.«

Er sprach langsam, setzte gleichsam einen Fuß vor den anderen. Dabei war seine Absicht klar … Er wollte seiner Rede Nachdruck verleihen.

»Unseren Sohn haben wir 1962 ins Kindererholungsheim Henri Dunant im Odenwald geschickt. Das Heim in Brandau gibt es heute noch, es heißt bloß anders. Jochen, damals acht, hat sich beim Sprung aus dem Fenster schwer verletzt. Im Krankenhaus kam dann eine Lungenentzündung dazu.«

Wieso er gesprungen war, blieb ungeklärt. Vielleicht um sich einer Strafe zu entziehen, denn es handelte sich um das Fenster des für seine Strenge bekannten Präfekten. Später geriet das Heim ins Gerede, weil ehemalige Küchenangestellte …

»Sie wissen schon, worauf das hinausläuft. Ein Triebtäter. Wie langweilig!«

Im Felsenmeer von Reichenbach im Odenwald, vor dem Haus, in dem Lenzens Waldbruder lebte, habe er sich schließlich erhängt. Warum ausgerechnet dort?, habe er sich gefragt, als er das Bild in der Zeitung sah. Und warum schneidet ihn denn keiner ab?

»Hilde gab mir die Schuld, weil das Erholungsheim meine Idee war«, sagte er. »Bald sprach sie kein Wort mehr mit mir. Bis sie eines Tages ihre Koffer packte und zu ihrer Schwester nach New Jersey zog. Von dort fuhr sie nach Diego und Tijuana, wo sie Opfer eines Gewaltverbrechens wurde. Man fand ihre verstümmelte Leiche in einer Bauruine am Rand der Millionenstadt in Baja California. Sie war in einen Zementsack gewickelt und zeigte Spuren von Folter, wie es im Polizeibericht hieß. Der Portier des Motels, in dem sie gewohnt hatte, soll bei der Identifizierung geholfen haben.«

Später las er einen Bericht über streunende Hunde in der Stadt, darunter angeblich veritable Mörderbestien. Da war er erleichtert, dass sie bloß gefoltert und verstümmelt worden war, denn das sei allemal besser, als von Hunden gerissen zu werden. Juan de Dios Martínez, der für den Fall zuständige Kommissar, behauptete, dass es sich um ein Drogendelikt handelte, obwohl das keineswegs erwiesen war. Jugendliche, die am Fundort Partys gefeiert hatten, wollten in der fraglichen Nacht ein Liebespaar gesehen haben, sodass es sich auch um einen der vielen in der Grenzregion unaufgeklärten Morde an Prostituierten handeln könnte.

»Das Einzige, was mir von ihr blieb, war eine Witwenrente. Und ein kleines Erbe, das mir die Freiheit verschafft – na, Sie wissen schon, was ich mit Freiheit meine! Ni dieu, ni maître!«*

* * *

»Wo war ich stehengeblieben?«

»Bei der Geburtstagsfeier in Eltville.«

»Ach ja! Also das Bett, in dem wir erwachten, stand in einem Bauernhaus bei Schlangenbad im Taunus. Ich hatte keine Ahnung, wie wir dorthin gelangt waren, geschweige denn, wie wir von dort wieder wegkommen sollten. Aber Sie können sich ja denken, dass ich es nicht eilig hatte. Ich konnte mein Glück kaum fassen, obwohl ich ziemlich verkatert war.«

Erst gegen Mittag fiel ihm die Verabredung wieder ein. Da blieben rund zwei Stunden Zeit. *Lass den Termin doch einfach sausen*, hörte er eine innere Stimme sagen; aber eine andere beharrte: *Du musst jetzt unbedingt nach Mainz.* Doch das war ohne fahrbaren Untersatz ein Ding der Unmöglichkeit!

»Wir suchten den Hausherrn, der uns freundlicherweise Unterschlupf gewährt hatte, doch der war schon aufgebrochen, ohne Nachricht zu hinterlassen – nach Eberbach, wo er im Klosterladen zu tun hatte.* Ich traf erst um 18 Uhr in Mainz ein, und Wittling war immer noch da!«

In Zürich, erzählte Wittling, habe er einmal drei Stunden auf diesen Herrn Frisch warten müssen. Dann seien sie in die Kronenhalle zum Essen gegangen. Noch am selben Abend fuhr der rastlose Schweizer über Mailand nach Rom, während Wittling den letzten Zug nach Chur bestieg, wo am nächsten Tag die Premiere von Brechts *Antigone* nach Sophokles stattfinden sollte.

Oh, dieses schreckliche Fastnachtslachen, dieses Gurren und Stampfen mit Gesang, und diese verblüffende Ähnlichkeit mit dem Chagall an der Wand! So habe Wittling gedacht, als sie beim Rotwein saßen.

Der Schweizer an und für sich trinke Andrianer, erklärte Frisch, vielleicht auch Veltliner – jedenfalls sei einer scheußlicher als der andere. Doch in der Kronenhalle hätten sie zum Glück auch Burgunder.

Er bestand darauf, Wittling in die Kunst des Pfeifenrauchens einzuweihen. Dabei fuchtelte er mit seiner Savinelli herum. Frisch zufolge gab es vier Arten von Pfeifen: solche, die man mehr in der Hand und weniger im Mund, und solche, die man weniger im Mund und mehr in der Hand halte, sowie solche, die man mehr im Mund und weniger in der Hand, und schließlich solche, die man weniger in der Hand und mehr im Mund halte. Dabei zündete er sich seine Pfeife an – wie immer *umständlich*. Zigarren und Pfeifen werden immer *umständlich* angezündet, da kann man nichts machen.

So sehr Wittling sich bemühte (sie hatten, wie erwähnt, schon eine Flasche Burgunder intus), gelang es ihm nicht, ihm seinen Denkfehler nachzuweisen. Und da der Schweizer schon eine literarische Instanz war, wollte er ihn nicht auf die verblüffende Ähnlichkeit mit dem Chagall hinweisen: Es hätte ihn kränken können. Also habe er schleunigst das Thema gewechselt und gesagt: »In dem Moment schiebt sich, glaube ich, der Mond vor die Sonne und verdunkelt die Erde.« – Was natürlich Unsinn war!

Frisch sog an seiner Savinelli und sah ihn verständnislos an. Dann fragte er: »Wollen Sie wissen, was hinter dem Vorhang ist? – Ich kenne jetzt die Antwort: Ich bin es selbst!«

Als sie das Restaurant verließen, folgte ihnen das Flüstern der anderen Gäste bis zur Tür. Draußen regnete es in Strömen, die Rämistraße glänzte im Licht der Scheinwerfer.

»Und jetzt stellen Sie sich vor, Frisch wäre Architekt geworden«, sagte Aleph zu Andrea, die sich mit ihrer Unterschrift einst für den Erhalt des von ihm entworfenen Hauses im Villenviertel engagiert hatte. »Nicht auszudenken! Wittling bestand darauf, dass jeder Verantwortung tragen müsse, nicht bloß Architekten. Als Verleger trage er Verantwortung im Sinn von Sprachhygiene. Die sei sozusagen kein Kinderkram. *Also achten Sie auf Ihre Wortwahl*, mahnte er. Sind Wörter etwa doch des Teufels?, dachte ich. Und alles, was mit ihnen geschieht? Was macht ihre Wirkung aus … ihr Echo?«

* * *

»Hat es Ihnen nicht geschmeckt?«, erkundigte sich der Kellner, als er sah, dass sie fast nichts gegessen hatten.

»Doch, doch. War schon in Ordnung, das heißt – es ging. Ich hatte keinen Hunger«, sagte Aleph. »Das Brot schmeckt gut. – Haben Sie noch etwas Brot? – Ja, das können Sie mitnehmen. Bringen Sie mir lieber ein Glas Rotwein.«

Als der Kellner nachschenken wollte, wehrte er ab: »Das kann ich selbst, sehen Sie nur!« Das habe dem alten Bücherfuchs gefallen.

Nach einer Weile fragte er: »Sind Sie eigentlich Jude? – Nein? Macht nichts … In der Redaktion könnten wir Juden brauchen. Oder Menschen, die genauso gut sind wie Juden.« Ob ihm das Spaß machen würde, fragte er. Und Aleph nickte eifrig.

Philosemitismus ist eine schlimme Krankheit, fand Andrea und entsann sich ihrer Schulzeit, als sie von ihrem Klassenlehrer meist bevorzugt wurde, weil sie seine Lieblingsschülerin war. Das hatte sie als großes Unrecht empfunden.

»Ich dachte, dass Wittling das Triangel-Mirakel gefallen könnte«, sagte Aleph. »Deshalb erzählte ich ihm, wie ich als Student einst im Musikalienhandel gearbeitet hatte. Eines Tages war ich fast zu Tode erschrocken, als ich mit Auspacken von Instrumenten beschäftigt war. Allmächtiger, ein göttliches Zeichen, schrie ich, und der Geschäftsführer eilte herbei. Am Boden der Schachtel hatten sich zwei Triangel ineinander verhakt und bildeten einen Davidstern.«

Wittling runzelte die Stirn, doch die Entrüstung war bloß gespielt, denn seine Augen glänzten vor Vergnügen. Endlich erklärte er: »Wir finden immer nur das in der Schachtel der schönen Erinnerung, was wir zuvor dort versteckt haben, nicht wahr?«

Es sei naiv zu glauben, dass man dieses Schmierentheater von Welt verbessern könne, soll Wittling gesagt haben. Nicht mal die Poesie sei dazu in der Lage. Sie könne auf das göttliche Prinzip verweisen, das schon! Wenn ihm das mit seiner Zeitschrift gelänge, sei er zufrieden.

»Wenn man all die langen Reden, die Sätze und Wörter in die Waagschale legen oder die Länge der Sätze messen würde, die man im Laufe seines Lebens absondert«, sagte er. »Das wären Strecken, da kämen Kilos zusammen. Aber nichts wäre dadurch gewonnen.«

Die zum Leben unerlässliche Aggression sei ihm in amerikanischer Gefangenschaft leider abhanden gekommen. Alles andere wäre gelogen. Er war unfähig, einen Goldhamster zu erschrecken. Nach fast einem Jahr Kriegsgefangenschaft in Reims führe er unterdessen ein glückliches Leben, wie sich denken lasse.* Jüngst habe er sogar eine Französin gefunden, die seit einem Semester Deutsch studiert. Beim Einkaufen sei sie ihm mit Blumen über den Weg gelaufen, und fast hätte er sie zum Essen eingeladen: *bœuf bourguignon* – Fleisch in Würfel schneiden und im heißen Öl kräftig anbraten. Danach mit Mehl bestäuben und mit Wein ablöschen. Immer wieder einkochen lassen; würzen und zwei Stunden köcheln lassen. – Aber er habe sich nicht getraut.

»Das macht aber hoffentlich nichts. Wir werden uns wiedersehen, wenngleich ihr Becken meist eine andere Richtung einschlägt als ihre Beine. Vielleicht ist es Trauer oder Überdruss, der sie so trostlos aussehen lässt.« Was Kraus-Góngora an seiner Stelle getan hätte, wollte er wissen.

Es werde sich bestimmt noch eine Gelegenheit ergeben, antwortete Aleph. Es böten sich immer Gelegenheiten.

Wittling fuhr fort: »Ich habe Sie vorhin beobachtet«, sagte er. »Vor dem Spiegel hielten Sie inne. Sie haben Ihre Krawatte zurechtgerückt – das musste sein. Dann haben Sie eine Haarsträhne aus der Stirn gewischt. Auch das kann ich verstehen. Aber warum, zum Kuckuck, haben Sie die Zähne gebleckt und sich die Zunge rausgestreckt? Was sollten die Grimassen?«

»So? Hab ich das?« Aleph konnte sich nicht erinnern.

»Haben Sie Schieles Hände gesehen? Was für ein melancholischer Dandy! Wie er die Finger spreizt und so seinen Spleen zum Ausdruck bringt … Als wollte er sagen: Tritt beiseite, Natur, ich habe lange genug unter deiner Willkür gelitten. – Genau so sah das aus bei Ihnen.«

Seine erste Frau habe auch gern gemalt, am liebsten Landschaften. Motivwahl, Bildaufbau und Farblehre – alles perfekt. Da habe es nichts Willkürliches gegeben. Sie sei doch nicht verrückt, habe sie gesagt. Warum sollte sie malen, was sie nicht sieht? Rote Wiesen, blaue Kühe – wo gibt's denn sowas!

»Sie werden verstehen, dass die Ehe nicht lang gehalten hat, denn so einfach ist das alles nicht – *in this scurvy and disastrous world of ours.*«*

»Es ist halt ein Labyrinth, kalt und schön«, so Aleph. »Die Götter, die es geschaffen haben, müssen wohl betrunken gewesen sein.«

Wittling hatte schon in der Weimarer Republik geheiratet und eine Literaturzeitschrift herausgegeben, die aber 1938 verboten wurde. Anlass war das Titelblatt von Hannah Höch. Da er wusste, dass sie als entartet galt, hätte er es eigentlich vermeiden können. Zufällig sei er Zeuge gewesen, wie Juden, die vom Schneeschuhlaufen im Allgäu kamen, von jungen Burschen aus dem Zug geworfen wurden. Das war 1936 in Memmingen: Die Halbstarken grölten, weil es keinen Anschluss mehr gab und die Gruppe auf dem Bahnsteig übernachten musste; vor dem Wartesaal hing ein Schild *Juden unerwünscht* und jemand hatte handschriftlich »und Hunde« ergänzt. Dieses kleine Erlebnis sollte er nie vergessen, ja man könne sagen, dass es ihn geprägt und letztlich dazu geführt habe, dass er aus der Partei »ausgetreten wurde«, wie er sagte. Kurz darauf sei die Ehe geschieden worden, denn seine Frau war in mehr als einer Hinsicht anderer Meinung als er.

Er stellte weiter Bücher her, die an wechselnden Verlagsorten erschienen, vorwiegend ältere Autoren und Illustratoren wie Kubin, Loerke und Zech. Bis er 1943 an die Westfront geschickt wurde.

Ende 1945, kaum aus Gefangenschaft entlassen, habe er sich gesagt: *Fang doch an mit einer Buchfabrik, sei ein Herr Verleger!* Ohne auf die Lizenz zu warten, gründete er den Jonas-Wittling-Verlag. Seine Auflagen waren so gering, dass die Papierzuteilung der Alliierten für ihn keine Rolle spielte. Bei 15.000 neuen Titeln in Deutschland fiel seine Produktion kaum ins Gewicht. Am liebsten verwendete er braunes Packpapier. Der Nachweis einwandfreier demokratischer Gesinnung gelang ihm spielend, und irgendwie schaffte er es sogar, als politisch Verfolgter zu gelten.

»Wenn Sie mich fragen: Wer behauptet, nichts gewusst zu haben, der lügt. Bei uns wurde durchaus über solche Dinge gesprochen, weil Verwandte von mir in einem Haus wohnten, das Juden gehörte. Und ein Vetter erzählte, dass in Russland ganze Waldgebiete abgesperrt waren, in denen sie erschossen wurden«, berichtete Wittling.

* * *

Aleph bezweifelte, einen guten Eindruck hinterlassen zu haben, aber bald darauf erhielt er mit der Post ein Buch und den Auftrag: Fahren Sie nach München und finden Sie heraus, ob es eine Fortsetzung gibt. Der Verfasser des Buches – 1946 *»under Military Government Information Control License Nr. US-E 125«* bei Piper erschienen – habe bis kurz vor seinem Tod 1950 daran geschrieben.

Der Yalu fließt war ein Lebensbericht, wie Aleph ihn nie zuvor gesehen, geschweige denn gelesen hatte. Mirok Li wurde 1899 in Korea geboren. Sogleich fielen ihm Hemingway, Borges und Nabokov ein, die alle im gleichen Jahr zur Welt kamen. Der Autor schildert »seine Jugend in Korea« (so der Untertitel) und seine Flucht über den Yalu nach Schanghai. Von dort ging die Reise weiter nach Europa. In Würzburg und Heidelberg studierte er ein bisschen Medizin, später Zoologie in München. Letzten Endes wurde er Lektor für Koreanisch sowie für chinesische und japanische Literatur an der Universität.

Das muss es sein, was wir für asiatisch halten, dachte Aleph. Die Sprache … einfach, aber unverschämt, dient dem Verständnis – mehr nicht. Dieses Deutsch ist elementar und von einer Präzision, die nur einer zustande bringt, der seine koreanischen Gewohnheiten an der Grenze abgelegt hat. Wie das Märchen von dem Krug, der jeden Wunsch erfüllt: Den ganzen Tag lang hatte der Fischer nichts gefangen, erst spät am Abend ging ihm ein Karpfen ins Netz. Dieser weinte bitterlich, sodass der Mann ihn schwimmen ließ. Am nächsten Morgen kam der König des südlichen Meeres und schenkte dem Fischer den Schatzwasserkrug. Denn der glückliche Karpfen war des Meerkönigs einziger Sohn.

Aleph fuhr also nach Gräfelfing, um dort zu erfahren, dass Mirok Li kurz vor seinem Tod sämtliche Manuskripte vernichten ließ. Offenbar hatte seine Witwe den Auftrag zuverlässig erledigt.

»So wurde ich Mitarbeiter des Jonas-Wittling-Verlags.«

Schwärmerei sei nicht seine Art, sagte er zu Andrea, die sich auf eine längere Erzählung einstellte. Als er an seine Karriere dachte, straffte er sich kaum merklich: Hier blickte einer klaglos, vielleicht sogar stolz auf sein Lebenswerk zurück.

Aleph und seine Kryptologen

Als freier Mitarbeiter und Lektor konnte er sich, der sich seither Aleph Kraus-Góngora nannte, ganz seiner Dissertation über den spanischen Melancholiker Luis de Góngora widmen. Daher verbrachte er die Sommermonate von Juni bis September in Barcelona, das für seine Studien zwar nicht gerade dienlich, doch dafür von Frankfurt über Straßburg und Lyon gut erreichbar war. Nur einmal habe er den weiten Weg nach Cordoba auf sich genommen, wo Góngora von 1561 bis 1627 lebte. Sein Landsmann und Zeitgenosse Francisco de Quevedo hätte den Ketzer, so Aleph, am liebsten auf dem Scheiterhaufen gesehen.

Wieder in Deutschland, besuchte er die Versammlungen der Kryptologen, einer literarischen Gemeinschaft, deren Mitglieder sich montags in Wiesbaden trafen. Als Emblem diente ihnen eine weiße Maus, die ein liegendes A hinter sich herschleppt. Die Sitzungen fanden meist im ersten Stock des Hotels *Bären* in der Altstadt statt, wo seit Kurzem sogar ein Fernsehapparat stand, sodass sie hie und da, wenn ein Fußballspiel übertragen wurde, in die Gaststube ausweichen mussten. Der Wirt hatte früh erkannt, was seine Gäste von ihm erwarteten: Brot und Spiele. Und eine nette Bedienung.

Am Stammtisch des beliebten Badehauses, vor dem Hintergrund historischer Stadtansichten, unterhielt Karl Bödeker seine Gäste mit Goethe-Briefen, die der »Aristokratenknecht«, wie Heine den Dichterfürsten nannte, 1814 und 1815 nach einer Kur in Wiesbaden an Christiane Vulpius geschrieben hatte. Jüngst soll der Herr des Hauses mit Heinz Rühmann dort sogar eine Tasse Kaffee getrunken haben, während Emmy Bödeker tatkräftig in der Küche waltete.

Aleph verdrehte die Augen, schloss sie sekundenlang und schaute in sich hinein. Dann dachte er bei sich selbst: Wem will der Alte eigentlich imponieren mit seinem dunkelroten Trachtenjanker, der längst aus der Mode ist?

»Der hot's am Herz khott«, sagte Fräulein Gerda später über ihren Chef, als er tot war, und gab damit zu erkennen, dass sie keine Einheimische war, sondern aus Badisch-Sibirien stammte. Ihr Revier war überall – vom Weinkeller bis unters Dach. Wenn irgendwo einer ausgetrunken oder aufgegessen hatte, war sie stets zur Stelle, um nachzuschenken oder abzuräumen. Und wer ungeduldig wurde, der bekam von ihr zu hören: »Ja, bin ich denn ein Eichhörnchen, dass ich an zwei Orten zugleich sein kann?«

Die Kryptologen waren alt und jung, klein und groß, arm und reich, dick und dünn und gut und böse; sie hatten Zeit oder nicht, einen Schatz oder nicht, Erfolg oder auch nicht. Es gab alles, was es nur geben konnte – in Wiesbaden nach dem Krieg.

Meist wurde über Kollegen und deren Bücher gelästert, aber gelegentlich kam es auch zu ernsthaften Debatten. So am 15. Juni 1953, Alephs 20. Geburtstag. Uwe Borowski, den sie den Polyglotten nannten, war zum Beispiel mehrsprachig aufgewachsen und in vielen Idiomen zu Hause. Daher reagierte er empfindlich auf feine begriffliche Unterschiede. Auf Polnisch sei er ein anderer Mensch, meinte er; dann könne er sogar seinen Vater verstehen, der genauso gut Deutsch spreche wie er, weil er schon als Kind nach Gelsenkirchen emigriert war. Indem er Fremdsprachiges in seine Erzählung mischte, entstanden seltsame Moiré-Effekte.

»Da wird nichts gespiegelt«, sagte er, »da wird allenfalls etwas gesprengt, nämlich die Fesseln der Mimesis. Dass solches den gemütlichen Ordnungshütern der Kulturverwaltung nicht schmeckt, versteht sich von selbst.«

Eines Tages brachte Borowski die Acht-Punkte-Proklamation des poetischen Actes aus Wien mit, die H. C. Artmann dort im Café Glory verkündet hatte, wonach man Dichter sein könne, ohne ein einziges Wort zu schreiben. Seitdem lehnte er jede Wiedergabe durch Sprache oder Schrift ab.*

»Wär das nichts für unseren Franz?«, rief jemand dazwischen. Der bezeichnete sich wahlweise als Künstler, Autor oder Verleger, hatte noch keine Zeile veröffentlicht und galt trotzdem als Schriftsteller. Niemand wusste so recht, wieso. Franz wurde über und über rot und verkroch sich in seinem Vollbart. Dann brüstete er sich, fünf Taschenbücher auf einmal geklaut zu haben – sein persönlicher Rekord: *Wolfsblut* von London, *Das Attentat* von Greene, *1984* von Orwell, *Sonnenfinsternis* von Koestler und *Das Tagebuch der Anne Frank.*

»Das ist eine Fälschung!«, rief Karl Josef Silberbauer, der zum ersten und letzten Mal an einer Versammlung der Kryptologen teilnahm. Da aber keiner das Buch kannte, blieb der Hinweis unwidersprochen.

»Was klaust du auch immer für Sachen!«, empörte sich ein Literaturkritiker der *Süddeutschen*, der auf der Durchreise war, und putzte seine Brille demonstrativ mit dem karierten Tischtuch.

Das Wiener Vorbild wurde im Kreis der Kryptologen lebhaft diskutiert. Sollten sie eine Lichterprozession, einen Schweigemarsch mit Räucherwerk und Lampions durch die Innenstadt planen? Alle schwarz gewandet und weiß geschminkt, begleitet von einem Flötisten wie der Rattenfänger von Hameln?

Beifall fand die Idee bei Andreas Schalk aus Ansbach, der keinerlei Regeln gelten lassen wollte. Er glaubte nicht an die Vernunft. Alles, was für ihn zählte, war Witz im Sinn von Esprit – der Rest sei Willkür. Vor dem Hintergrund dieses anarchischen Programms war alles möglich – auch das Absurde und Groteske. Mit dem nicht zu leugnenden Nachteil, dass Schalk nur von Wenigen verstanden wurde, weil sein Witz meist weite Wege zurücklegte, bevor er zündete. So riefen seine Gedichte mehr Verwirrung als Heiterkeit hervor. Mit Gleichgesinnten gründete er später eine satirische Zeitschrift, die jedoch sang- und klanglos unterging – wie die *Andrea Doria*.

»Meine Worte sollen unverständlich sein?« – Oder hat der Leser womöglich falsche Erwartungen? Die meisten wollen, wenn sie lesen, mehr erfahren von der Welt, sie wollen Fakten, anstatt die Ästhetik des Rätsels zu genießen.

»Doch was heißt schon verstehen?«, rief er in die Runde.

»Wenn ich wiederhole, was du sagst, kannst du davon ausgehen, dass ich dich verstanden habe«, gab einer zur Antwort. Dieser kleine Schlagabtausch verlief im Sande. Offenbar war niemand gewillt, solchen Pragmatismus zu teilen.

Bei Günter Schultze aus Bochum, der auch der Araber genannt wurde, fiel die poetische Performance ebenfalls auf fruchtbaren Boden. Er wollte seine Sympathie für die Wiener Aktionisten nicht verhehlen, betonte aber bei Gelegenheit: »Was geht mich das Wesentliche an? Darum sollen sich andere kümmern!«

In der Tat – wer richtete sein Augenmerk auf das vernachlässigte Unwesentliche? – Kein anderer als Schultze! Schultze zufolge seien Details das Wesentliche. Wenn es irgendwo noch gelbe Flecken auf der Landkarte gebe, dann im Dickicht der Lappalien. Deshalb trieb er sich dort herum, wo andere keinen Fuß hinsetzen würden.

Schreiben könne man lernen, beharrte er. Journalisten tun das, um Klarheit und Korrektheit bemüht. Damit man sie versteht. Er hingegen habe ein Faible für Arabesken und genieße das Ornament, das andere Verbrechen nennen. Unter solchen Umständen wolle er gern Verbrecher sein.

»Ich schreibe wie ein Terrorist, und eines Tages wird man mich dafür erschießen«, sagte er. Dabei hielt er sich für unwiderstehlich mit seinem Pepitahütchen und machte sich an die Bedienung heran.

Fräulein Gerda, die seinen Avancen nicht abgeneigt gegenüberstand, war alleinerziehend. Adolfs Vater hatte sich aus dem Staub gemacht. Wie man hörte, war er nach Amerika ausgewandert, wo zu der Zeit alle hinwollten. Gerda glaubte nicht mehr daran, dass er sie beide – Mutter und Kind – eines Tages nachholen würde. Also musste sie selbst zusehen, wo sie blieb. Vor einer Woche hatte der Bengel beim Spiel eine Schaufensterscheibe eingeworfen, und sie wusste nicht, wie sie die bezahlen sollte. Der Versicherungsberater war zwar sehr nett, aber acht Mark monatlich für die Privathaftpflicht konnte sie unmöglich aufbringen.

Die Abweichung vom Kanon der Recht-Schreibung bringe laut Schultze ein gewisses Quantum Subjektivität mit sich – für viele entartete Klassik, die ein problematisches Weltverhältnis verriet. In diesem Zusammenhang verdient Klaus Becker Erwähnung, von seiner Thusnelda meist liebevoll-neckisch Zuse genannt, wie der Erfinder Konrad Zuse – nicht zuletzt wegen der Verwechslungsgefahr, denn in Deutschland gab es über 70.000 Becker, wobei Klaus der häufigste Vorname war.

Zuse, der wegen seines Sohnes, eines halbwüchsigen Gymnasiasten, noch am selben Abend nach Darmstadt zurückwollte (während dieser lieber über Nacht in dem Gasthof geblieben wäre), verzichtete auf die Botschaft im herkömmlichen Sinn und träumte von sinnfreier Poesie per Computer. Eines Tages, so viel war klar, würde er ein Programm entwickeln und mit Wortfeldern nicht nur Gedichte, sondern ganze Romane und Erzählungen schreiben – lassen.

Nicht jede Hand ist groß / Jedes Bett ist still.

Und keiner würde merken, dass eine Maschine am Werk war. Vorerst musste er sich aus technischen Gründen auf langwierige Permutationsverfahren beschränken, sodass bislang bloß kurze Verse von ihm erschienen waren.

* * *

Zwischendurch verließ Aleph den Bären, um einen jungen Mann zu treffen, der mit den »Kryptokomikern« – wie er sie nannte – nichts zu schaffen hatte, weil sie seines Erachtens keinen Schuss Pulver wert waren; insbesondere Schultzes Kleinschreibung hielt er für ein demokratisches Missverständnis. Da Jörg Schröder*, der später selbst einen Verlag gründete, dem Lektor des Wittling-Verlags aber ein Manuskript überreichen wollte, hatten sie das Bali in der Grabenstraße als Treffpunkt gewählt. Es war ein ansehnlicher Packen Papier, unzählige mit Bleistift eng beschriebene Blätter, und Aleph graute davor, das alles lesen zu müssen. Dann tranken sie ein warmes Bier im Stehen und verabredeten sich für nächsten Montag zur gleichen Zeit am gleichen Ort, sofern Aleph sich bis dahin schon eine Meinung gebildet hätte.

Andernfalls könnten sie vorher telefonieren, schlug Schröder vor und zückte eine Visitenkarte. Das war bisher seine einzige literarische Veröffentlichung. Solche Visitenkarten müsse er sich demnächst ebenfalls zulegen, dachte Aleph und erwog, seinen Doktortitel in spe jetzt schon auf seiner Karte anzuführen. Oder wäre das anmaßend? Könnte das etwa Ärger geben? – Dabei fiel ihm der Kommilitone ein, dem der Titel nach erfolgreichem Rigorosum wieder aberkannt wurde, weil er die Pflichtstücke seiner Arbeit über Robert Walser nicht termingerecht abgeliefert hatte.

Schließlich schob er das Problem beiseite und machte einen Abstecher zur Buchhandlung Vaternahm, um einen Blick ins Schaufenster zu werfen, wo die Bücher der Gruppe 47 in trauter Harmonie versammelt waren und geduldig ihrer Leser harrten. Auf dem Rückweg lief er Christa Reinig in die Arme. Wie ist es möglich, dachte er, dass sie in ihrem Alter schon so verwelkt aussieht? – Die junge Nachwuchsautorin studierte Archäologie und Kunstgeschichte in Westberlin und zog über eine Kollegin her, die nun wirklich nichts dafür konnte, dass sie den Hessischen Förderpreis gewonnen hatte.

Unwillig ließ Aleph sie stehen, weil er die Hintergründe kannte: Mit diesem Filz wollte er nichts zu tun haben – schon gar nicht mit diesen dubiosen Juroren, offenbar allesamt auf beiden Augen blinde und heimtückische Dilettanten! Hatten sie doch mutwillig übersehen, dass ihre Favoritin außer ein paar Zeitungsartikeln noch nichts veröffentlicht hatte und daher die Kriterien nicht erfüllte.

* * *

Dietmar Panskus war auch so ein Fall: Mit seinen Sprachlabyrinthen erzielte er Resultate, die jedem, der sich an die Standardsprache klammerte, verwehrt blieben. Stilistische Glätte sei nichts weiter als eine Strategie, die es zu durchkreuzen gelte.

»Wir müssen der Gemeinsprache das Kreuz brechen. Fangen wir bei den Lehrern an, diesen Integrationsbeauftragten der Macht. Heute noch!«

Je mehr sich einer um lückenloses Verständnis bemühe, desto mehr verfange er sich im Klischee. So sei ihm, Panskus, der Stammler allemal lieber als der brillanteste Redner. Sein Ziel war es, die Rhetorik zu überwinden und eine natürliche Poesie zu finden, die den Dingen eigen ist. Daher sympathisierte er mit den Rollenspielen der Wiener. Die poetische Performance berge viele Sensationen, und komischerweise sei sie umso besser, je mehr sie ihn, Panskus, aus der Bahn werfe.

Seine Frau hatte ihn verlassen, und es schien ihm nichts auszumachen. Er rückte sein Bierglas beiseite, um für sich und seine Ellbogen Platz zu schaffen, und sagte: »Sie hat meine Unordnung nicht ertragen. Jacken, Hüte, Schuhe – nichts fand sie in Ordnung. Meine Bücher, Zettel und Notizen – nie blickte sie durch. Und wenn ich mit ihr sprach, verstand sie mich nicht – angeblich, weil ich wahllos eins ans andere reihte. Ihr Bedürfnis nach Vernunft blieb ungestillt, während ich Sie fragen möchte: Welche Vernunft? Was für eine Ordnung? Zuerst packte sie das

Grauen, und dann packte sie ihre Koffer. Ab und zu telefonieren wir noch miteinander.«

Wenn in der Literatur eine Idee zum Ausdruck komme, dann komme auch durch den Mangel an Ideen etwas zum Ausdruck. Ideen entsprächen einer Gesinnung, desgleichen Ideenlosigkeit. – Aber da verlor Panskus den Faden, und er stammelte: »Mit Frauen hat Literatur jedenfalls nichts zu tun.«

Lautstarker Protest von Heike Kuhn, der kessen Berlinerin mit den Bilderrätseln, auch Rebus genannt. Antonia Mikulov und einige andere, sogar Männer, pflichteten ihr bei, indem sie auf die Tische klopften. Am liebsten hätten sie eine neue Irrationalismus-Debatte angezettelt.

Stur wie er war, fuhr Panskus fort: Den Terror der Vernunft wollte er durch Pluralismus überwinden, aber seine individualanarchistische Haltung gipfelte in dem Ausspruch: »Literatur ist nicht verständlicher, wenn sie von zwei oder gar hundert Personen gelesen wird.« Den Vorwurf des Elitären und Hermetischen ließ er sich gern gefallen. Sollten doch andere gegen den Vietnamkrieg und den Kernreaktor in Garching demonstrieren.

»Falls euch langweilt, was ich zu sagen habe, kann ich ja gehen«, sagte er.

»Nein, nein! Erzähl ruhig weiter!«, so rief es aus dem Publikum

Und er erzählte weiter: »Natürlich ist alles subjektiv – was denn sonst? Vielleicht gibt es ja das Ding an sich, aber sobald ich mich umdrehe, ist es weg. *Das* ist Platon sein Problem.« So sei es kein Wunder, dass er melancholisch werde und von Unvernunft träume.

Panskus überlegte, ob es jetzt an der Zeit wäre, zu gehen. Er hatte jedoch kein Auto und bezweifelte, dass es noch einen Zug nach Bad Schwalbach gab. Vielleicht müsste er zuerst nach Frankfurt, um bei seinem Bruder auf dem Sofa zu schlafen und am nächsten Tag die Rückreise in den Taunus anzutreten. Oder wie Gerhard Wolff tief in die Tasche greifen und im Bären übernachten. Die Aussicht auf ein schönes Frühstück war für ihn durchaus verlockend. Er nahm sich vor, in jedem Fall ein weichgekochtes Ei zu bestellen, dreieinhalb Minuten.

Besagter Gerhard Wolff, mit Doppel-F, litt darunter, dass sein Vater von vielen für den Mord an Bruno Schulz verantwortlich gemacht wurde. Er stammte aus Lutterberg bei Kassel und hatte mit seinen »gefälschten Liebesbriefen« aus fiktiven Zeichensystemen eine gewisse Berühmtheit erlangt. Sie sahen zwar aus wie Briefe, aber die Kalligrafie war trügerisch, ihre Bedeutung bloß vorgetäuscht. Suggestion und Verweigerung waren zentrale Aspekte seiner Arbeit. Die ästhetischen Gebilde aus Schrift und Zeichen sollten gestische Liebesbriefe ohne Botschaft sein, das heißt die Botschaft würde sich allenfalls auf höherer Ebene offenbaren, indem das Schreiben selbst bedeutet, aber nicht der Inhalt des Schriftstücks.

Insofern war über die Adressaten solcher Botschaften nicht mehr zu sagen, als dass sich der Autor ihnen zuwendet. Doch die Briefe taten bloß so »als ob«. Daher sprach er von »gefälschten Liebesbriefen«. Das Buch gleichen Titels war wider Erwarten ein Bestseller, und da Gerhard Wolff mit Arnold Bode einst Bier getrunken hatte, hoffte er, sie 1955 auf der geplanten documenta zeigen zu dürfen.

Der Buchstabe sei eben doch mehr als ein zweckmäßiges Zeichen, wie Kandinsky behauptet, sondern eine schöpferische Kraft, ein alchemistisches Spiel, habe er im Fuldagarten von Spiekershausen zu ihm gesagt.* Es war herrliches Ausflugswetter, und die Kinder tobten durch den Gastgarten, dass es knirschte. Diese Zauberzeichen brächten den Logos in die Welt, aber der Code sei uns fremd. Man solle einen Engel vom Himmel herbeizitieren, denn nur die Engel kennten die magische Formel, weil sie dem lieben Gott über die Schulter gesehen hätten, als er das Alphabet schuf, sagte er.

»Jeder Buchstabe ist mächtig. Und die Mächtigen bilden eine Armee, genannt Alphabet. Ihre schöpferische Kraft ist seit Jahrtausenden ungebrochen, weil sie Gott auf ihrer Seite wissen.«

Dagegen hatte auch Jürgen Riesmann-Raab nichts einzuwenden. Der Kabbalist, übrigens ein angesehener Mathematiker, unterrichtete Infinitesimalrechnung an der Fachhochschule in Frankfurt. Er saß auf dem Fensterbrett, wippte mit den Beinen und rauchte zum Fenster hinaus. Da er unter anderem in Paris studiert hatte, wurde er später als Weggefährte von Jean-Isidore Goldstein bekannt, der die Verbindung zur französischen Studentenbewegung herstellte.*

In seiner Freizeit schrieb er mit dem Abakus. Seine Gedichte sollten Rechenaufgaben sein, und jeder Buchstabe hatte sein spezifisches Gewicht. Sein eigener Name zum Beispiel wog demzufolge 195. Aus unendlichen Zahlenreihen – Primzahlen oder arithmetischen Zahlenreihen – entstanden seine Kryptogramme. Um die zu entschlüsseln, zog er die alten Geheimlehren der Juden heran. Dabei nahm er billigend in Kauf, dass er selbst ratlos blieb, denn er begriff sich als Instrument, als Schreibknecht Gottes wie weiland Jakob Lorber.*

»Das Wort ist eine Kippfigur«, lehrte er.* Die Bilder im Kopf seien Bilder der Welt, und das Gehirn müsse sich entscheiden zwischen dem Hasen und der Ente. Dabei habe es gelernt, die verschiedenen Möglichkeiten mit dem Alphabet im Kopf zu vergleichen.

Und Robert Neumann ergänzte: »Der Alte hat das Buch der Natur mit der Gartenzaunmethode verschlüsselt.* Da stehen wir nun vor seiner Kryptografie und wissen nicht weiter.« Als er *DrAt a a uhdr Ntrmt dr Grezumt oevrclsete lehtds Bce auie atnan ehd eshüsl* sagte, machte sich Ratlosigkeit breit.

Ausgehend von einer unbestimmten sympathetischen Kraft zertrümmerte er die Worte, doch anders als die Dadaisten glaubte er an eine tiefere Bedeutung, die es herauszuschälen galt. Nicht Sinnfreiheit war sein Ziel, sondern *apeïros*, der Ursprung, aus dem scheinbar alles kommt und wohin mutmaßlich alles zurückkehrt.* Nicht Willkür, sondern Sympathie.

»Ich habe beschlossen, dass die Vorsokratiker Ehrenmänner sind«, so Neumann. Meist verschrieb er sich ganz seiner Familie, den Kindern und den Rätseln dieser Welt, was schwer zu vereinbaren war, weil Margrit, seine Frau, unter der Einsamkeit litt, die dann über sie kam, wenn Claudia und Moritz in der Schule waren. Also täglich einmal. Überdies gab er eine Zeitschrift heraus, die *apeïros* hieß und von seinem Vater finanziert wurde. Bis zur Stunde waren erst acht Nummern erschienen.

Neumann hatte wie einst Riesmann-Raab in Paris gelebt und dort den Film *Hurlements en faveur de Sade* gesehen. Das Geheul fand jedoch im Saale statt, denn die Leinwand blieb vorwiegend schwarz. Nur das zerkratzte Filmmaterial sorgte für ein irritierendes Flimmern, welches schließlich den Tumult auslöste, der in die Geschichte einging.

Ferner gab es ein paar Utopisten wie Heinrich Lorm* und die erwähnte Antonia Mikulov, die in Cabarets als Digitalisten auftraten. Mit Hilfe eines Fingeralphabets, also durch Zeigen auf verschiedene Punkte in der offenen Hand, konnten sie ihre Botschaft fast so schnell vortragen, wie man spricht. Zu Übungszwecken hatten sie einen Handschuh entwickelt, auf dem die Punkte markiert waren: auf die Daumenspitze tippen = A; kurzer Abstrich zur Mitte des Zeigefingers = B; aufs Handgelenk tippen = C und so weiter. Allerdings dauerte es eine halbe Stunde, bis das Publikum sich an die Hampelei gewöhnt hatte und aufhörte zu lachen. Dann fing es an zu verstehen, was gemeint war. Dabei war die Rolle der begleitenden Mimik und Gestik nicht zu unterschätzen.

* * *

Pieter Becker, der halbwüchsige Gymnasiast aus Darmstadt, war unauffindbar, als sein Vater endlich mit ihm zum Bahnhof und nach Hause wollte.

»Wieso eigentlich Pieter?«, fragte jemand. Seine Mutter stammte ursprünglich aus Maastricht. – Ach so, dachten alle.

Nur das Buch, in dem er geschmökert hatte, lag noch auf dem Fensterbrett: *Die Junggesellin* von einem gewissen Victor

Margueritte.* Aleph erschrak und schüttelte missbilligend den Kopf, als er das sah. »Ist das vielleicht Lektüre für unsere Gymnasiasten? Wie alt ist dieser Pieter eigentlich?«

Ungefähr fünfzehn; er sei größer als seine Kameraden, habe eine Ponyfrisur und Augen, »schwärzer als je ein Bär«; dabei wirke er ziemlich vernünftig, wenn auch ein bisschen verlegen, log der Vater. Er hatte keine Ahnung davon, wie Pieter sich langweilte. Ganz zu schweigen von den dämlichen Debatten der Kryptologen! Irgendwie hatte er bemerkt, dass sie andauernd über ihr Selbstverständnis diskutierten, anstatt endlich einen spannenden Schmöker zu schreiben.

Becker wurde langsam nervös, weil er den Zug nicht verpassen wollte. Also machten sie sich auf die Suche nach dem Burschen. Gerda war dabei wenig hilfreich. Sie könne doch nicht auf jeden aufpassen, sagte sie, weil sie arbeiten müsse – wofür alle vollstes Verständnis hatten. Auf dem Klo war er nicht, im ersten Stock und im Thermalbad auch nicht. Vielleicht vor der Tür?

Aleph stand draußen auf der Treppe und schaute nach rechts, nach links und geradeaus: Nur vereinzelte Nachtschwärmer waren um diese Zeit noch unterwegs. In der Kneipe gegenüber brannte Licht, aber kein einziger Gast war zu sehen. Also ging er einmal um den Häuserblock, ab und zu halblaut Pieters Namen rufend, doch außer einem Hundehalter, der ihm keine Auskunft erteilen konnte oder wollte, war kaum jemand auf den Beinen.

Endlich wurde Pieter vor der Spielbank beim Kurhaus aufgestöbert, wo er – unterstützt von Beate, der Tochter des Bärenwirts – sein Wesen trieb. Bisher hatte niemand das Mädchen vermisst. Ihr Vater wähnte die Schöne längst im Bett. Das interessierte angesichts der vorgerückten Stunde jedoch keinen mehr, da nämlich der letzte Bummelzug nach Darmstadt mittlerweile abgefahren war. – Ein Glück, dass es den Bären gab, wo Vater und Sohn übernachten konnten.

»Aber was das alles kostet! Und ob der Bursche morgen rechtzeitig zur Schule kommt?« Becker bat Herrn Bödeker, mal eben telefonieren zu dürfen. Ganz kurz! Er müsse dringend seine Frau benachrichtigen. Dann schnell noch einen Schlummertrunk – und ab ins Doppelbett.

Der Pieter, der kann was erleben, wenn wir zu Hause sind, dachte er vor dem Einschlafen, indem der Gescholtene beide Hände unter der Bettdecke hatte und gedanklich ganz woanders war.

* * *

Akademische Künstler mit ihren geschriebenen Zeichnungen und Schriftbildern versuchten ständig, die Grenze zwischen Literatur und Kunst zu verschieben. Dazu zählten Martin Henze, der Typograf aus dem Rheingau, Boris Sokolov, genannt der Falke, und Alfred Zimmermann, der Objektive.

Henze verzichtete ganz darauf, jedwelche Inhalte zu visualisieren und das eine Medium durch ein anderes zu ersetzen. Für ihn waren alle gleich tüchtig, was ihre Funktion anging. Ihn interessierte die reine Form, die Ästhetik des Typogramms – sei es auf Papier oder Leinwand. Mit seinen »Typografischen Märchen« bewegte er sich auf die Malerei zu und über sie hinaus in den öffentlichen Raum.

Was Sokolov angeht, so hatte er ursprünglich Setzer gelernt und war über typografische Versuche zu den Kryptologen gestoßen. Sein Anliegen war die Deformation der Typen und Inhalte. Das hatte spielerische, um nicht zu sagen verspielte Züge, aber es öffnete einem auf beklemmende Weise die Augen für das Verhältnis von Form und Inhalt. In seiner Jugend – also mit sechzehn – hatte er einen Roman geschrieben, der fast veröffentlicht worden wäre, wenn der Verlag nicht plötzlich Insolvenz angemeldet hätte.

Zimmermanns Mitteilungen wiederum bestanden aus Gegenständen, jeder so groß wie ein Scheunentor, verbunden mit dürren Worten. »Fürchtet die Wahrheit jenseits der Sprache«, warnte er jeden reihum. »Ich erkläre ihr den Krieg, weil sie Lüge ist.« Seine performative Kunst – begehbare Bücher – fand regelmäßig in Galerien und Kunsthallen statt und verschwand danach im Depot.

Hatte sich Gerhard Wolff mit seinen Schreibbildern schon weit von der Literatur entfernt, so ließ Zimmermann sie mit seinen Installationen endgültig hinter sich. Er berief sich auf Wolff, der den Wechsel vom geschriebenen Wort zur gestischen Malerei markierte, die nicht mehr im üblichen Sinn lesbar, geschweige denn artikulierbar war.

Die Frage nach der Abbildung oder Herstellung von Gewissheit mit sprachlichen Mitteln einte die Kryptologen (abgesehen davon, dass sie sich gegenseitig bekriegten). Dabei zeichneten sich zwei Standpunkte ab. Einerseits die Realisten, die am Zeichen festhielten und sich auf dessen Urbedeutung beriefen; anderseits die Objektivisten, die den Gegenstand selbst zum Sprechen bringen wollten.

Indem die einen also um den Wesensunterschied zwischen Literatur und Malerei kreisten und die Trennlinie zwischen beiden hin und her schoben, stritten die anderen um politische Relevanz. Die Formalisten unter ihnen lehnten sie ab, die Relevanz. Mimesis interessierte sie nicht. Sie hatten kein Vertrauen in ihre Mittel. Für Funktionalisten wie den Polyglotten stand jedoch Kommunikation im Vordergrund. Für diese Pragmatiker sollte Kunst in erster Linie Vehikel der Botschaft sein. Und wenn sie ihr Ziel verfehlte, dann hatte das Vehikel versagt.

»Mit der Feder ist die soziale Frage nicht zu lösen.« Diese Auffassung wurde von einem schwulen Pärchen vertreten, das nur einmal im Bären auftauchte und sich bei den Kryptologen danach nicht mehr blicken ließ. »Uns ist diese elitäre Artistik zuwider«, sagten sie und riefen Gerda. Wo hatte sie bloß das alberne Pepitahütchen her! Nichts wie weg hier! Sie wollten so schnell wie möglich zahlen. Von ihnen stammte der Satz: »Gut gemeint ist das Gegenteil von Kunst«, womit sie sich bei den meisten unbeliebt gemacht hatten.

Zum Bruch und zur Spaltung der Kryptologen in zwei Fraktionen kam es schließlich, weil die Kunst nach Meinung einiger Funktionalisten das Firmament erobern sollte. Der Himmelsstürmer Karl Hoffmann hatte seine politischen Botschaften mit einmotorigen Flugzeugen ans Firmament geschrieben. Er wurde später ziemlich berühmt, sodass ihm die Stadt Kassel ein Denkmal errichtete: Eine 25 Meter lange Stahlröhre, die sich im 63-Grad-Winkel in die Höhe reckt und auf der ein Mann – Hoffmann? – zum Himmel strebt. Eine weibliche Variante – Hoffmanns Frau? – ist in Straßburg zu besichtigen. Er kehrte den Kryptologen den Rücken und wurde vom Berufsverband Bildender Künstler mit offenen Armen empfangen.

Beim schrittweisen Übergang vom herkömmlichen, auf Papier gedruckten Buch zur Installation gingen einige sogar so weit, den öffentlichen Raum mit einzubeziehen. – Sind Plakate das geeignete Medium für Literatur? Und was ist mit Gedichten im Straßenverkehr, in Bussen und U-Bahnen? – Fragen über Fragen, aber keine brauchbare Antwort.

»Und wie steht's mit dem Urheberrecht?«, rief jemand dazwischen.

»Das kannst du vergessen!« Lautstarker Protest von allen Seiten, auch von den wenigen Frauen in der Runde. Die Frage des Copyrights erregte die Gemüter.

»Meine Herren, nehmen Sie sich doch zusammen!« Lautstarker Protest – diesmal nur von den Frauen.

Aleph dachte währenddessen: Schaut euch bloß diese Spinner an! Wie immer verkörpert einer den Spaßvogel und einer den Klugschwätzer, der gelehrte Reden schwingt. Den einen schickt man als Botschafter zur Weltausstellung nach Jerusalem, den anderen in den Wahlkampf der SPD. Und einer ist immer dabei, der Arbeit sucht und jedes Bewerbungsgespräch in den Sand setzt. Dieser hier schuftet als Schlachter; ihm gefällt wohl der Umgang mit Fleisch, Blut und Verwesung – also Tod; und jener dort brüstet sich damit, eine Säuferin auf sein Zimmer geschleppt zu haben, die seine Mutter sein könnte. Danach hat er die Alte einfach die Treppen runtergeschubst. – Steckt sie doch alle in einen Sack, und dann ab mit ihnen in den Rhein! Ersaufen sollen sie, mitsamt ihrer Theorie, einer wie der andere, das ganze Pack.

Die Idee vom Ursprung

Solisten, Paralogiker und Politaktivisten … jeder ging seiner Wege und verfolgte sein eigenes Ziel – genau wie Aleph. Neue Freunde fand er in Stuttgart im Umkreis der Buchhandlung und Galerie Niedlich.*

»Die gibt es leider nicht mehr«, erklärte er. »1998 endete eine Epoche, ein Kapitel Literaturgeschichte. Wendelin Niedlich, der berühmteste Buchhändler der Nation, war ein radikaler Linker mit einer Vorliebe für Walser und Proust. So wie ich glaubte er an die Kraft der Poesie, doch nach dem Krieg musste er sich zunächst als Hilfsarbeiter durchschlagen.«

Während Aleph Verleger oder wenigstens Lektor werden wollte, wäre Niedlich gern Buchhändler geworden, aber es sollte noch Jahre dauern, bis er das traditionelle Antiquariat in Stuttgart übernehmen konnte. Den Charakter eines Antiquariats hat sein Laden nie ganz abgelegt, weil Niedlich zu bequem war, vom Remissionsrecht Gebrauch zu machen, sodass man bei ihm auch ältere, längst vergriffene Titel fand. Immer waren seine Verkaufsbestände sowohl horizontal als auch vertikal aufgereiht. Es gab einen Joyce-Turm und ein Robert-Walser-Gebirge, das alles überragte, soll ein Reisender aus der Schweiz einst gesagt haben. Gelegentlich weigerte sich Niedlich sogar, ein Buch zu verkaufen, weil der Kunde meinte, dass Robert Walser völlig überschätzt werde. »Wenn jemand überschätzt wird«, soll er geantwortet haben, »dann dieser pädophile Novalis mit seiner Freizeitphilosophie.«

Die Galerie im Souterrain des bis oben hin vollgestopften Buchladens war ein gefragter Treffpunkt, ein Ort der Poesie, der bis nach Heidelberg, Karlsruhe, München und Wien ausstrahlte: Dort begegnete man ab und zu sogar einem gewissen Bense, der später in der Weinstube Widmer (heute Weinstube Fröhlich in der Leonhardstraße) regelmäßig behauptete, dass in Stuttgart von Modernität keine Rede sein könne.*

»Wer ist das?«, wollte Andrea wissen. »Sollte ich den etwa kennen?«

»Ja, das kann nicht schaden.«

Dort traf man Freunde und Kollegen wie Heißenbüttel, Bremer und Jandl. Und natürlich Franz Löffelholz, besser bekannt unter dem Namen Mon. Auch AKG, wie Aleph Kraus-Góngora am Neckar meist genannt wurde, hat mehr als einmal dort gelesen. Die Tonaufnahmen wären heute Zeitdokumente von unschätzbarem Wert, aber leider hat Niedlich sie alle verschlampt.

Schon früh habe sich Aleph als Schriftsteller versucht. Seine erste Erzählung war gleich nach dem Krieg erschienen, und als er das Wort »Ängste« in der Zeitschrift *Porta Nigra* plötzlich getrennt geschrieben sah, sei er erschrocken gewesen.

»Noch mehr erschrak ich, als ich Hildegard, meiner späteren Frau, dieses Erlebnis schilderte, dabei auf die kleinste Gefühlsregung achtend«, sagte er. Man schreibe und lese das Geschriebene und erkenne im Druck etwas Neues, das mit der ursprünglichen Absicht nichts gemein hat.

Die Lesung bei Niedlich fand 1962 statt. Mit ihm saßen zwei weitere Autoren auf dem Podest, und nach dem Konzept des Veranstalters sollte einer den anderen vorstellen. Als Beleg seiner Ratlosigkeit trug ein gewisser Traugott Schneider einen Satz aus AKGs Erstling vor und meinte: »Also ich verstehe das nicht.« Obgleich er zugeben müsse: »Der Kollege hat sich bestimmt etwas dabei gedacht.«

Dann zitierte er den für ihn unverständlichen Satz und hoffte auf Beifall seitens des spärlich vorhandenen Publikums, darunter der eigens aus Ulm angereiste Gomringer, der unentwegt mit Josua Reichert über typografische Poesie tuschelte.

Die fragliche Stelle lautete: »Wenn sich die Phänomene der sogenannten Realität auf eines, das dialektisch sein Gegenteil hervorruft, reduzieren ließen, und dieses Gegenteil nicht nur kontrapunktisch, sondern auch vom Kontrapunkt abweichend, also kontradiktorisch wäre, so könnte jede Dichotomie der Startschuss für eine neue Realität sein, die im vertrackten Stadium mit uns nichts mehr gemein hat.«

Der Autor saß dabei und weidete sich an Schneiders Not. Dieser hatte einen zentralen Gedanken aufgegriffen, eine Idee, die AKG ein Leben lang begleiten sollte. Aber damals wäre es ihm unmöglich gewesen, sie zu erläutern. Auch später hütete er sich davor, denn mit Grausen erinnerte er sich an den letzten Versuch, einem Kommilitonen sein System darzulegen. Im Quartier Mayence war das Unfassbare geschehen: Er hatte einen Knall gehört! Ja, er hätte schwören können, einen Knall gehört zu haben – wie das Platzen eines Luftballons! Und mit diesem Platzen waren alle seine Gedanken, dieses ganze System geplatzt. Doch was noch schlimmer war: Sein Kommilitone hatte den Knall ebenfalls gehört. – Danach waren sie beide nicht mehr in der Lage gewesen, ihr Gespräch fortzusetzen. Kurz darauf nahmen sie Abschied. *Es ist spät, ich muss morgen früh raus …* Seitdem hatten sie sich nie wieder gesehen.

Das alles war schon etliche Jahre her. Trotzdem ließ ihn der Gedanke an sein Weltmodell nicht mehr los, und seither habe er ihm zahlreiche Sätze hinzugefügt, um es abzurunden. Dieses durch und durch romantische System!

Es sei ein Irrtum zu glauben, dass man der Wahrheit auf der Spur ist, wenn man nur lange genug nach ihr sucht. Wahrnehmung fördere kein Abbild der Wirklichkeit zutage. Allenfalls erkenne man, wie sie funktioniert.

Es gehe also nicht um das Bild der Wirklichkeit, sondern um die Wirklichkeit des Bildes. Er stelle nämlich nichts dar, sondern her. – Seitdem nannte er sich Aleph Kraus-Góngora.

* * *

Aleph blickte angestrengt vor sich hin und rückte seine Utensilien auf der Tischplatte zurecht: Lesebrille links, Füller und Notizbuch rechts, so als sollte alles fotografiert werden, festgehalten für die Ewigkeit. Dann räumte er ein paar Zeitungen beiseite und stapelte sie sorgfältig, um sie dem Zeitungssammler aus Chromstahl zu übergeben. Und schließlich schob er die Tasse beiseite, sie durfte nicht mit aufs Bild. Als er die Hände wie zum Gebet erhob, war einen Moment lang das Zifferblatt seiner Uhr zu erkennen, eine Omega, die er von seinem Vater geerbt hatte, wie er bei anderer Gelegenheit erklärte. Niemand sollte je erfahren, was sie wert war. Andrea bildete sich ein, ihr leises Ticken zu hören, das sie an die alte Standuhr im Wohnzimmer ihrer Eltern erinnerte.

»Die Idee ist der Gedanke Gottes. Daran halte ich so lange fest wie nötig«, begann er. »Im Augenblick ist dieses neuplatonische Modell brauchbar, mehr erwarte ich nicht von einem Modell. Also lasse ich den lieben Gott einen guten Mann sein. Auf IHN komme ich später vielleicht noch zu sprechen. Zweifellos ist alles nur *durch* und *für* den Intellekt. Daher kann nur sein, was meiner Wahrnehmung zugänglich ist. Und wenn ich von Wahrnehmen spreche, dann meine ich Deuten. Ob Amöbe oder Minister – alles Seiende ist sinnlich, gefolgt von Kommunikation. Da brauche ich kein *Ding an sich*, das kann ich mir schenken! Mir reichen ein Subjekt und ein Objekt – eine Relation, in der sich alles manifestiert. Ja, alles! Und das ist kompliziert genug: Wir leben fraglos in einer Zauberwelt, in einem Jahrmarkt des Verstandes. Sie objektiviert sich als Vorstellung im Spannungsfeld zwischen Plus und Minus, die Zwischenwelt. Da sich die Pole laufend verflüchtigen, dreht die Welt sich in einer Spirale. Daraus folgt eine dialektische Unschärfe, ein Differential, neuerdings auch Fuzzylogic genannt. Doch damit nicht genug: Bei diesem Hin und Her werden unzählige Schritte zurückgelegt – jeder einzelne Ursprung einer Entwicklung, die nach einem erweiterten Modell verlangt: nach einer Spirale in der Spirale, und zwar in jede nur denkbare Richtung – hinsichtlich Makro- und Mikrokosmos. Eine infinitesimale Bewegung – wie bei den verrückten Kaninchen des Rechenmeisters von Pisa. Vielleicht ist das die Eruption, das Chaos, von dem im Zusammenhang mit der Schöpfung meist die Rede ist.

Krieg ist der Vater aller Dinge, Zweifel die argwöhnische Mutter. Sie ist die Triebfeder, die treibende Kraft, der wir alles verdanken. Erst zweifeln, dann widersprechen – so funktioniert der Bauplan der Welt. Wirklichkeit geschieht im dialektischen Wechselspiel. Einmal in Bewegung, dreht sich die Spirale wie von selbst. Schon möglich, dass dabei unzählige Welten entstehen, aber das Nebeneinander entzieht sich dem Blick. Mit jeder Metamorphose gedeiht der Kosmos – in jeder Hinsicht, von innen nach außen und in alle Ewigkeit. Amen.

Das Subjekt als Produkt eines kognitiven – oder wenn man so will – sozialen Vorgangs ist nur durch seine Beziehung zum Objekt. Oder wie Heinrich von Ofterdingen* zu seiner Mathilde sagte: *Wie du mich tief beschämst! Bin ich doch nur durch dich, was ich bin.* Und der Magier bringt das Objekt seiner Anschauung in Form. Sprechend verwandelt er die Vielfalt der Erscheinungen in seine Vorstellung von Welt.

Wie sonderbar, dass Wissenschaftler gern von Erkenntnis sprechen! Schafft doch erst die Sprache die objektive Basis, dass etwas empirisch zugänglich ist, also erkannt wird!

Erkennen heißt Gestalten, mehr auch nicht. Um die Welt in diesem Sinn als Ganzes zu gestalten, brauche ich mehr als ein Modell, nämlich zwei – oder drei: Mit dem Kegel lässt sich die Dynamik des Widerspruchs dreidimensional darstellen. Der Informatiker spricht in diesem Fall vom binären Code und von Bits als Bausteinen, wenn er die kleinste Maßeinheit meint. Dagegen ist nichts einzuwenden. Aber um die inhaltliche Seite zu betonen, bietet sich die Monade an, die als regulative Idee eine Metamorphose durchläuft, eine Trias aus These, Antithese und Synthese. Sie materialisiert sich kraft der Dialektik. Ideen sind bewegende Kräfte. Das ist eine ausgemachte Tatsache, ein Faktum – die Geburt der Realität aus der Propaganda. Daher bedarf es keiner Argumente, sondern eines Priesters.

Schön wäre es, wenn sich dieses Modell statisch vorstellen ließe! Doch immer ist mit dem Faktor Zeit zu rechnen. Wenn das Gleichmaß gestört wird, folgt daraus eine Unwucht, eine flatternde Spirale. So bleibt nichts, wie es ist, nicht mal die Antipoden.

Der Ausschnitt aus dem Modell zeigt: In der Spirale bewegt sich eine zweite; in der zweiten Spirale eine dritte und in der dritten Spirale eine vierte. Wie bei der nostalgischen Calypso-Bahn auf dem Rummelplatz überlagert sich die Bewegung – damit einem schon vom Zusehen schlecht wird. Unendlich ist nichts weiter als eine Kategorie der Sinne. Ohne Anfang und Ende, ohne Ursprung und Ziel. – Man versuche, sich das vorzustellen: Ausgeschlossen! Irgendwo muss die Unendlichkeit doch ihren Anfang haben, irgendwo ein Ende! – Und in der Tat: Die Gerade mündet keineswegs in der Ewigkeit, sondern beschreibt einen Kreisbogen. Dieses Bild zwingt sich auf, finde ich.

Ich wiederhole mich, Entschuldigung. – Aber nein! Es tut mir keineswegs leid. Wahrscheinlich wiederhole ich mich schon ein Leben lang.

Was sich sagen lässt, ließe sich ohne weiteres sagen – zweifellos, keine Frage! Aber hier geht es um Poesie, hier ist die Wortkunst zuständig. Kann sie die Ewigkeit des Seins erklären und alle Widersprüche überwinden? – Romantische Träumerei! Der Mensch hat kein Organ, um alles zu erkennen, wofür Poesie ein Heilmittel sein soll.

Und da, an der Schwelle vom Mythos zum Logos, steht endlich ER … fast wie erwartet, überlebensgroß: der Schöpfer, Demiurg und – Gott. Vater, Sohn und Heiliger Geist. Da beißt die Maus keinen Faden ab: Die Trias will Einheit sein! IHM zum Trotz nenne ich mich Aleph, nach dem ersten Buchstaben eines Codes, den nur ER zu kennen scheint – und vielleicht die Engel, die IHM assistiert haben. Seitdem versuchen wir, den Code zu knacken. Aber alles, was wir erreichen, ist Arkanum 17 – also noch nicht mal volljährig.

Seit vielen Jahren versuche ich, den Kegel mit der Spirale in Einklang zu bringen. Vergeblich! – Wäre es nicht an der Zeit, endlich ein Resultat zu erzielen – oder abzubrechen? Das könnte Ihnen so passen!

Aber immerhin: Kürzlich ist es mir geglückt, die letzten Notizen, die ich vor vierzig Jahren geschrieben habe, zu vernichten. Ein Befreiungsschlag! Die letzte Seite vernichten und dem Papierkorb überantworten. Ich hatte jedes Wort geprüft und mich weit in die Frühzeit meiner Tage zurückgearbeitet. Und ein Wohlbehagen erfasste mich, warme Wellen des Glücks, denn in einem Jahr konnte ich rekapitulieren, was in wenigen Wochen unter höchstem Einsatz zu Papier gebracht worden war. Nur die letzte Seite musste ich zurückstellen, weil sie missverständlich war. Der letzte Satz auf der letzten Seite lautete nämlich: Ich denke an die Zukunft. Stellen Sie sich das bloß vor! Das war mir völlig entfallen: Ich dachte an meine Zukunft.

Klarer als je ein Mensch hatte ich das Rätsel des Lebens gelöst und ein System entwickelt, mit dem ich alle Phänomene dieser und jeder anderen Welt erklären konnte: Die regulative Idee Gottes ist demnach eine logische Konstruktion, die nicht der Empirie unterliegt. Sie verwandelt den Logos in Welt und greift ins Getriebe der Schöpfung ein.

Aleph, Aleph! Du sollst der Erste sein, bei allem sollst du der Erste sein, der Beginn, dachte ich. Am Anfang dieser Zeugung steht Aleph. Danach plappern die Elementarzeichen. Adam und Eva mussten sich nur noch über den Gebrauch der Buchstaben einigen. Bestimmt kein leichtes Unterfangen! Und seither ist IHM das Lachen vergangen.

Das ist der biblische Schöpfungsakt, die Metamorphose ohne Ende. Diese mögen Sie getrost alchimistisch nennen, ihren Urheber einen Magier und dessen Verfahren magisch.

Erkenntnis, wie ich sie verstehe, zeichnet sich dadurch aus, dass sie funktioniert. Sie geschieht auf sozialem Weg. Wer oder was berechtigt mich denn zu einer wahren Aussage – beispielsweise über Pongiden?* Und was sind eigentlich Pongiden? Bei Aristoteles steht kein Wort davon …

Zur Unanfechtbarkeit eines Befunds gehört der Vergleich als Individuationsprinzip. Dabei kommt es auf die Unterschiede an! Wenn man unterscheidet, dann trennt man. Das ist Sache der Wissenschaft. Die Poesie geht einen anderen Weg, geradezu den umgekehrten, the one less travelled by: Sie hebt die Unterschiede auf. Sie ist das Gemachte; ihr Ziel ist die Einheit. Gradmesser des Gelingens ist die Vollendung der Fakten, die das göttliche Prinzip – wenn nicht wahrnehmen, so doch ahnen lässt. Das Ziel des Lebens ist die Freiheit, die man auch unvergleichlich nennen könnte. Und schon wird jedem klar, dass wir vom Tod sprechen.

So wenig wie man zweimal in denselben Fluss steigen kann, kann man zweimal dasselbe denken, geschweige denn lesen. Zwar bleiben die äußeren Bedingungen gleich – kein Wort, kein Buchstabe wurde vertauscht –, aber der Leser ist nach der Lektüre nicht mehr derselbe. Folglich liest er beim zweiten Mal anders als beim ersten Mal und beim dritten Mal anders als beim zweiten Mal und so fort. Der Inhalt ändert sich mit dem Standpunkt des Lesers. Daher gibt es für jede Lektüre einen mehr oder minder geeigneten Termin – und einen völlig ungeeigneten. Niemand kann vorhersagen, wann er reif ist für die Lektüre. Und vielleicht bleibt das Buch sogar ein Leben lang ungelesen. Doch was spielt das für eine Rolle? – Ich habe mich ausgesprochen, das heißt, es gibt nichts mehr zu sagen. Gesprochen. Aus. Amen.«

Also ungefähr sprach Aleph. Dann hielt er inne, um die Wirkung seiner Worte zu prüfen. Andrea tat, als ob sie alles begriffen hatte, Wort für Wort. Dabei verstand sie ebenso viel wie Traugott Schneider – damals in Stuttgart.

»Versuchen Sie doch, sich das vorzustellen!«, forderte er sie auf. Und Andrea versuchte, sich das vorzustellen, aber es ging nicht.

Der Verlag

Als Verlagssitz diente ein altes Bahnwärterhäuschen. Oben, in einer Art Fachwerkhaus, befand sich die Wohnung; von dort gelangte man über einen Steg in die nachträglich erbaute Werkstatt mit den beiden Büros rechts und links der Freitreppe, die auf den Parkplatz am Fuß des Bahndamms führte.

Die Gartenlaube hatte er wie alles andere in dem baufälligen Haus selbst hergerichtet. Allein die Treppe habe ihn ein Vermögen gekostet. Früher war dort eine steile Stiege mit einem Zugang nach beiden Seiten, aber er wollte eine breite Treppe, um die Zentralachse zu betonen. Für das Geld, versicherte er, hätte er an der Nordsee eine Villa kaufen können.

Ursprünglich besaß Wittling eine Eigentumswohnung in Frankfurt-Rödelheim. Vielleicht hatte er sie von seinen Eltern geerbt oder im Lotto gewonnen. Eines Tages – das muss nach 1960 gewesen sein – spazierte er an diesem Bahnwärterhaus vorbei … und gleich fand er es reizend.

Vor der Tür saß ein Mann und sprach: »Können Sie kaufen! Ich ziehe zu meiner Schwester nach Mannheim. Was soll ich noch hier? Wenn Sie wollen, vermache ich Ihnen die Bude mit allem Drum und Dran. Ich brauche sie nicht mehr.«

Da hat er die Wohnung verkauft und dem Mann das Geld gegeben. Nicht viel, 20.000 Mark, aber immerhin. Wenn man bedenkt, dass ein Drucker 500 Mark im Monat verdiente … Also ist Wittling ins Bahnwärterhäuschen gezogen, hat es sich bequem gemacht und mit ein paar Freunden – alles nette Jungs – sogar einen Gemüsegarten angelegt.

Eines Tages kam Herr Krämer und fragte: »Was machen Sie eigentlich in meinem Haus? Wo ist denn dieser Herr Zimmermann, und warum zahlt der keine Miete mehr?«

Da stellte sich heraus, dass Herr Zimmermann, der Wittling das Haus verkauft hatte, bloß Mieter gewesen war. Der hatte das Haus verkauft, obwohl es ihm nicht gehörte, und ist mit dem Geld durchgebrannt. Seine Schwester wusste auch nicht, wo er steckte – vielleicht in Spanien oder Marokko. Später konnte man in der *Bild-Zeitung* von einem deutschen Nazi namens Zimmermann lesen, der in Tanger in einer Pension hauste. Irgendwie war er in ein Rauschgiftdelikt verwickelt. Ob es sich dabei um den Gesuchten und Vermissten handelte, ist ungewiss.

Herr Krämer fand Wittling offenbar sympathisch, und so einigten sie sich auf einen Mietpreis von dreißig Mark. Da er handwerklich geschickt war, half er gelegentlich bei Reparaturen mit, etwa wenn die Heizung kaputt war oder die Druckmaschine ihren Dienst verweigerte. Herr Krämer war nämlich Schlosser, und Karin, seine Frau, hat mitunter eingekauft und gekocht. Rippchen mit Kraut, viel Senf und Brot – das war nicht zu verachten, auch gab es immer einen Grund zum Feiern.

Dann wurde Herr Krämer krank. Er hat ein Sarkom, Stufe drei, so der Arzt. Das sei ein ganz aggressiver Krebs, und er müsse jetzt gehen – seine Patienten warteten. Als Herr Krämer starb, blieb Karin mit den beiden Kindern – Dieter und Fridolin – allein zurück, und Wittling hatte nichts dagegen, dass sie bei ihm einzogen. Unglücklicherweise litt Fridolin an Trypophobie*: Er war allergisch auf alles, was wie Löcher aussah – sogar auf die gescheckten Feuersalamander, die bei Nässe aus dem Mauerwerk krochen. Wittling sah sich gezwungen, mit Chemie gegen die armen Regenmännchen vorzugehen.

Ansonsten waren die Jungs schon aus dem Gröbsten raus. Sie besuchten die Unter- bzw. Oberprima des Humboldt-Gymnasiums. Karin war so gut wie unsichtbar; nur manchmal maulte sie über die vielen Künstler-Freunde mit ihren Schlafsäcken, die überall herumlagen oder sich mitten in der Nacht über den Kühlschrank hermachten und Spiegeleier mit Speck brieten. Ganz zu schweigen davon, dass sie es war, die dauernd zum Getränkemarkt musste, um die Biervorräte aufzufüllen.

Wenn Wittling Papier für einen Buchumschlag brauchte, fuhr er nach Frankfurt, kaufte dreißig Bogen und rollte alles zusammen – eine anderthalb Meter lange Rolle Papier. Auf dem Rückweg warf er sie aus dem Bummelzug; da stand dann Herr Krämer beim Bahnwärterhaus und hat das Papier aufgesammelt, die ganze Rolle. Später übernahm Karin dieses Amt, und bald nach Krämers Tod hat Wittling sie geheiratet, um den Kindern ein guter Vater zu sein, mehr nicht.

Laut Aleph war die ganze Nachkriegsproduktion nichts weiter als eine einzige Schlamperei. Wittling hatte einfach Spaß daran, ein paar Bücher zu machen ... Wenn ein junger Bursche mit schönen Bildchen daherkam, dachte er gleich: Der könnte eigentlich den neuen Roman von dem Horst illustrieren. Es spielte alles keine Rolle. Man konnte das so machen oder so, grün oder rosa.

»Es war ja egal. In seinem Verlag haben immer nur Dilettanten gearbeitet. Er war ja selbst ein Dilettant«, sagte er. »Ein liebenswerter Dilettant, ja, das war er!«

Wittling las mindestens zwei Bücher pro Woche – die aus dem eigenen Verlag nicht mitgerechnet. Dazu die Manuskripte, die auf seinem Schreibtisch landeten. Bis zu 300 im Jahr – vor allem Gedichte und Kriegstagebücher. Aber die brauchte er eigentlich nicht zu lesen, denn oft genügte ein Blick ins Inhaltsverzeichnis oder auf die erste Seite, um zu wissen, ob die Schrift etwas taugte. Angeblich besaß er außer dem Terminkalender noch ein Büchertagebuch, in dem er die Früchte seiner Lektüre sammelte. Leider ist dieses Büchertagebuch verschollen. Laut Aleph wäre es ein lohnendes Buchprojekt gewesen – interessanter als der Briefwechsel mit Autoren. Verlegerbriefe seien zwar eine Zierde des Verlags, und manche gebe es sogar schon als

Hörbuch, aber nur ein Büchertagebuch erlaube einen Blick hinter die Kulissen. Er hätte gern darin geblättert, um mehr über ihn zu erfahren.

Glaubt man seinen Verlagskollegen, tat Wittling nichts lieber, als über Bücher zu diskutieren, und zwar immer und bei jedem Anlass – auf Deutsch, Englisch oder Französisch. Die drei Sprachen beherrschte er perfekt, Spanisch und Italienisch gut genug, um während der Messe mit Autorinnen und Autoren, Agenten und Kollegen bis in die frühen Morgenstunden zu feiern: Am Dienstag beim offiziellen Empfang, am Mittwoch im Hessischen Hof, am Donnerstag in Sachsenhausen bei Fischer, am Freitag in der Alten Mühle und am Samstag bei Goldmann im Bockenheimer Depot, wo der Verlagsleiter persönlich die Einladungen seiner Gäste kontrollierte – so ging es da zu! Aber um neun war Wittling trotzdem als Erster am Stand!

Nach seinem Lieblingsautor gefragt, bestritt er stets, einen solchen zu haben. Er mochte sie alle. Es gab aber den einen und anderen, den er gern für sich gewonnen hätte: Nabokov zum Beispiel. Doch der war unerreichbar. Einmal soll er sogar an den Genfer See gereist sein, um ihn zu sprechen. Stattdessen geriet er an diesen Archibald Joseph Cronin.

»Der Name sagt doch schon alles!«

Es habe am Bahnhof beim Zeitungskiosk begonnen, wo Cronin sich mit Trivialliteratur eindeckte, Groschenromane für die Unterschicht, also Schund: Dr. Norholm, der Arzt, dem Frauen vertrauen, Dr. Stefan Frank für alle Fälle, Notarzt Dr. Berger, Schwester Helga, Tag und Nacht im Einsatz … Er verstaute den Schund gleichmäßig in unzähligen Tüten und Taschen, über die er auf Schritt und Tritt stolperte. Dann verständigten sie sich auf eine Fahrt mit der Zahnradbahn nach Rochers-de-Naye. Von dort habe man einen phantastischen Blick auf die Schweizer und französischen Alpen, schwärmte Cronin.

Der Ausflug wurde tatsächlich ganz schön, da könne man nicht meckern. – Das muss kurz nach Erscheinen des *Judas-*

baums gewesen sein, also 1965. Der gewöhnliche Judasbaum ist – wie nicht anders zu erwarten – vor allem in den Mittelmeerländern verbreitet.

* * *

Alles, was er für konventionell und pseudo-kulturell hielt, war ihm ein Dorn im Auge, und wenn er von Kultur sprach, dann nicht, um sich mit ihr zu brüsten wie Politiker oder Kulturattachés, sondern weil sie sein täglich Brot war. Auch wenn er vieles verschlungen hat, was er besser unterlassen hätte: In der Regel fügte sich eins zum anderen. Mit schlafwandlerischer Sicherheit machte er einen Bogen um dies und das und peilte zielsicher jenes an, das geeignet war, sein Weltbild abzurunden. Wahrhaftig: Oft erlebe man als Leser, wie sich eines zum andern fügt; wie ein Buch sich zum andern gesellt.

»Wie ein Mosaik, das allmählich wächst und wächst.« Begegnungen mit Büchern könne man nicht unter die Zufälle rechnen. Der Satz hörte sich wie ein Zitat an, und in der Tat stammte er von Friedrich Georg Jünger.

Es gibt Sammler, die kennen jeden Autor, Verleger und Drucker persönlich; sie können sie förmlich riechen und wissen sogar über jede Papiersorte, jede Schrift und jede Type Bescheid. Doch sie lesen keines der Bücher, das durch ihre Hände geht. – Nicht so Wittling! Er wusste genau, was er las, und vermochte Jahre später noch darüber Auskunft zu geben – so ein phänomenales Gedächtnis hatte er!

»Es ist keineswegs egal, was man liest. Entscheidend ist der transzendentale Gehalt der Lektüre, ihre Symbolkraft«, pflegte er zu sagen. Er wisse nicht, ob das der Rede wert sei, aber man vegetiere vor sich hin, und manch einer habe längst aufgehört, dem Leben Sinn zu verleihen. Andere – so wie er – blieben standhaft, und die einzige Chance bestehe darin, sich sinnvoll zu vernetzen. Das könne ein engmaschiges Netz sein, indem man täglich beim Bäcker oder Bürgermeister vorspreche oder seine Kinder zur Schule bringe. Das könne aber auch ein eher weitmaschiges Netz sein, indem man alle zwei Jahre ein Buch veröffentlicht. – Wittling seinerseits arbeitete schon jahrelang an einer »Papierdrachologie«, ohne irgendwem zu verraten, worum es da ging.

Als Nachtmensch kam er nie vor zwölf ins Bett. Wenn er übernächtigt war, sah er furchterregend aus – langes, zotteliges Haar, fahrige Bewegungen. Dann fuchtelte er mit dem Spazierstock herum (eine Sonderanfertigung aus Portugal), und wer in seine Nähe kam, riskierte, von ihm gestochen zu werden.

Auf die Frage, was er immer so treibe, erwiderte er: »Die ganzen Russen warten auf mich. Lermontow, Chlebnikow, Bulgakow – alles weiße Flecken auf meiner Landkarte.«

Dann beugte er sich voller Hingabe über ein Malerbuch und sprach: »Wenn ich Geld hätte, würde ich Bücher sammeln wie dieses, doch bevor ich zum Dieb oder gar Mörder aus Leidenschaft werde, leihe ich es lieber aus und beschränke mich auf die Lektüre.«

Ab und zu führte er Besucher in sein »Biblioversum«, wie er seine Arbeitszimmer nannte. Es waren deren vier. In einem standen die Autoren, mit denen er beruflich zu tun hatte, also die komplette Produktion des Jonas-Wittling-Verlags. Im anderen Bildende Kunst und Bibliophilie, gefolgt von buchhändlerischer Fachliteratur, Zeitschriften und Verlagsalmanachen. Zu guter Letzt Belletristik vom Ende des 19. Jahrhunderts bis zur Gegenwart, meist in Erstdrucken, Schwerpunkt deutsche Literatur von 1910–1920 in Wort und Bild. In jedem Raum hatte er einen Arbeitsplatz – ein Stehpult oder ein Schreibtisch, darunter ein Zylindersekretär in Mahagoni aus der Mitte des 19. Jahrhunderts – mit zwei kleinen Schubladen für seine Füller. Und an jedem Arbeitsplatz lag neben diversem Schreibzeug ein Blindband von ausgesuchter Qualität (Wittling war wie Schiller ein Papierliebhaber), den er im Lauf der Zeit mit Notizen und Skizzen füllte (letztere meist mit Tuschfeder von leichter Hand hingeworfen). Eine Schreibmaschine suchte man freilich vergebens.

»Eine Maschine passt nicht zu mir. Mein Denken ist viel zu langsam für die heutige Zeit.« Sprach's und widmete sich abermals seinen Gästen.

Wenn er Besuch hatte, redete er unentwegt. Das Buch sei keine Treppe. Aus seiner Sicht bestand es entweder aus Wörtern oder Bildern. Andernfalls sei es eine Plastik. Bisweilen auch beides zugleich. Wittling hatte eine dezidierte Meinung, wie ein gutes und schönes Buch auszusehen habe.

Ein Buch über nichts! Das nicht mehr sein will als ein Buch, nicht mal ein Objekt! Das ist es, was er ein Leben lang gewollt habe, erklärte er. Wittling war weit mehr als nur Verleger … Bibliosoph wäre der richtige Ausdruck für ihn gewesen.* Das hätte ihm gefallen.

Das Taschenbuch sei erst der Anfang vom Ende Gutenbergs. Deshalb lehne er jedes Buch ab, das in die Tasche passe, weil es ein Taschenbuch sei. Dass es neben dem Format noch weitere Kriterien gab, ignorierte er. Klebebindung, Broschur, periodische Erscheinungsweise und Nummerierung – alles blendete er aus. Wittling blieb – was Bücher anging – zeit seines Lebens im Grunde seines Herzens der Tradition verpflichtet und fürchtete jede Neuerung.

Dabei lobte er die Sammlung Albatros*, die ihm die angelsächsische Literatur erschlossen habe; auch Penguin-Books nahm er gern zur Hand. Nur Reclams Universal-Bibliothek empfand er mit zunehmendem Alter als Beleidigung und Angriff auf sein ästhetisches Empfinden, weil ihn die Typografie störte. Dasselbe galt für die Papierqualität der Nachkriegszeit. Doch Rowohlts-Rotations-Romane waren nichts im Vergleich zu der Suhrkamp-Kultur, die zehn Jahre später über ihn hereinbrach. Ganz zu schweigen von der Bücherschwemme der Jahrtausendwende. Startauflagen von 50.000 Stück waren da keine Seltenheit. Bei den niedrigen Ladenpreisen und Lizenzgebühren konnte es nur die Masse bringen.

Aleph und Andrea standen vor dem Schaufenster der Buchhandlung und studierten die Auslage. »Wer soll das alles lesen?«, fragte sie, doch Aleph winkte ab: Niemand! Auf die Auswahl komme es an, hörte sie ihn sagen.

Im Lauf der Zeit gelang es Wittling Aleph zufolge, namhafte Autoren und Herausgeber um sich zu scharen. »Auch Autorinnen und Herausgeberinnen, naturgemäß«, ergänzte er. Sein Adressbuch wäre – genau wie sein Büchertagebuch – ein schönes Buchprojekt gewesen: als Reprint in limitierter Auflage. Darin die Namen und Adressen unzähliger Schriftsteller und Gelehrter, die prägend waren für ihre Zeit. Kaum einer, den er nicht gekannt hätte und mit dem er nicht befreundet gewesen wäre: Von A wie Andersch bis Z wie Zuckmayer. Mit allen hatte er regelmäßig Kontakt, viele gingen bei ihm ein und aus oder besuchten ihn im Oktober in seinem Bahnwärterhäuschen oder auf der Messe. Nur der Böll mit seinem Rheinländer Realismus komme ihm nicht ins Haus, soll er gesagt haben. An dem könne sich der Wellershoff die Zähne ausbeißen.

Wittling sammelte Autoren, keine Bücher. Doch bei vielen bemühte er sich vergebens, weil Diederichs, Goverts, Fischer, Rowohlt und Piper einfach besser zahlten. Aber selbst wenn sie nach dem ersten Wurf abwanderten (was er ihnen gerne nachsah), so kehrten sie doch meist zu ihm zurück. Denn Wittling war ein Zauberer, ein Facharbeiter und Jünger Gutenbergs, der selbst Hand anlegte und seine Autorenfreunde in die Produktion einbezog.

Unter seiner Anleitung konnte aus einer kurzen Erzählung, die in einem großen Verlag keine Chance gehabt hätte, ein bibliophiles Kleinod werden, ein erlesenes Kunstwerk und Sammelobjekt von steigendem Wert. Wittling stand dann stundenlang in der Druckerei, während seine Autoren als Setzer arbeiteten und die Handpresse bedienten. Schließlich trugen sie die Druckbögen zusammen und betätigten sich als Buchbinder, dass es eine Freude war, ihnen zuzusehen. Dafür bekamen sie kein

Geld, sondern Belege. Da Wittling sich auf diese Weise selbst den Markt ruinierte, stand er unentwegt am Abgrund.

* * *

Die Farben für Künstlerbücher – oft feine Strichzeichnungen – mischte er selbst. Das war seine Stärke. Dazu gehöre Instinkt. Die ganzen Repros, das teure Papier, die Probedrucke – das könne man alles wegschmeißen, wenn das Grau nicht nach Bleistift aussieht, soll er zu seinem Lektor und engsten Mitarbeiter gesagt haben.

Wittling nahm soundso viel Weiß, ein bisschen Schwarz und dann – tat er eine Spitze Rot dazu. Wenn er damit unzufrieden war, tat er noch eine Spitze Rot dazu. – So entstanden die schönsten Zeichenbücher … Er versetzte sich derart hinein, bis er besser wurde als jeder andere.

»Man muss die Technik geheimhalten, damit nicht irgendwelche Künstler kommen und ihren Mist damit machen«, warnte er. Der ganze Individualismus sei doch des Teufels! Heute bilde sich jeder ein, Kunst machen zu müssen.

»Auch mit den Buchumschlägen«, sagte er. »Mir waren die Umschläge egal. Schon immer. Ich fand sie zwar ganz nett, aber im Grunde überflüssig.«

Bilder auf Buchumschlägen lehnte er grundsätzlich ab. Ein gutes Buch brauche nur Schrift. Wenn alle Verlage anständige Bücher machen würden, dann lägen in den Buchhandlungen nur Bücher mit typographisch gestalteten Buchumschlägen.

Aleph war ein gelehriger, wissbegieriger Schüler, hellwach und eifrig bis in den frühen Morgen.

In seinem Beruf, so Wittling, habe man es mit allen möglichen Scharlatanen zu tun. Jeder schreibe heutzutage Bücher. Oder lasse sie schreiben. Wie dieser Professor Matt, Hubert hieß er.

»Sie wissen schon, der Rechtsanwalt.«

Der schickte ihm ein Kinderbuch mit eigenhändigen Illustrationen seiner Frau, eine Art *Alice im Wunderland*. Als er ablehnte, es zu drucken, weil es seinen Vorstellungen von Qualität nicht entsprach, bot er ihm 1.000 Mark aus einer Liechtensteiner Stiftung an. Aber bei Wittling war es nicht üblich, dass einer für seine Leistung auch noch zahlen musste, anstatt Geld damit zu verdienen.

»Was – wie wir alle wissen – schwerfällt«, setzte er hinzu.

Darauf ist Professor Matt, dieser eitle und machtbesessene Rechtsanwalt, samt seiner Frau über den Main abgewandert, und der Fischer war – wie man hört – sehr glücklich darüber. Dass er die später gegen ihn erhobenen Plagiatsvorwürfe erfolgreich abzuwehren vermochte, hat ihm obendrein Auftrieb gegeben. – Wozu sonst sollte ein Rechtsanwalt auch gut sein!

Dann plante Wittling eine Zeitschrift. *Quer-Elle* sollte sie heißen. Oder *Querelle* – nach Genets Roman.* Aber daraus wurde nichts, weil der Senat das Projekt nicht fördern wollte. Später rief er die Literaturzeitschrift *Das Fischtor* ins Leben.

Eines Tages in der Fischerstube setzte sich ein Penner zu ihm an den Tisch und fragte: »Was bist du denn für einer?«

»Ich bin Verleger«, antwortete Wittling. »Ich hab einen kleinen Verlag.«

»Brauchst du Kohle?« Er kenne jemanden, der Geld aus einer Kulturstiftung verteilt. Er selbst könne keines mehr brauchen, aber dafür wisse er, wie man da rankommt. »Wie wär's mit 10.000 Mark? Kannst du damit was anfangen? Wieso stellst du keinen Antrag? Ich helf dir dabei. Wenn du 2.000 Mark brauchst, dann hast du von vornherein verspielt. Aber 10.000 sind realistisch.«

Also stellte Wittling alles Nötige zusammen: Eine neue Schnellpresse, Setzmaschine, Typograf … Damit kannte er sich aus. Inklusive Transport, Anschlüssen, Miete usw. Tatsächlich bekam er das Geld – mehr als einmal, sondern jedes Jahr aufs Neue.

Später lernte er Wolf Mertens kennen, den Künstlerischen Leiter der Gebrüder Klingspor in Offenbach, einen Kenner der

Materie.* Nach einem Vortrag in der Typografischen Gesellschaft fragte er ihn, ob er ihm ein paar Schriften beschaffen könne. Beim dritten Bier stimmte Mertens zu: »Warum nicht!«

Wittling hätte die Schriften nie selbst kaufen können. Dafür schaffte er aber eine Druckerpresse an. Es sei ganz leicht, mit der *Heidelberg* zu arbeiten.

»Die *Heidelberg* ist ja sowas Unglaubliches. Mit der kann man wirklich zaubern. Die kann einfach alles«, schwärmte er. Innerhalb weniger Tage hatte er sie im Griff. Außer ihm durfte sie niemand bedienen. Die *Heidelberg* war sein ganzer Stolz, sein Ein und Alles.

Dann sagte er: »Jetzt drucke ich mein Lieblingsblau. Dazu nehmen wir einfach Transparentpapier.«

Diese Technik habe er selbst entwickelt, um Reprokosten zu sparen. Da kostete die Packung Transparentpapier ein paar Groschen. Und alle hielten ihn für verrückt.

Er säße längst im Schuldturm, wenn er nicht selbst drucken würde. Seine Arbeitszeit kostete ja nichts, behauptete er. Er müsse nur das Gelb ein bisschen verstärken. – Das sei ja das Schöne an den Farben: Es gibt Milliarden davon.

Als er fertig war, habe er vor Freude auf den Tisch gehauen. Dabei seien ganz nebenbei seine Faustzeichnungen entstanden. Ja, gemalt und gezeichnet hat er auch! Aber nur so zum Zeitvertreib! Emmett Williams soll die Idee dann später aufgegriffen und die Technik verfeinert haben.

Mit der Zeit ist eine richtige Druckerei daraus geworden: Visitenkarten, Einladungen, Prospekte aller Art. Nebenher hat er Gedichtbände veröffentlicht. Keiner wusste, woher das Geld kam. Er hatte immer Freunde, die ihn unterstützt haben, lauter nette Jungs.

Einer dieser netten Jungs erledigte die Buchhaltung. Alle Papiere vom Finanzamt wurden nach Ludwigsburg geschickt. Wittling hatte nichts damit zu tun, denn mit Geld konnte er nicht umgehen. Privatvermögen hatte er keines. Dafür kam regelmäßig Geld von der Büchergilde Gutenberg, für die er früher gearbeitet hatte. Aber mit der Zeit war er dazu nicht mehr in der Lage, weil er die neuen Techniken nicht mehr beherrschte. Da haben die in Frankfurt das stillschweigend selbst gemacht.

Helmut Dressler, der Sohn des Verlagsgründers, schlug vor: »Wittling kann nicht mehr. Setzen wir ihm doch eine Lebensrente aus!« Seither kam jeden Monat ein Betrag aus Frankfurt, und Wittling glaubte, er müsse etwas tun dafür. Deshalb rief er täglich dort an. Als der Chef sich verleugnen ließ, probierte er es bei Hans Jürgen Schultz, bis der seiner Sekretärin einschärfte: »Wenn der Wittling anruft, bin ich nicht da.«

Zuletzt erhielt er noch Geld aus einem Fonds für alternde Künstler und Schriftsteller. Das waren drei-, viermal im Jahr ein paar hundert Mark und zu Weihnachten das Doppelte.

Im Allgemeinen lebte Wittling bescheiden. Nur wenn er Bares hatte, lud er alle möglichen Leute ein. Er aß sehr gern, aber meist zu Hause. Und er fand immer jemanden, der für ihn eingekauft und gekocht hat. Wenn nicht, ging er in die Waldeslust zum Essen. Bis zu dem Tag, als dort ein neuer Kellner zu ihm sagte: *»It's all reserved.«*

»Die Tische sind alle besetzt, meinen Sie wohl?«

»Ja, alles besetzt.«

»Haben Sie keinen Platz mehr für mich?«

Der aufgeblasene Kellner schaute sich um und schüttelte den Kopf – und das, obwohl die meisten Tische frei waren. Nur an seinem Stammplatz am Fenster stand ein Reserviert-Schild. – Da verließ Wittling grußlos das Lokal und hat es nie mehr betreten. Heute ist dort ein 08/15-Chinese – mit roten Lampions, Goldfischen und einem Gipslöwen vor der Tür.

Mit seinen Kalendern, Mappen und Anthologien habe er sich gern ins Tagesgeschehen eingemischt, auch wenn er sich dabei oft in die Nesseln gesetzt hat.

»Was bringt das schon, wenn man eine Auflage von 175 Stück macht? – Die Anspielung auf den Paragrafen 175 versteht sowieso keiner. Das bringt doch nichts«, so Aleph.

Doch diese Kalender mit Holzschnitten von Fuchs, Meckel und Grieshaber – auf Packpapier gedruckt – waren jedes Jahr Bestseller. Camilla Speth soll 500 Stück davon in Berlin abgesetzt haben, Melusine Huss 200 in Frankfurt. Beide haben außerdem viele Bücher verkauft. Die Lyrik-Anthologien liefen immer. Zuletzt wurden 5.000 Stück gedruckt, die alle von Hand zusammengetragen, gebunden und verpackt werden mussten.

»Harry Kraus, ein Buchhändler aus Amerika, hat die Sachen auf der Messe kurz angeschaut und ein paar hundert Stück gekauft, einfach so. Von dem farbigen Alphabet, das sowieso schon ein Renner war, wollte er unbedingt 300 Stück haben.«

300 Bücher nach New York zu verschicken war an und für sich schon eine logistische Herausforderung. Sowas wie eine Auslieferung hatten sie ja nicht. Ganz zu schweigen von Vertretern. Jeder war für alles zuständig.

Wo immer er war, besuchte er Kunden. In ganz Deutschland, Österreich und der Schweiz. Dabei kam er zu dem Schluss: »Während es früher hieß, Kinder und Hunde gehen immer, muss es jetzt heißen: Hitler und Erotik. Das ist die Wahrheit«, sagte Wittling und beteuerte im gleichen Atemzug: »Ich brauche kein Geld. Geld verdienen können andere besser. Gute Bücher kauft kein Mensch.«

Einmal im Jahr wollte er verreisen. »Reisen? Sich mit Landschaften und Eindrücken vollstopfen? Und Sie glauben, dass so die großen Werke entstehen? Hastiges Sehen, zu viel Sehen, glauben Sie, das braucht die Kunst?«

Der alte Ensor, den er im Sommer 1933 in Ostende besucht hatte, konnte ihn nicht davon abhalten. Dauernd schwärmte Wittling von der Nordsee. Ende Oktober, kurz nach der Buchmesse, setzte er sich meist nach Amrum ab.

Einmal lernte er dort einen Autor kennen, der zur Geburt seiner Tochter ein Ballerina-Buch machen wollte. Dieser glückliche Vater war bereit, dafür einen Druckkostenzuschuss zu bezahlen. Die direkte Finanzierung durch Autoren lehnte er ab –

das hielt er für unanständig. Autoren sollten keinen Pfennig zuzahlen. Aber in diesem Fall wollte er eine Ausnahme machen. Wolfgang Horn schlug vor, im Gegenzug Druckaufträge an Land zu ziehen. Alles, was Horn in die Hand nahm, hatte sich als profitabel erwiesen. Er besaß mehrere Häuser in Spanien, aber auch in Potsdam und an der Ostsee. Doch Aleph blieb skeptisch. Er fand den Kerl unsympathisch.

Anfangs klappte die Zusammenarbeit prima, doch dann wurden keine Rechnungen mehr bezahlt.

»Eine furchtbare Intrigengeschichte«, hörte Andrea ihn sagen. »Ich hatte ihn gewarnt.«

Natürlich hatte Wittling nichts Schriftliches in der Hand, und dieser glückliche Vater ließ sich nicht mehr blicken. Sein Ballerina-Buch hat er aber trotzdem gekriegt. Ohne die vereinbarten 2.000 Mark zu bezahlen – versteht sich. So ließen die Probleme nicht lange auf sich warten.

Aus dem Alltag des Lektors

»Vielleicht sollte ich noch erwähnen, dass die meisten Menschen eine völlig falsche Vorstellung von meinem Beruf haben.«

Aleph hatte sie beim Einkauf getroffen und anschließend ins Kunstmuseum begleitet, wo sie Pause machen und sich ausruhen wollten. Ein ehemaliger Kollege, der als Nutznießer der Finanzkrise eine beachtliche Autografensammlung zusammengerafft hat, scharte eine Handvoll Schüler um sich: Kunsterziehung stand auf dem Programm! Andrea dachte sich ihr Teil dabei und versuchte, die prall gefüllten Plastiktüten unter dem Tisch zu verstauen. Draußen, vor dem Juweliergeschäft, war Dr. Schlapp dabei, sich die Schuhe zu binden. Sein Hund Allah, ein Appenzeller oder so, schaute ihm geduldig dabei zu. Schwer zu sagen, wer wen mehr vergötterte!

Entweder sie verwechseln ihn mit dem Lektor in der römisch-katholischen Kirche oder mit dem Korrektor. Bestenfalls denke man, dass er Manuskripte korrigiert. Naturgemäß tut er das auch bisweilen, aber heutzutage ist der Lektor in erster Linie Produktmanager. Er entwickelt Ideen und begleitet das Projekt bis zum fertigen Buch. Daher braucht der Lektor Instinkt für den Markt und Gefühl für das Bedürfnis der Leser. Diesem Bedürfnis trägt er mit der Ausstattung Rechnung. Folglich muss er den Grafiker und Hersteller von seiner Idee genauso überzeugen wie den Vertriebsleiter. Beim Lektor laufen alle Fäden zusammen. Viele Projekte sind zum Scheitern verdammt, weil sie von den Kolleginnen und Kollegen der anderen Abteilungen nicht mitgetragen werden. Und wenn die Presse sich querstellt, ist das Buch eine Totgeburt, bevor es die Druckerei verlässt.

Der Wittling-Verlag bekam fast täglich unverlangt eingesandte Manuskripte, wovon höchstens zwei verwirklicht wurden. Freilich nicht ohne langwierige Rücksprachen und Verhandlungen mit dem Verfasser.

Eine weitere Quelle waren Agenten und freie Mitarbeiter. Im ständigen Austausch mit dem Verleger entwickelte Aleph andauernd neue Ideen. Daher reiste er von Messe zu Messe und von Bücherschau zu Bücherschau. Es gab kaum einen Kongress, an dem er ohne triftigen Grund gefehlt hätte, und kaum einen Autorenverband, mit dem er nicht permanent in Verbindung stand.

Die dritte und wichtigste Quelle ist der Lektor selbst, der aufgrund seiner Branchenkenntnis Ideen entwickelt. Für die gilt es dann, geeignete Autoren zu finden. Das geht nicht ohne Kontakte.

»Kontakte sind das A und O«, beteuerte er.

Je nach Verlagsprofil muss sich der Lektor in akademischen Kreisen bewegen, die Presse im Blick haben oder die literarische Szene verfolgen. Literaturhäuser gab es noch nicht. Dafür gehören Zeitungen und Zeitschriften zum täglichen Brot. Unverzichtbar auch die Lektüre der Branchenblätter, allen voran des *Börsenblatts*. Aber vor allem Literaturzeitschriften. Ihre Zahl ist Legion, sodass es schwer fällt, den Überblick zu bewahren: Mal erscheinen sie hier, mal dort und dann wieder gar nicht.

»Nur auf die *Manuskripte* aus Graz kann man sich in jedem Fall verlassen.«

* * *

Dank seiner Tante in Wien (eine Schwester seiner Mutter) hatte er ein enges Verhältnis zu Österreich. Tante Trude war Schauspielerin. Nichts Aufredendes, aber immerhin war sie festes Mitglied im Ensemble des Wiener Volkstheaters. Unter dem Intendanten Leon Epp galt es als das tapferste Theater von Wien.

»Mit meiner Tante habe ich viele Proben besucht und Premieren erlebt – so Anfang 1964 Hochhuths *Stellvertreter*. Nach dem Getümmel im Parkett trat der Direktor persönlich auf die Bühne und sagte, man möge sich doch bitte fragen, ob man nicht irgendwie mitschuldig sei.«

Die Sommerfrische verbrachte Aleph zuweilen in Salzburg. Tante Trude war mit Schauspielkollegen befreundet, die an ihren spielfreien Tagen nach Henndorf am Wallersee hinausfuhren.* Dort kannte er sich aus, dort fühlte er sich wohl, fast wie zu Hause.

»Henndorf ist heute kaum wiederzuerkennen. Schauen Sie sich doch bloß die Wiesmühl an.« Die Nase rümpfend schimpfte er: »Grauenvoll!«

Bei einem seiner Aufenthalte im Salzburger Land hatte er Gelegenheit, ein Fernsehteam des ORF zu begleiten, das über Zuckmayer berichten sollte. In dessen Nachbarschaft, in dem Häuschen, das Johannes Freumbichler einst gehört hatte, lebte ein Theaterdirektor aus München. Um seine Besucher zu beeindrucken, führte er seine alten Bauernmöbel vor – darunter wunderbare ungarische Hochzeitstruhen, die an den oberen vier Ecken mit Horn verziert waren. Bei anderen fehlte das Horn, dafür wucherten die Ornamente umso farbiger. Vermutlich waren diese Truhen mit fahrenden Händlern aus dem Palotzenland an die Salzach gekommen, woher auch die Palotzensuppe stammt.*

Diese Hochzeitstruhen waren bemerkenswert, vor allem – so viele auf einmal! »Das reinste Museum!«, so Aleph. Die müsse man einfach gesehen haben.

Auf dem Rundgang hielt er sich vornehm zurück, wohl wissend, dass das Haus bloß gemietet war. Es war Eigentum eines Freundes seiner Tante, der meist in Argentinien weilte. Auch seine fünf Frauen, die sich – eine nach der anderen – von ihm getrennt hatten, behandelte der Direktor wie Trophäen. Etwa wenn er die schöne Ingeborg im Café Bazar traf, oder zwei Stunden später mit Czokor und Bruckner im Tomaselli saß. Seine Frau war immer zur Stelle, aber nie mischte sie sich ins Gespräch. Sie hatte nur eine Aufgabe: schön zu sein.

Eines Tages im Café Demel fiel ihm ein junger Mann am Nebentisch auf, der in höchster Erregung von Stockholm schwärmte. Jahre später in Berlin wurde ihm derselbe Österreicher, der Dialektgedichte schrieb, von Bazon Brook vorgestellt. Aleph habe ihn sofort wiedererkannt, als er die Druckerei betrat. Er sagte: »Damals in Salzburg.«

Und dieser Poet mit dem struppigen Schnurrbart antwortete: »Das war bestimmt mit dem Sedlmayr und seiner Frau, der Schlagersängerin. Ich glaube, sie war ein bisschen verknallt in mich.« Ihr verdankte Artmann den Kontakt zum Otto-Müller-Verlag, dessen Gründer kurz zuvor gestorben war.

Hans Sedlmayr soll Artmann dereinst ein Schriftstück gegeben und ihn gefragt haben, was das für eine Sprache sei. Artmann habe gerätselt und geforscht und alle ihm zur Verfügung stehenden Register gezogen, bis er eingestehen musste, dass er keine Ahnung hatte. Da verkündete der Kunsthistoriker mit der braunen Weste *coram publico*, dass alles erfunden war, jedes Wort. Seitdem hat H. C. Artmann nie mehr mit ihm gesprochen.

* * *

Heimito von Doderer, Dorothea Zeemann und Ilse Aichinger warteten im Kaffeehaus an der Strudlhofstiege auf H. G. Adler. Da behauptete Doderer, dass Artmann kein Dialektdichter sei. Wohl hätte er Dialekt geschrieben, jedoch … Aleph hatte keine Lust, sich auf rabulistische Debatten einzulassen, sondern bloß ein Ziel vor Augen: den Autor von *Theresienstadt* kennenzulernen.

Ilse erklärte, dass er durch die Schwärze gegangen sei, und Aleph wusste gleich, was sie meinte: Vor Dantes Inferno tritt die Wahrheit über Auschwitz mit aller Deutlichkeit zutage. Dann empfahl Doderer, Adler auf dessen jüngsten Roman anzusprechen. Die Gelegenheit sei günstig, denn er suchte noch einen Verlag für die *Reise*. So lautete der Titel.

»Vielleicht haben Sie ja Glück. Erzählen Sie ihm von Jonas Wittling, dann bietet er Ihnen das Manuskript von selber an.« Wenn nicht, dann solle er ihn direkt danach fragen. »Sagen Sie ihm, dass Sie davon gehört hätten, aber verraten Sie nicht, von wem.« Auch dürfe er keinesfalls Suhrkamp erwähnen.

Aleph wusste nicht, was von dieser Geheimniskrämerei zu halten war. Peter Suhrkamp hatte nämlich zu Adler gesagt: Zu seinen – Suhrkamps – Lebzeiten werde das Buch nie erscheinen. – Und das von einem Ehrenmitglied der Deutschen Akademie für Sprache und Dichtung!

Gemeinsam warteten sie wohl eine Stunde lang. Um die Zeit totzuschlagen, las Doderer einen Gerichtssaalbericht aus dem *Demokratischen Volksblatt* vor. Da ging es um den Mord an der alten Hüttenwirtin des Statzerhauses auf dem Hundsstein im Pinzgau. Ein neunzehnjähriger Bursche hatte sein Opfer mit zwei gezielten Schüssen niedergestreckt, versicherte aber später, dass er die Frau nicht erschießen wollte. Katharina Schneider, die Wirtin, habe zwischen den beiden Schüssen und kurz vor ihrem Tod noch zu ihrem Mörder gesagt: »Sind Sie aber gemein!«

Bemerkenswert war jedoch nicht dieser Satz, sondern dass der anonyme Gerichtskiebitz unentwegt den Schäferhund des Opfers erwähnte. Jener Hund, der auf den Namen Sidi hörte, soll auf den Angreifer losgegangen und dann plötzlich weggerannt sein. Ein Pfui-Ruf hatte genügt, ihn in die Flucht zu schlagen. Als der Mörder später mit seiner Beute – insgesamt 2.500 Schilling – talwärts floh, näherte sich ihm der winselnde Hund der Erschossenen und wich nicht mehr von seiner Seite. »Mit einer unbegreiflichen Zuneigung«, wie der Reporter schrieb.

»Und wo ist der Hund jetzt?«, fragte Aleph. »Was geschah mit ihm?«

»Das steht nicht dabei. – Aber ist das nicht kurios? Zuerst beruhigt der Mörder den Hund, indem er ihn streichelt, dann, als er angegriffen wird, verscheucht er ihn, und nach vollbrachter Tat schließt sich ihm der Köter an. Kann es sein, dass er sich bloß verstellt hat, um bei nächster Gelegenheit zuzupacken, der Hund, meine ich?«

Während sie den Vorfall noch diskutierten, trat Adler zu ihnen an den Tisch und sprach: »Ich fühl mich wia a Doda.« Er war mit seinem Sohn Jeremy eben aus England eingetroffen und trug trotz der Kälte Anfang Februar weder Schal noch Pullover, dafür eine schlichte Krawatte.

»Und ich – ich fühl mich noch viel Dodara«, antwortete sein Freund, worauf Dorothea Zeemann, die er vor Kurzem erst näher kennengelernt hatte, tadelte: »Sei nicht albern, Heimo.« Und Heimo bat ihn, Platz zu nehmen. »Komm, setz dich her zu mir! Nein, hierher! Oder vielleicht doch lieber da!«

Weil Ilse ihn schon kannte, übernahm sie es, Aleph vorzustellen. Der hatte bislang höflich Distanz bewahrt. »Stimmt es, dass Eichmann Ihr Buch über Theresienstadt gelesen hat?«, fragte er, als alle ihre Plätze eingenommen hatten.

»Davon weiß ich nichts, wer behauptet das?«

»Ein gewisser Jacob Robinson.«

»Kenne ich nicht.«

Als er seinen Judenstern aus gelber Baumwolle herumreichte, sagte er: »Dies ist mein Gedächtnisstück. Meist liegt es in einer Blechdose auf meinem Schreibtisch. Wissen Sie, heute vor dreizehn Jahren kam ich nach Auschwitz.« Als ihn der SS-Mann schlagen wollte, habe er zu ihm gesagt: Moment mal bitte, ich muss zuerst meine Brille abnehmen.

Ob Aleph vielleicht seine Gedichte drucken möchte, fragte er später hoffnungsvoll, als sie vertrauter waren. Erich Fried habe eine schöne Auswahl zusammengestellt und würde sich bestimmt freuen.

Er konnte ja nicht ahnen, dass Aleph dessen Gedichte einst als Edelkitsch bezeichnet hatte (worüber der Autor der *Blechtrommel* übrigens herzlich gelacht hat). Das war am Rand einer Tagung in Badenweiler, bei der es um »Liebeslyrik gestern und heute« ging. Aleph war einer der Referenten. Sein Vortrag über »Gongorismus und Postmoderne« erschien später in der Zeitschrift *La Zarzuela*, 22. Jahrgang, Heft 4, Seite 66–92.

* * *

Dabei wollte Aleph eigentlich keine Spuren hinterlassen. *Niemals Spuren hinterlassen!* war seine Parole. Entsprechend verhielt er sich ein Leben lang – von gelegentlichen Studien in Zeitschriften abgesehen. Dann erfuhr er, dass der Ausspruch von Ilses Mann stammte. Günter Eich sei es gewesen, der ihn getan hatte: *Bloß keine Spuren hinterlassen*. Da wusste er nicht, ob er den Satz von ihm hatte oder umgekehrt.

»Ich bin doch kein Pirat«, beteuerte er.

Die Frage der Urheberschaft habe ihn sehr belastet, sie war für ihn alles andere als unerheblich: Während einerseits das Original in der Krise steckte und das Urheberrecht abhandenkam, wurde anderseits der Plagiatsvorwurf immer schneller erhoben.

»Einer, der auf der Basis von Bestsellern Gedichte schreibt, hätte heute nichts zu lachen. Das war früher anders«, sagte er.

Wie soll das gehen?, dachte Andrea verwundert: Kommissar Wallander als Sonett? *Harry Potter* als Ballade? – Der Versfuß macht noch kein Gedicht, und ein Reim noch keine Lyrik. Unter Poesie stellte sie sich etwas anderes vor.

Günter glaubte schon lange nicht mehr an das Gute im Menschen. »Der Mensch ist nicht gut«, klagte er. Wer das Gegenteil behaupte, versuche bloß, sein Gewissen zu beruhigen. Seit 1956 wollte er mit der Bestie Mensch nichts mehr zu tun haben. Damals im Theater habe er sich geschämt. »Anne Franks ungebrochener Glaube an das Gute sollte uns retten? – Was soll denn das heißen? Wird so entschuldigt, dass wir sie ermordet haben? Nein, da mache ich nicht mit, diese kollektive Heuchelei ist widerlich.«

Er kenne einen in Kiel, der ihn liest, murmelte er, und einen in Ludwigsburg. Das seien schon zwei. Ilse fand das nicht komisch und fragte ihn: »Und wovon sollen wir leben? Ich bin schwanger, wie du vielleicht weißt. Wir sind eine Familie ... Kinder ... erinnerst du dich?«

Natürlich tat er das, aber was blieb ihm anderes übrig? – Hörspiele schreiben? Fürs Fernsehen arbeiten? Er wusste nicht, woher das Geld kommen sollte, denn er hatte nicht das Geringste zu sagen. Am liebsten hätte er irgendwo auf dem Land gelebt, wo es billig war. In Bayern zum Beispiel, in Lenggries. – Er wollte ein bisschen mit Worten klappern, wenn er nicht gerade schwieg. Mehr nicht!

Später – noch vor den *Maulwürfen* – war Aleph oft bei ihnen zu Gast, wenn er von München nach Wien fuhr. Die Eichs wohnten damals schon in Großgmain bei Salzburg. Auf dem Weg dorthin hat Aleph meist in München haltgemacht und bei seinem Neffen Ralph in der Lilienstraße übernachtet. Ihm zufolge hielt Kunzelmann die Berliner Mauer für eine subversive Aktion, die alles in den Schatten stellt, was er mit seinen Happenings je erreichen könnte. Deshalb wollte er jetzt etwas ganz Neues aushecken, zum Beispiel mit Dutschke Twist Tanzen vor dem Brandenburger Tor oder so.*

Was hatte ein Stadtguerilla wie Dieter in Palästina gewollt? War er etwa Antisemit? – Auf Tauchstation gehe er jedenfalls noch lange nicht. Auch Ralph hatte beschlossen, sich neuen Zielen zuzuwenden. Welchen, wollte er nicht verraten, doch Aleph vermutete, dass er eine situationistische Zeitschrift plante, oder einen Aufsatz über die Schwabinger Krawalle.*

Ilse war eine wundervolle Frau. Aleph konnte verstehen, dass alle hinter ihr her waren. Böll, Andersch, Richter – alle haben sie gemocht. Sie war nicht nur attraktiv, sondern auch geistreich. Für Aleph eine unerlässliche Kombination, wenn man ihn gefragt hätte.

Einmal – das muss so 1965 gewesen sein – fand in ihrem Garten in Großgmain – fast schon ein Park – ein Sommerfest statt. Lauter Autoren, Schriftsteller und Dramatiker, viele Verlagsleute und Hörspielproduzenten sowie prominente Künstler aus München, Salzburg und Umgebung. Sogar der wegen seiner politischen Vergangenheit umstrittene Heinz Schwitzke vom Norddeutschen Rundfunk hatte den weiten Weg von Hamburg nach Salzburg auf sich genommen. Günter war ja auch entsprechend berühmt in der Szene, hatte er doch den Büchner-Preis gewonnen.

»Und Hans Weigel?«, fragte Andrea.

»Ja, der auch.« Hans Weigel konnte man überall begegnen, wo es etwas zum Essen und Trinken gab.

Aleph schlug dem Leiter der Hörspielabteilung ein Radio-Feature über das Speziallager Buchenwald Nr. 2* vor, wo die Sowjets nach 1945 ehemalige NS-Funktionäre und politische Gegner festhielten, aber Schwitzke winkte ab: Améry habe nämlich gerade einen glänzenden Artikel über die Auschwitz-Prozesse in der *Weltwoche* veröffentlicht.*

»Aber bleiben Sie dran, junger Mann. Der Rundfunk braucht so Leute wie Sie. Und vergessen Sie nicht: Das geschriebene und das gesprochene Wort sind zweierlei, verstehen Sie?«, sagte er.

Da hielt es Aleph für angebracht, von seinem Vorhaben zu lassen, denn unter keinen Umständen wollte er eine Revisionismus-Debatte mit einem Auschwitz-Überlebenden wie Améry auslösen. Lieber hätte er mit ihm über Hamsun diskutiert, dessen Romane – vor allem *Hunger* und *Mysterien* – er nach wie vor wichtig fand, trotz der irrationalen Zivilisationskritik des Autors. Wie konnte er das mit seiner eigenen Erfahrung mit den Nazis vereinbaren? Das hätte Aleph gern von ihm gewusst. Er frage sich heute noch, ob Hamsun fand, dass die Deutschen ein Kulturvolk sind. Wahrscheinlich würde er geantwortet haben, »dass sogar das Grandiose eines Tages stürzt«.

Gelegentlich schrieb er für den Rundfunk. Reiseberichte waren eine Zeitlang seine wichtigste Einnahmequelle, wobei Gert Westphal, Chefregisseur und Abteilungsleiter beim Südwestfunk Baden-Baden, ihm weitgehend freie Hand ließ. So ein

Reisebericht brachte bis zu 2.000 Mark, zuzüglich Reisekosten und Spesen. Davon konnte er drei, vier Monate leben. Anfang der Siebzigerjahre war es vorbei damit. Den Sprung ins Fernsehen schaffte er nicht mehr. Vielleicht war er schon zu alt dafür.

Heißenbüttel, der mit seinem Zeichenblock auf den Knien abseits gesessen hatte, mischte sich ein und schlug vor: »Wollen Sie nicht ein Radio-Essay über Krimis für den Süddeutschen Rundfunk schreiben? Ich selbst schreibe ja keine Krimis, aber lesen tue ich sie gern. Meine eigenen Werke sind fürs Radio viel zu anarchisch, wenn Sie wissen, was ich meine.«

Natürlich wusste Aleph das genau: Die Kunst ist unregelmäßig, denn wäre sie es nicht, würde sie bloß Erwartungen erfüllen. Zugleich war ihm aber auch klar, dass er für die Aufgabe ungeeignet war. Krimis interessierten ihn nicht, und Science-Fiction ließ ihn kalt, obwohl alle von Bradbury schwärmten. *Fahrenheit 451* von Truffaut lief gerade in allen Kinos, mit Oskar Werner als Feuerwehrhauptmann.

Während Günter mit seiner dicken Hornbrille zu den Stillen im Lande gehörte (vor allem bei der Arbeit war er sehr bedächtig und in sich gekehrt), genoss er seine Rolle als Gastgeber und scharte die Gäste um sich, jung und alt. Seine Witze wurden zwar nicht gleich verstanden, doch verbreiteten sie gute Laune, und Heiterkeit ist bekanntlich ansteckend. So konnte er nur zu Hause glänzen, wenn er sich geborgen fühlte. Auf der Buchmesse, bei den Treffen der Gruppe 47 oder auf Lesereisen zog er es vor, auf der Lauer zu liegen, anstatt sich aufzudrängen. Seine Reaktion kam erst später – schriftlich und dafür umso heftiger. Manches fand seinen Niederschlag in wenigen Zeilen, in unvergesslichen Worten.

Nach seinem Tod galt auch für seine Frau Ilse: je knapper, desto besser. Diese stilistische Kargheit ist heute nicht mehr zeitgemäß.

Die folgende Episode habe ihr Peter de Mendelssohn in Pietrasanta in der Toskana erzählt, als er gerade dabei war, sich von seiner Hilde zu trennen. »Gott erlöse uns von den Kommunisten«, seufzte er. »Sobald du ein Pferd hast, bist du ein Kapitalist. Bei einer Kuh desgleichen. Dann musst du Steuern zahlen ohne Ende. Ich kenne einen Bauern, der als Schreiner arbeitete, um ein Pferd für sein kleines Gut anzuschaffen. Sparsam wie er war, besaß er eines Tages sogar zwei Pferde. Aber da musste er nicht nur die Tiere, sondern auch sein Haus verkaufen, um die Steuern zu begleichen. Gott erlöse uns von den Kommunisten.«

Nein, das sei keine Wandersage! Tatsache!

* * *

»Gudrun bat mich um einen Beitrag für ihr Buch, das sie mit Bernward Vesper herausgeben wollte.« Es sollte *Gegen den Tod. Stimmen deutscher Schriftsteller gegen die Atombombe* heißen, und Aleph bezweifelte, dass man es noch irgendwo auftreiben konnte.

»Egal ob Gedicht, Erzählung oder Essay – wir freuen uns über jeden Beitrag von Ihnen, da wir Sie als einen unbeugsamen Krieger gegen den atomaren Irrsinn kennen«, schrieb sie. Und handschriftlich darunter: »Bitte unterstützen Sie uns in diesem Bemühen. Jonas Wittling hat bereits zugesagt.« Gezeichnet B. Vesper, z. Zt. in Bad Cannstatt.

Er habe sofort Wittling angerufen, der im Besitz eines ganz ähnlichen Briefes war. Mit dem Nachtrag, Aleph Kraus-Góngora habe bereits zugesagt. Der Verleger hatte in der Sache auch schon mit Marcuse gesprochen. »Ich mache da nicht mit«, sagte er. »Wie kommen die dazu, zu behaupten, dass ich zugestimmt hätte? Sowas kann ich gar nicht leiden.«

Marcuse ging davon aus, dass alle Bemühungen gegen die Atombombe für die Katz seien. Proteste, Reden, Ostermärsche – alles für die Katz. Darüber habe er lange nachgedacht und sich dagegen entschieden.

Obzwar Aleph fand, dass man seine Stimme gegen die atomare Rüstung trotzdem erheben müsse, konnte er sich nicht recht entschließen. »Jeden Tag soll ich irgendwelche Resolutionen unterschreiben«, klagte er. Dazu hatte er einfach keine Lust mehr. Der unaufhaltsam näher rückende Termin und die Einsicht, dass er vor Redaktionsschluss sowieso nichts Vernünftiges mehr zustande brächte, habe ihm die Entscheidung endlich abgenommen. Immerhin könnten sie sich mit einem Inserat beteiligen, schlug er vor.

Dann wurde auch ohne seine Mitwirkung ein sehr schönes Buch daraus, das nicht mal Erich Fried mit seinem Gedicht beeinträchtigen konnte. Als Aleph die Anzeigen nach all den Jahren noch einmal sah, staunte er über die *Ausgewählten Werke* von Carl Gustav Jochmann (1789–1830) mit der Einleitung von Werner Kraft, Jerusalem. In späteren Ankündigungen war von Kraft nämlich keine Rede mehr. Stattdessen sollte der Band »mit einem unveröffentlichten Essay von Walter Benjamin« erscheinen.

Die Verlobungsanzeige der beiden, die er später bekam, erinnerte ihn an esoterische Buchstabenmystik und konkrete Kombinationskunst, aber unterdessen hatte keiner mehr Zeit für Ästhetik. Die Revolution hatte die Straße erobert: Ihr erklärter Feind, die Diktatur der Bürokratie, wurde mit Molotowcocktails und Tomaten bekämpft.

Gisela

Rudolf Wollfinger besuchte er in Baden-Baden. Im Hotel *Schweizer Hof* beim Festspielhaus, fünf Minuten vom Stadtpark entfernt, wohnte Aleph fast eine Woche lang, und täglich schlug er sich mit dem Autor herum. Bis er einsah, dass dessen Geschmier besser ungedruckt blieb. Das war in Schneiders Weinstube, wo sie fast schon so etwas wie Stammgäste waren und jeden Abend – drei Tage in Folge – die unübertreffliche Ente bestellten.

Wenn am vierten Tag eine japanische Reisegruppe das Lokal gestürmt hätte, dann wäre Aleph vielleicht auf andere Gedanken gekommen. Aber da eine solche Gruppe weit und breit nicht in Sicht war, gerieten sie sich in die Haare, weil Wollfinger nicht begreifen konnte, dass ihm mit seinem Vokabular faschistoides Gedankengut unterlaufen war. Wörter wie »Einsatz«, »Leistung« und »Mädel« hielt er für harmlos, und Verben wie »betreuen« und »selektionieren« brachte er ohne Skrupel über die Lippen.

»Auch nach über sechzig Jahren versetzt es mir einen Stich, wenn der *Tagesspiegel* schreibt: *Prompt meldeten sich zwölf Bewohner eines sozialen Wohnprojekts aus Neukölln, die von Sozialarbeitern betreut werden.* – Das können Sie nicht verstehen, junge Frau«, sagte Aleph, »nein, das können Sie nicht.«

Wollfinger merkte nicht mal, was er von sich gab. Und entsprechend war sein Manuskript. »Er schrieb wie ein Medium – mit fremden Zungen sozusagen. Eigenartig! Mit Unsinn ist das nicht hinlänglich beschrieben«, so Aleph.

Nach *Schwanengesang*, einem Ballett-Abend im Festspielhaus, stand sein Entschluss fest: Dieser Titel ist ungenießbar, mitunter sogar schädlich. Das Buch musste um jeden Preis verhindert werden.

Um es doch noch zu retten, versuchte Wollfinger, ihn beim Verleger zu verunglimpfen, aber Wittling war kein Unmensch und hatte Verständnis für die Sprachkritik seines Mitarbeiters.*

* * *

Beat Hasler, rotbraun wie eine Nacktschnecke, brüllte quer durch den Saal: »Kraus-Góngora, du Miststück, wieso hast du mich nicht eingeladen? Meister, Krolow und Weyrauch wollen sich an der Festschrift beteiligen, nur ich hab keine Einladung bekommen.«

Das war richtig, ja, das stimmt! Eich, Hildesheimer und Nossack hatten ihre Beiträge sogar schon abgeliefert, bei anderen würde er bald nachhaken müssen. Im Übrigen fehlten noch zwei Holzschnitte von Grieshaber und Fuchs, nachdem Meckel kurzfristig abgesagt hatte, weil ihm ein längerer Auslandsaufenthalt bevorstand, auf den er sich vorbereiten musste.

Aleph wollte diesen Hasler in seiner Festschrift für Wittling einfach nicht dabeihaben. Nicht weil er von Rehn beeinflusst gewesen wäre, nein! Sondern weil er ihn nicht ausstehen konnte, diesen Blechschädel. Außerdem fand er sein Gesudel grauenvoll, fürchterlich! Die Tranfunzel kam einfach nicht vom Fleck, wenn er schrieb – seitenlang. Da er unterwegs trödelte, brauchte der Blinddarm für den kurzen Weg vom Bahnhof zur Straßenbahn 120 Seiten! Und von früheren Treffen wusste er, dass man mit ihm nicht diskutieren konnte, weil er so sehr von sich eingenommen war: Er sei von sich »überzogen«, soll er, der seine Kindheit in der Schweiz verbracht hatte, einmal öffentlich gesagt haben. – Solche Dumpfbacken sind am wenigsten bereit, Kritik zu ertragen. Doch sollte Aleph ihm das auf den Kopf zusagen?

»Dich hab ich ganz vergessen, tut mir leid.« – Wenn dem tatsächlich so gewesen wäre, hätte er jetzt Gelegenheit gehabt, ihn ins Boot zu holen. Redaktionsschluss sollte erst in einer Woche sein, und auch dann hätte er noch reichlich Zeit, um Nachzügler einzuarbeiten. Wittlings 50. Geburtstag war erst im April.

»Ach was! Du lügst doch wie gedruckt. Andersch glaubt, dass du mich unausstehlich findest. Daher lehnst du meine Arbeiten ab. Das, du alter Stinkstiefel, ist der wahre Grund.« Seine Lippen zitterten wie zwei hungrige Vögelchen im Nest.

»Nein, wirklich nicht. Wie kommt er dazu, sowas zu behaupten? Wann soll das gewesen sein?«

»Ist doch egal! Letzte Woche im Café Laumer!* Ich war zufällig dort, und er hat mir von der Festschrift erzählt, die du rausgibst. Alle möglichen Leute hast du gefragt, nur mich nicht. Dabei kenne ich Wittling seit dem Krieg.«

»Seit welchem Krieg?«, fragte Aleph. Dann schob er die Hände in die Hosentaschen und sah aus wie ein kurdischer Kampfhahn kurz vor dem Einsatz.

Vier, fünf Leute belauerten den Schlagabtausch und lächelten insgeheim, als sich die Pöbelei zuspitzte und Hasler immer angriffslustiger wurde. Diesem Konflikt wollte Aleph sich möglichst bald entziehen, doch als er sich Bender zuwandte, um ihn zu dessen Reisebildern zu beglückwünschen, wurde er an der Schulter gepackt und um die eigene Achse gewirbelt. Unwillkürlich klatschte er dem alten Streithammel eine ins Gesicht … Aleph erschrak selbst am meisten über sich.

Was folgte, war eine große Rangelei, ein heftiges Hauen und Stechen, sodass Bender und weitere Augenzeugen eingreifen mussten, um die beiden zu trennen. Wie zwei Streitgockel standen sie da und fauchten und zischten vor Wut, dass es eine Schande war. Dann ließ die Erregung allmählich nach und der Streit wurde verbal fortgesetzt: Schimpf- und Schmähworte flogen hin und her, bis die beiden sich endlich in entgegengesetzte Richtungen entfernten, wo sie Verbündete zu finden hofften.

Die Festschrift erschien – wie nicht anders zu erwarten – ohne Haslers Beteiligung. Dafür war von Aichinger bis Zand alles vertreten, was Rang und Namen hatte. Ernst Jandl trug eine

Skizze bei, Friederike Mayröcker einen handschriftlichen Brief und Heinz Friedrich einen »Versuch über poetische Wirklichkeit«, mit dem Aleph gar nicht glücklich war.

»Die Sprache soll ein Fenster zur Welt sein? – Ebenso gut ist sie Hammer und Sichel oder eine Wäscheschleuder: Was ihr in die Quere kommt, nimmt sie in die Mangel.«

»Wie meinen Sie das?«, fragte Andrea.

»Ich meine – den außersprachlichen Gegenstand. Indem ich ihn meine, forme ich ihn. Er ist mein Erzeugnis. Und entsprechend verhalte ich mich.«

Die Festschrift war trotzdem geglückt und wurde landauf und landab gelobt. Die *Süddeutsche* nahm sie sogar zum Anlass für eine Umfrage unter Münchner Verlegern. Dank Hans-Peter Willberg, der sie als freischaffender Buchgestalter und Typograf betreut hatte, wurde ein echtes Juwel der Buchkunst daraus. Jedes Kapitel sah anders aus, jede Doppelseite folgte einer eigenen Dramaturgie. Plötzlich passte sogar Unpassendes zusammen.

Die klassische Typografie mit ihrer bürgerlichen Ästhetik hatte ausgedient, eine unerhörte Lockerheit machte sich breit. Als Beitrag zur Verlagsgeschichte und Druckkunst der Sechzigerjahre wird die Festschrift heute noch herangezogen und gern zitiert.

* * *

Die Riesenzwerge waren eine Offenbarung für ihn – derart, dass er von dem Roman freiwillig und ohne Auftrag eine Drehbuchversion anfertigen wollte. Wie oft in solchen Fällen kam das Script zwar zustande, aber nicht die Verfilmung. Trotzdem hatte der Plan sein Gutes: Aleph hatte sich verliebt, und Aleph wurde geheilt.

Als er mit Gisela verhandelte, war sie einmal mehr dabei, sich von ihrem Freund zu trennen. Sie küssten und sie schlugen sich – seit sie sich in Erlangen kennengelernt hatten: Gisela Elsner* war siebzehn, Klaus Röhler 25. Entweder ihre Eltern funkten dazwischen oder sie standen sich selbst im Weg.

Ob das mit ihrer Politik zusammenhing, weiß man nicht so genau, aber anzunehmen ist es. Vielleicht war der Altersunterschied schuld. Oder ihre Herkunft. In jedem Fall spielte Alkohol eine Rolle. Klaus trank gern Bier, Gisela lieber Wein. Nicht den Bocksbeutel aus ihrer Heimat, sondern den schweren Chianti aus der Toskana, ziemlich kalt serviert.

Es kam selten vor, dass Klaus von ihr sprach, aber wenn er es tat, war seine Stimme belegt: »Gisela sah aus wie Kleopatra, sie war eine Wucht, einfach umwerfend.«

Er erinnerte sich später oft lachend daran, wie ihre Mutter ihm auf offener Straße die Handtasche um die Ohren hauen wollte, und brüstete sich mit der Entführung, über die sogar *La Nazione* und *Il Firenze* berichtet haben. Da war Gisela noch minderjährig. Natürlich war alles ein abgekartetes Spiel gewesen, ein Riesenspaß.

»Seinerzeit fuhr jeder Spießer mit seiner Nuckelpinne über die Alpen, um in Italien Urlaub zu machen. Mit dem Leukoplastbomber hat er versucht, die steilsten Pässe zu bezwingen. Manch einer ist dabei auf der Strecke geblieben. Aber Giselas Eltern, die Geldsäcke, hatten einen Mercedes.«

In Pisa lotste er sie durch die Küche einer Osteria über den Hinterhof ins Freie. Dort wartete sein roter R4, und mit dem ging's dann gleich nach Portofino ans Meer.

»Schade, dass die Karre schlappgemacht hat. Von La Spezia bis Frankfurt mussten wir trampen. Über den Gotthard war's schwierig, aber danach ging's flott. Ein Jahr später standen die Bullen vor der Tür, und ich musste Strafe zahlen, weil wir den Wagen einfach am Straßenrand abgestellt hatten.«

Später in Hamburg trafen sie sich im Star-Club oder Grünspan, wo sie über Schizophrenie und Vererbung diskutierten, weil die letzten Nazis alles für krank erklärten, was nicht in ihr Weltbild passte. »Fehlgesteuertes inneres Denken« (was immer das ist) war noch die günstigste Diagnose, die verwahrlosten Gammlern und langhaarigen »Beatles« wie ihnen gestellt wurde.

Weniger freundlich war der »schlaffe slawische Charakter«, der Erinnerungen an den Polenfeldzug wachrief.

Nach ihrer Trennung flatterte Gisela quer durch Deutschland, hin und her. Wenn sie in Berlin war, wollte sie nach München, von Köln wollte sie nach Wien. Sie war ziellos unterwegs, und Aleph nutzte die Gunst der Stunde, um ihr eine Mitfahrgelegenheit anzubieten. Trunken vor Glück genoss er es, mit ihr in Antiquariaten zu stöbern, im Prunksaal der Nationalbibliothek zu sitzen oder Kontakte für sie zu knüpfen, was ihm in Wien, Salzburg und Graz besonders leicht fiel. Da hatte er Heimvorteil, und sie bewunderte ihn dafür.

Das ging vier Wochen lang gut, bis sie spurlos verschwand. Schon glaubte die Schildkröte, Flügel zu haben, als der Adler sie ins Reich der Lüfte trug. Selbstvergessen verachtete sie alles unter sich. Doch kaum fühlte sie sich wie ein Stern am Himmel, warf der Adler sie auf einen Felsen, wo sie zerschellte. – Arme, dumme Schildkröte, merkst du nicht, dass du des schlauen Vogels Beute bist?

Nach endloser Warterei, schlaflosen Nächten und zahlreichen erfolglosen Anrufen tauchte sie plötzlich wieder auf und teilte ihm mit: »Mach dir keine Hoffnung, ich kann dich nicht so lieben wie du mich. Für mich gibt es nur Einen.«

Wer kann den Jammer dessen ermessen, der verschmäht wird? Denn wenn eine Frau einen Mann erhört, gibt es immer einen anderen, dem sie den Laufpass gibt.

Aleph erschrak über das Ausmaß seiner Wut. Sie machte ihn zum Erfinder von Schikanen. Er könnte sie jede Nacht aus dem Bett klingeln, ihr den Leichenwagen ins Haus schicken oder eindeutige Annoncen in die Zeitung setzen. Doch er wusste sich zu beherrschen.

In seinem Liebeswahn fuhr Aleph mit dem Nachtzug nach Barcelona. Bei der Ankunft in der Estación de Francia suchte er sogleich die Iglesia de la Mercè im chinesischen Viertel auf, um mit Gott zu sprechen.

Erstens, hörte er IHN sagen, solle er die Zeit in Spanien genießen, und zwar ohne bei jeder Brünetten, von denen es naturgemäß viele gab, an sie zu denken. Zweitens gehe es ihn nichts an, warum und mit wem sie in Zukunft unterwegs ist. Drittens solle er sie einfach in Ruhe lassen.

»Sie will nicht, da ist nichts zu machen. Verachte sie nicht dafür und hüte dich davor, sie zu bestrafen. Und jetzt steh auf und geh. Alle Tage ist Alltag, und das soll auch so bleiben. Was glaubst du wohl, warum ich dir das Leben geschenkt habe? Damit du Trübsal bläst? Urteile nicht schlecht über Dinge, die du nicht verstehst. Es hat alles seinen Sinn – sogar der Fahrer in dem kleinen weißen Seat, der bei strahlendem Sonnenschein die Scheibenwischer laufen lässt.«

»Mein Gott, was mache ich falsch, dass du mich so plagst?«, jammerte er. »Sei still, mein Herz, auch wenn du liebst, sei still! Was hört man da für Wortfetzen, was hört man für zerfetzte Wörter? Das Meer schüttet die geknickte Perspektive des Mondes in den Schlund, Ausgeburt des Meeres. Du Alphabet, du aufgeschlitztes. Und in der Südsee sterben die Schildkröten!«

Er bildete eine Sturzflut von Sätzen. Dann wieder brachte er Stunden damit zu, über den Sinn solcher Sätze nachzudenken. Er dachte an Frauen, die er hatte, und zählte all seine Delikte auf: nichts als Flausen eines masochistischen Kopfes! Reisen in sprichwörtliche und also Sprichwort erfüllende Urlaubsparadiese, angemessene Mittel gegen flatternde Haare und den Hund, nein, den Wildfang!

Am Strand von Sitges sah er zu, wie die Bestien der Erinnerung im Meer versanken, und wie in einem Rausch der Stille rief er ihnen hinterher: »Adieu Voltaire, Rousseau, Góngora und Cervantes, ihr seid es nicht wert, liebe Freunde, ihr seid nebensächlich.«

Schließlich legte er seine Rachegelüste ab. Und siehe da, es war schön.

Wer Barcelona von früher kennt, kennt sich heute nicht mehr aus. Er orientiert sich zwar mühelos, aber die Namen passen nicht mehr zum Stadtplan in seinem Kopf. Einst war die Stadt eine Diva. Nicht nur literarisch gab es viel zu entdecken.

»Wie kann ich teilhaben an dem Treiben, dem bunten, wie soll das gehen?«

Seine Klosterzelle in Piñols Pension in der Calle Obispo (die auf Katalanisch jetzt Carrer del Bisbe heißt) entsprach genau dem, was er in seiner Lage brauchte. Dort dachte er, dass er leichtfertig das Wertvollste verschenkt hatte, aber anstatt zu verzweifeln, zog er es vor, zu verschwinden. Eine Boulevard-Zeitung sollte später vielleicht einen Bericht über ihn bringen – mit der Überschrift »Verschollen in Afrika!« und einem Bild, das ihn mit zwei barbusigen Eingeborenen zeigt.

Kopfüber hängend sah die Welt wieder anders aus, und er war stolz auf seinen Gleichmut. Jede Nacht hatte er diesen Heimwehtraum. Immer öfter träumte er von einem Städtchen am Meer. Wie der Wanderer auf dem Kreidefelsen stand er am Abgrund, wie angewurzelt, und rührte sich nicht vom Fleck. Dabei hätte er nichts lieber getan, als hinunterzusteigen und sich unters Volk zu mischen. Er wollte ein Riesenzwerg sein, einmal mit Bart, einmal ohne, einer, der sich nach der neusten Mode kleidet und alte Mäntel trägt. Ein Kleiderschrank voller Erfindungen: Stiefel über Hosenbeinen, Turnschuhe, lange Haare, Haare kurz; Haare nach hinten gekämmt wie ein Grieche. Raucher, Nichtraucher, Pfeifenraucher, Kinogänger, Kostverächter und ganz im Gegenteil: Alles Denkbare wäre möglich, alles Mögliche denkbar. Er könnte alles werden und demzufolge sein. Weil er gegen die Natur war.

Da hatte er die Chance, sein Leben radikal zu ändern. Plötzlich spürte er Kraft, Verständnis und Witz … Das wollte alles raus: Liebe und Güte in Hülle und Fülle, alles wollte raus. Gleichzeitig war da etwas, das den Ausbruch verhinderte: die Angst, der Zweifel, die Schatten, der Gewitterhimmel.

Aleph 1968

Hertha Fiedler kam 1958 aus dem Osten nach Westberlin, um ein neues Leben zu beginnen. Als sie die Kleine Weltlaterne eröffnete, wurde die Kneipe schnell zum Treffpunkt von Künstlern und Schriftstellern.* Später zog die ehrgeizige Wirtin in Charlottenburg noch eine Weltlaterne auf, und bald gehörte ihr außer der Künstlerkneipe in Kreuzberg auch das Nebenhaus, in dem Schröder einquartiert war. Sie brachte ihm täglich etwas zu essen. Dann hatte sie die Idee, ihm einen Siebdruckrahmen zu kaufen. Von da an hieß er Schröder-Sonnenstern und machte Siebdrucke von früh bis spät. Und Hertha verhökerte sie in der Kleinen Weltlaterne.

»Dieser Berliner Hundertwasser«, schimpfte Günter Brus schmähsüchtig, der von Natur aus neidisch war. »Wenn der wieder dort sitzt, dann kriegen mich keine zehn Pferde da hinein.«

Schröder war nicht der Einzige, der dort seine Bilder zeigte. Attersee, Baselitz, Rainer, Spoerri und sogar Kriwet nutzten die Kleine Weltlaterne als Sprungbrett, um in Westberlin Fuß zu fassen.

»Das ist mir alles viel zu poplig«, meckerte Kriwet, der in anderen Dimensionen dachte. – Mit dem *Creamcheese* in Düsseldorf konnte die Kleine Weltlaterne natürlich nicht mithalten, gar kein Vergleich!*

Eines Tages gab es eine Picasso-Ausstellung mit Blättern aus dem Vollard-Zyklus zu sehen, wozu der Minotaurus gehört. Keiner wusste, woher die Bilder stammten! Picasso hatte sieben Jahre lang an ihnen gearbeitet: von 1930 bis 1937. Das wollte sich Thea, eine junge Hispanistin aus London, die in der

Staatsbibliothek über Góngora forschte, nicht entgehen lassen. Als Arbeitstitel für ihre Dissertation hatte sie den Vers gewählt: *Un cuerpo con poca sangre/Pero con dos corazones* (Ein Körper mit wenig Blut/Aber dafür mit zwei Herzen).

Thea war wunderschön, doch wichtiger noch als ihre Schönheit war ihre Ausstrahlung: Wenn sie den Raum betrat, wurde es einen Moment lang still. Bis sie ihren Platz gefunden hatte, geriet jedes Gespräch ins Stocken. Ein jeder hoffte, dass sie sich zu ihm an den Tisch setzen würde, aber keiner wagte es, sie dazu einzuladen. Sie hatte kupferfarbenes Haar, das im Nacken mit einem Band aus schwarzem Samt zusammengehalten wurde. Und sie war scharmant. Jeder, der mit ihr sprach, musste das Gefühl haben, der Einzige auf der Welt zu sein.

Hertha wusste genau, dass sich keiner mit Góngora besser auskannte als Aleph. Daher führte sie eine Begegnung der beiden herbei. Wer weiß, vielleicht verfolgte sie damit noch eine andere Absicht … Zu später Stunde, als die Kleine Weltlaterne aus allen Nähten zu platzen drohte, erzählte Thea von ihrem Verlobten, der vor Kurzem mit seinem weißen Lamborghini tödlich verunglückt war. Dabei deutete sie an, dass es sich um einen Anschlag gehandelt habe. Dann müsse sie zur Polizei gehen, riet Aleph, doch sie wehrte ab. Die Polizei würde sie für verrückt erklären, denn sie verdächtigte jemanden, den sie durch und durch kannte, ohne seinen Namen zu wissen oder ihn je gesehen zu haben. Er hatte ihr regelmäßig labyrinthische Liebesbriefe geschickt. Ohne Absender.

»Umso mehr Grund, die Polizei einzuweihen«, beharrte Aleph und suchte nach dem passenden Begriff für derartige Plagen. Doch davon wollte Thea nichts wissen, denn wie hätte sie erklären sollen, dass sie mit dem Mann, der sich »postlagernd Franz Kafka« nannte, in regem Briefverkehr stand?

Jahre später erfuhr Aleph von einem griechisch-stämmigen Ägypter, dass sich Thea in London umgebracht hatte. Nikos Trianda war untröstlich, weil er es geahnt hatte. Kein Mensch könne es jedoch mit einem Geist aufnehmen, betonte er immer wieder. Jetzt wisse er nicht, was aus ihm werden soll, er hatte sie nämlich heiraten wollen. In Berlin sei er auch noch ins Visier des Verfassungsschutzes geraten, Opfer der Notstandsgesetze. Kein Wunder bei seinem Pass und den Stempeln mit Vermerken auf Arabisch und Hebräisch!

Willy Brandt hatte das doch auch! Sogar auf Persisch oder Farsi! Er sei sogar in den Iran bzw. nach Teheran geflogen, um sich beim Diktator auf dem Pfauenthron zu entschuldigen. Und alles wegen BASF, Daimler, Siemens und Konsorten! Trianda konnte durchaus verstehen, dass die Studenten auf die Barrikaden gingen. Wie war das denn mit den Notstandsgesetzen? Gab's die nicht auch schon bei Hitler?

Am Tresen schrie einer und schwenkte das Bierglas: »Diese Scheißbürokraten in dem Scheißhaus in Bonn sind mir scheißegal. Mit ihrer Scheißpolitik will ich nichts zu tun haben. Arschloch!« – Dann gelang es Hertha, ihn zu beruhigen und nach Hause zu schicken. So kehrte wieder Ruhe ein.

»Soll ich denen erklären, wie man eine Brandbombe baut?«, fragte Trianda. »Nichts einfacher als das. Man braucht dazu eine Plastikflasche, Benzin, einen Gasanzünder, eine ordinäre Taschenlampenbatterie sowie einen Reisewecker mit Mickey-Mouse-Motiv. Bumm!« Er warf die Arme in die Höhe und zog dazu eine Schnute. Wenn er ihnen das erzähle, sagte er, sperren sie ihn gleich ein.

»Na, dann haben Sie Ihren Kindern wenigstens etwas Spannendes zu berichten«, witzelte Aleph. »Wie Klaus, der sich brüstet, den Baader in seiner Bude einquartiert zu haben.« Dann erwähnte er *Die neue Straßenverkehrsordnung* von Horst Mahler, die bei Wagenbach erschienen war und in Geist und Wahrheit zu strafbaren Handlungen riet.* Deshalb hat die Beschlagnahme des Werks auch nicht lange auf sich warten lassen. Eines von 7.000 Stück habe er sich in der Druckerei in Pfaffenhofen unter den Nagel gerissen.

Da meldete sich ein zottiger Beatnik aus Hamburg zu Wort, der bislang mit einem Typen gezankt hatte, der aussah wie Harry Rowohlt. Das war Fritz Raddatz, der im Gegensatz zu den andern Gästen schnieke gekleidet war. Er bestand darauf, dass in der Palette nur Hilfsarbeiter, Gammler und Kriminelle verkehrten. Deshalb sei es an der Zeit gewesen, die Klitsche dichtzumachen. – Irgendwie sah man gleich, dass die beiden schwul waren!

»Glaubst du, dass der Schah ermordet werden sollte?«, wollte der Hamburger, der sich mit Hubert Fichte vorstellte, von Aleph wissen. »Du warst doch dabei!«

Das war nicht ganz richtig, denn am 2. Juni 1967, auf dem Rückweg von Bargfeld in der Heide, steckte er mit seinem blauen Opel in einer Straßensperre fest. Bundesweit waren 30.000 Polizisten im Einsatz, um den hohen Gast aus Persien zu schützen. So fanden sie das Flugblatt auf dem Beifahrersitz: »Gesucht wird Schah Mohamed Reza Pahlawi wegen Mord und Folterungen an dem Journalisten sowieso.« Es folgte ein Katalog von Verbrechen und schließlich die Täterbeschreibung: »Ca. 1.70 Meter groß, ovale Gesichtsform, trägt Panzerweste unter dem Hemd, darüber Orden. Besondere Kennzeichen: Kaiserkrone, goldenes Telefon, 5.000 Mann Leibwache … Er wurde zuletzt in Begleitung des Bundespräsidenten Lübke gesehen.«

Verfasser dieses Steckbriefs war Peter Schneider, ein Student, mit dem Aleph über ein Manuskript verhandelte. Deshalb hatte er das Flugblatt dabei. Er hätte diesen Erstling gerne gemacht, aber da Wittling sich »von diesen Chaoten« distanzierte, habe er das Ganze abgeblasen. Schneider antwortete bloß lapidar: »Was der Verfassungsschutz über mich zusammenträgt, weiß ich nicht. Ich habe keinen Einfluss darauf.« Sein *Lenz* ist dann woanders erschienen.

»Wenn man bedenkt, was sechs Eier an der Fassade des Amerika-Hauses bewirken können und welcher Aufwand mit dem Polizeistaatsbesuch betrieben wurde, dann wird einem klar: Da steckte mehr dahinter«, vermutete Aleph.

Andrea hielt es für angebracht, Herrn Real zu erwähnen, der 1971 bei der Feier *2.500 Jahre Kaiserreich Persien* als Chefkoch für 600 Gäste kochen durfte. Zu Hause am Stammtisch erzählte er gern die Anekdote, wie er zwanzig Kilogramm Nescafé im Handgepäck durch den Zoll geschleust habe.

»Wollen Sie sie hören, die Geschichte?«

»Nein, lieber nicht.«

Von Benno Ohnesorg erfuhr Aleph erst am nächsten Tag. Ob das aber Mord oder Totschlag war, könne er nicht beurteilen. Karl-Heinz Kurras wurde jedenfalls vom Verdacht der fahrlässigen Tötung freigesprochen. – Dass er Stasi-Spitzel war, ahnte keiner.

* * *

Von den Studentenunruhen habe man hierzulande wohl kaum etwas mitbekommen, kein Vergleich mit der hedonistischen Revolution der Achtzigerjahre. In Zürich gab's die Globus-Krawalle, das schon! Aber die waren harmlos im Vergleich zu Paris.

Im Mai 1968 geriet er mitten hinein in die Revolte. An der Sorbonne, trunkenes Schiff, wehte die schwarze Fahne der Anarchie neben der roten. Auf dem Platz davor hatten sich ein paar hundert Studenten um Daniel Cohn-Bendit geschart, der eine flammende Rede hielt. Plötzlich waren sie von Flics umzingelt. Wer sich unauffällig davonschleichen wollte, wurde freundlich, aber unmissverständlich gebeten, in der blauen Camionette mit den Gitterfenstern Platz zu nehmen. Ein Wagen nach dem anderen füllte sich schnell, und so kam es, dass er die Nacht in Verwahrungshaft verbrachte, weil er Cohn-Bendit zugehört hatte.

»Reden kann er, das steht fest«, sagte Aleph.

Für ihn war es nichts weiter als eine Anekdote, ein denkwürdiges kleines Abenteuer. Seine Mitgefangenen hielten ihn mit seinen 35 Jahren für einen ihrer Professoren, und es gab keinen Grund, das richtigzustellen. Im Gegenteil: Er setzte seine Arbeit in der Zelle fort, zückte ein Manuskript und las den Aufsatz, den

Härtling ihm zur Beurteilung zugesteckt hatte. Wieso, grübelte er, wird dieser Verrückte vom Obersalzberg nicht erwähnt, wo die Zeilen doch von Nossacks Vater handeln, der 1941 bis 47 in Ramsau bei Berchtesgaden gelebt hat. Anlass zu Ressentiments hätte der Autor reichlich gehabt. Aleph nahm sich vor, der Frage gelegentlich nachzugehen.

Sein Termin bei Miriam Cendrars war wegen des Zwischenfalls natürlich geplatzt. Unrasiert wie er war, suchte er sie am andern Morgen in ihrem Büro auf. Als Redakteurin der Zeitschrift *Elle* plante sie eine Reportage über die deutsche Verlagsszene. Nicht ganz uneigennützig, wie man heute wisse. Sie suchte nämlich einen Verlag für die Bücher ihres Vaters.

Einzelne Titel waren dazumal schon auf Deutsch veröffentlicht worden, sodass es sich nur um zwei, drei Titel handeln konnte. *Madame Thérèse, Moravagine* und *Gold* schienen ihm sehr wohl geeignet zu sein. Darüber hinaus liebäugelte er mit der *Transsibirischen Eisenbahn*, obzwar zu befürchten war, dass das Gedicht bei Wittling keine Gnade finden würde.

Miriam Cendrars war in England geboren und in Italien aufgewachsen, sprach aber recht gut Deutsch, hatte sie doch 1945 als Delegierte für die Heimschaffung französischer Kriegsgefangener in Ludwigsburg gearbeitet. Eine elegante Erscheinung, muss man schon sagen! Um die Mittagszeit tranken sie Pastis im Café de Flore, wo ihr Vater – den Glimmstängel im Mund und immer ein wenig griesgrämig – schon vor fünfzig Jahren Stammgast war. Erst im Gespräch mit Freunden blühte er auf. – Er scheint ein wenig schüchtern gewesen zu sein.

Als Aleph durchblicken ließ, dass Ohnesorg eventuell gezielt und im Auftrag des DDR-Ministeriums für Staatssicherheit ermordet worden war, meinte sie bloß: »Als mein Bruder starb, erwartete ich ein Kind. So ist es immer: Einer geht, ein anderer kommt.«

Da sie wie ihr Vater gern in Hotels lebte, hatte sie unweit von St. Germain-des-Prés ein winziges Mansardenzimmer in der Rue de Savoie, mit Blick auf die hässlichste Kirche von Paris. Dort bewahrte sie Koffer und Schachteln ihres Vaters auf, aus denen sie unveröffentlichte Schriften hervorzauberte, die sie gern übersetzt und gedruckt gesehen hätte. Vor lauter Plunder fand man kaum Platz zum Sitzen, geschweige denn zum Schlafen.

»Ist mein Vater etwa ein mittelmäßiger Autor, weil er keine stimmigen Handlungsfäden knüpft?«, fragte sie und wedelte mit einem Bündel Papier in ihrer Rechten. »Fehlte es ihm an schöpferischer Vorstellungskraft, oder markiert er das Ende aller Erzählungen, weil er sich vor die Handlung schiebt?«

Sie kannte die Antwort selbst, überließ es allerdings ihrem Gast, Schlüsse daraus zu ziehen. Dieser erwiderte: »Für mich verkörpert er die perfekte Symbiose aus alter und neuer Welt. Die Balance zwischen Poesie und Reportage gelingt ihm wie keinem zweiten.«

Als er sich für Golls Übersetzung von *Gold* interessierte, sagte sie: »Szittya findet auch, dass er hübsch Cendrarisch schreiben kann. Und Celan, diese Hundszwiebel …«*

Da geriet sie ins Stocken und … verschwieg, was der Autor der *Todesfuge* über Cendrars gesagt hatte. Stattdessen pflichtete sie Claire Goll bei, die beteuerte, dass er bei ihrem verstorbenen Mann abgeschrieben habe. Anstatt Ivans Gedichte ins Deutsche zu übertragen, wie er an dessen Krankenbett versprochen hatte, soll Celan viele Zeilen und Begriffe selbst verwendet und als seine eigenen ausgegeben haben. Miriam empfahl, einmal eine seiner Lesungen zu besuchen. Dem Vernehmen nach werde er auf Einladung eines jüdischen Verlegers demnächst in Vaduz auftreten. »Von München ist das nicht weit. Oder irre ich mich da?« – Doch Aleph wohnte seinerzeit noch in Berlin.

Zum Abschied schlug sie vor, dass sie sich mit Claire zum Diner verabreden sollten. »Fragen Sie sie doch selbst, was von der *Todesfuge* zu halten ist. Wir treffen uns heute Abend um halb neun im La Coupole. Seien Sie pünktlich.«

Und Aleph war pünktlich. Wer mit über einer Stunde Verspätung kam, weil am Boulevard St. Michel mehrere Autos am Straßenrand brannten, das war Frau Goll. Trotzdem unterhielten sie sich blendend – unter anderem über die Plagiatsaffäre, die Aleph für ein Hirngespinst hielt. Sie kannte viele Leute zwischen München und New York – Schriftsteller, Maler, Prominente – und hatte offenbar Spaß daran, alle durch den Wolf zu drehen. Von Breton bis Zweig kriegten alle ihr Fett weg. Sie habe große Männer gekannt, sogar Genies, versicherte sie. »Und wer spricht heute noch schlecht von ihnen? – Niemand außer mir!«

Plötzlich stand ein Mann vor ihr, der sie leidenschaftlich umarmte und mit sich ziehen wollte. Dabei riss er die Tischdecke vom Tisch und warf das Weinglas um, sodass der katholische Kellner eingreifen musste.* Das verursachte ein kleines Chaos … Claire wurde über und über rot und nannte seinen Namen.

»Ich habe ihn vergessen, aber er erinnerte mich an den jungen Ivan Goll, von dem ich jedoch nur Fotos kannte. Er hätte ihr Enkel sein können«, so Aleph.

Später habe sie erklärt: »Der eine empfindet Ekel, der andere hält es für unnatürlich, wenn eine Prinzessin ihren Diener heiratet oder eine blonde Schwedin sich einem Neger hingibt. Aber niemand hat das Recht, seine Mitmenschen zu verdammen.«

* * *

Auf seinen zahllosen Reisen hatte er gelernt, dass die besten Gasthöfe und Hotels nicht die mit den meisten Sternen sind, nicht mal die mit der besten Küche oder dem schönsten Ausblick, sondern die, in denen die anderen Referenten, Autoren und Verleger absteigen. Denn nirgendwo sonst könne man morgens beim Frühstück oder abends an der Bar leichter Kontakt knüpfen. Da sei die Lage oder Ausstattung der Zimmer zweitrangig.

Der Gasthof Adler erfüllte diesbezüglich fast alle Ansprüche: Zentral gelegen, verfügte er über ein geschmackvoll eingerichtetes Restaurant und war darüber hinaus preislich angemessen. Nur Celan war nirgends zu sehen. Dabei hatte der Verleger aus Paris nach Auskunft der Wirtin Zimmer sieben für ihn gebucht. Zimmer sieben war nicht unbedingt ihr schönstes, aber das haben Einzelzimmer so an sich.

Er habe sein Gepäck abgestellt und sich sogleich verabschiedet, sagte Frau Hagen. Weder am Abend nach seiner Lesung noch am nächsten Morgen ließ er sich blicken.

Celan stand noch ganz unter dem Eindruck von Fiedlers Vortrag Ende Juni in Freiburg.* Seit zwei Monaten war er schlecht gelaunt. Außerdem hatte er kaum geschlafen – einerseits wegen der Hitze und der ungehobelten Fahrgäste im Schlafwagen Paris – Zürich, anderseits wegen Gisèle, die ihn langsam aber sicher zur Weißglut brachte. Er müsste ihr eigentlich sofort mitteilen, dass ihm Comics, Filmschauspieler und Pop-Stars zuwider waren, aber im Hotelzimmer gab es nicht mal einen Tisch … Nur ein Bett und einen Schrank mit einem langen Haken für die Jacke, an dem man sich den Kopf stieß, wenn man nicht aufpasste. Und das Kreuz an der Wand und die Bibel im Nachtschrank (ohne das Alte Testament natürlich). Das winzige Fenster führte direkt auf die Hauptstraße (die Gott sei Dank kaum befahren war).

Celan staunte über die vielen Franzosen, die im August hierher kamen. Konstanz und Lindau, das leuchtete ihm ein. Aber Vaduz? Er sehnte sich nach Ruhe, die – wie sich herausstellte – im Rheintal nicht zu finden war. Der Ausflug in die Berge mit dem eilfertigen Lehrer im Gefolge, der in einer Sprache auf ihn einredete, die er wohl für Deutsch hielt, war nicht viel besser als die strapaziösen Spaziergänge mit Heidegger in Todtnauberg.

Die Nazis standen sogar schon in Feldkirch, dachte er. Noch zehn Kilometer, und sie hätten den putzigen Dialekt geradeso für ihre Zwecke missbraucht. Am liebsten wäre er gleich wieder abgereist, vielleicht nach Innsbruck oder Klosters. Klosters – hieß so nicht sein Kinderschlitten? Doch wo hätte er um die

Jahreszeit einen Kinderschlitten auftreiben sollen, um das zu überprüfen?

Celan war ein pflichtbewusster Mensch: Er sollte am Samstagabend lesen, also würde er das auch tun. Aber danach wollte er für sich sein. Aleph hätte kaum eine Chance gehabt, ihn nach der Lesung oder später im Hotel anzusprechen. In der alten Turnhalle, wo der rastlose Veranstalter vergeblich nach seinem Ehrengast Ausschau hielt, da fehlte er, und an der Hotelbar ließ er sich auch nicht blicken. Aleph kümmerte das nicht, sondern fand bloß: Warum so gestelzt? So geschraubt? So unnötig kompliziert? Geht die Wahrheit nicht auch ein bisschen weniger nebulös? Der Dichter könnte sich doch bemühen, damit ich ihn auch verstehe … Für private Obsessionen hatte Aleph nämlich nicht viel übrig.

Kurz darauf, am Abend des 20. August 1968, marschierten die Sowjets in Prag ein. Damit endete der Versuch *Demokratischer Sozialismus*. Eine halbe Million Soldaten aus Polen, aus der DDR und der Sowjetunion sollten die Ordnung wieder herstellen. Trotz der subversiven Maßnahmen der Bevölkerung – Jugendliche hatten Barrikaden errichtet, die Rundfunksender besetzt und die Sehschlitze der Panzer verstopft – war der Widerstand nach sieben Tagen gebrochen, weil nach Moskau gereiste Mitglieder der Regierung einem Kompromiss zugestimmt hatten, der sich als faul erwies. Doch da war es schon zu spät und das Reformprogramm der Regierung Dubček Makulatur.

Mit dem Prager Frühling starb auch die für Oktober in Prag geplante Tagung der Gruppe 47, wo Aleph auf Einladung von Jaroslava Václavková vom Museum der Tschechischen Literatur im ehemaligen Prämonstratenserkloster von Strahov mit Romanistik-Studenten über den Mai 1968 in Paris diskutieren sollte. Wahrscheinlich hatte er gehofft, bei der Gelegenheit seine alte Freundin Hana Hegerová wiederzusehen, die Sängerin.

Und doch sollte der Aufenthalt in Vaduz ein Nachspiel für ihn haben. Sechs Jahre später war er nämlich abermals dort, diesmal auf Empfehlung von Bernard Heidsieck.* Der Verleger aus Paris hatte den Künstler um eine Lautpoesie gebeten – eine »*Poesie sonore*«, die anlässlich der Einweihung des Centrums für Kunst und Communication uraufgeführt wurde, um den magischen Ursprung der Sprache zu preisen. Sie rührte an eine Saite, die der Mensch längst vergessen hatte. – Außer Aleph wohnten dem Vortrag rund 200 Personen bei.

»*Il y avait des Suisses, des Autrichiens, des Allemands, même des Japonais et des Chinois*«, sagte Bernard in Anspielung auf seine poetische Performance vom Vorabend, als sie am nächsten Tag den Rückweg antraten – er mit dem Zug über Zürich nach Paris, Aleph mit dem Opel auf die Schwäbische Alb nach Reutlingen am Fuß der Achalm, wo er mit Günther Neske über die Rechte von Rudolf Kassner verhandeln wollte.

»Vaduz ist nicht tot, doch was ist das für ein sonderbarer Geruch? Liegt das am Föhn?«, fragte Bernard beim Abschied. Und als Aleph den Kopf schnuppernd hin und her warf, fügte er hinzu: Den Satiriker dürfe man nicht beim Wort nehmen und an der Realität messen. Was man höre, sei bloß ein Säuseln, ein Rauschen. – Das war schon immer so.

* * *

Bevor er sich wie jeden Winter in seiner Berliner Wohnung verschanzte, um Bilanz zu ziehen und seinen apokryphen Theorien nachzujagen, musste er noch die sogenannte Krawall-Messe überstehen. Sein Zimmer in Wiesbaden war gebucht, im Bären fand er alles, was man nach einem anstrengenden Messetag braucht: gutes Essen in vertrauter Umgebung, die ihn an die Kryptologen erinnerte, und vor allem Ruhe. Gerda hatte inzwischen eine Ausbildung als Erzieherin gemacht und lebte im lieblichen Taubertal; ein-, zweimal im Jahr besuchte er sie in ihrem Häuschen am Rand von Bad Mergentheim, um ein bisschen zu vögeln. Mehr wollten beide nicht.

Die Porträts der unvergesslichen Petronella Bödeker hingen wie eh und je an derselben Stelle hinter dem Tresen, Karl und Emmy Bödeker kümmerten sich um die Gäste, und ihr Sohn Michael, derzeit noch Koch im Hessischen Hof in Frankfurt, schickte sich an, demnächst ihre Nachfolge anzutreten. Er war ganz der Vater und trug mit seiner guten Laune wesentlich zur entspannten Atmosphäre am Stammtisch bei.

Wenn man sich auskannte und den richtigen Zeitpunkt wählte, war das Messegelände über die Autobahn gut erreichbar: Entweder musste man früh raus und vor acht Uhr losfahren, oder kurz nach neun. Dann waren der Berufs- und Messeverkehr kein Problem mehr.

Diesmal wollte sich Aleph um Dieter Breitling kümmern, einen Tübinger Studenten aus Esslingen, für den er ein Zimmer im Bären besorgt hatte. Sie bildeten eine Fahrgemeinschaft und blieben auch bei den Abendterminen in der Stadt meist zusammen. Sonst galt das Café Rowohlt als Treffpunkt.

Als er mit Jörg Drews dort auf den Schwaben wartete, Mitternacht war längst vorbei, setzte sich Peter Homann, seines Zeichens *konkret*-Redakteur, mit seiner Freundin Ulrike an den Tisch. Sie kämen eben aus dem Club Voltaire und müssten sofort nach München, sagte er. »Kann uns jemand ein Auto geben?«

»Nehmt doch den Zug!«

»Wir sind pleite, weil mir im Kaufhof auf der Zeil mein Portemonnaie geklaut wurde. Könnt ihr mir was leihen?«

So ist das also, dachte Aleph. Die Ratte braucht Geld.

Ohne zu fackeln legten sie zusammen, was sie entbehren konnten: 43 Mark. Das sollte reichen. So zogen die beiden ab, nicht ohne sich zuvor noch eine Handvoll HB zu schnorren. Laut Drews führten sie einen Kleinkrieg gegen alles, was sich bewegt, also das Leben selbst. Aus Lebensüberdruss!

»In drei Wochen beginnt vor dem Frankfurter Landgericht der Prozess gegen die Brandstifter. Horst Mahler soll sie verteidigen.«

»Wer sagt das?«

»Die *Bild-Zeitung*.«

»Die muss es ja wissen.«

Seit 1955 war Aleph fast auf jeder Messe gewesen. Nur einmal lag er erkältet im Bett. Aber sowas wie diesmal habe er noch nie erlebt. Der Krawall hatte sich voriges Jahr schon angekündigt, als gegen die Militärdiktatur in Griechenland und den Springer-Konzern demonstriert wurde: Haut dem Springer auf die Finger! – Und schon gab es Trubel, zahlreiche Demonstranten wurden verhaftet. Ein Jahr später riefen der SDS und die APO zum Boykott auf und organisierten eine Gegenbuchmesse im Studentenhaus der Universität. Ho-Ho-Ho-Chi-Minh.

1967 hatte Bloch den Friedenspreis bekommen, diesmal sollte es Senghor sein, ein Neo-Kolonialist und Quotenneger, der sein Land mit Goethe im Kopf und dem Maschinengewehr im Anschlag regiert. – Aleph brauchte nicht überzeugt zu werden; in dem Punkt waren sich alle einig: Der Preis war ein Skandal!

»Warum fährst du nicht über die Autobahn?«, fragte Breitling am nächsten Morgen, als sie frisch gestärkt nach Frankfurt aufbrachen.

»Lass mich nur machen, ich kenne mich aus«, widersprach Aleph. »Übrigens, so wie du rumläufst, kriegst du von den Bullen noch eins über die Rübe.«

»Wieso? Den Parka trage ich schon immer.«

»Eben!«

Morgens um neun war die Welt noch in Ordnung, alles schien wie immer zu sein. Die Aussteller nahmen ihre Plätze ein, es wurde frischer Kaffee für die Gäste gekocht und geraucht, bevor das Fachpublikum die Hallen stürmte und es richtig losging mit Terminen im Halbstundentakt. Und plötzlich dieser Aufruhr in Halle 6, Reihe H, Stand 87: Dort, beim Diederichs-Verlag, blockierte eine aufgebrachte Menge den Durchgang und erhob schwere Vorwürfe gegen Senghors Verleger, was dessen Sohn Ulf arg in Bedrängnis brachte, war er doch kaum älter als die Demonstranten. Auch wenn er mit seinem Bart aussah wie

Fritz Teufel: Ulf interessierte sich mehr für chinesische Märchen, I Ging und das *Buch der Wandlungen*.

»Da war kein Durchkommen mehr! Die Halle musste vorläufig geschlossen werden. An dem Aufstand vor dem Messegelände beteiligten sich Hunderte von Menschen. Und Siegfried wuselte hin und her.«

»Du bist doch nicht etwa per du mit dem?«

»Warum auch nicht? Seit ich ihn in Zürich traf. Er war mit dem berüchtigten Waffenhändler Bührle im Storchen verabredet, und ich hatte zufällig eine Chagall-Bibel dabei – was man so zufällig nennt! Tatsächlich kam ich von einem Kunden aus Genf, aus der Bibliotheca Bodmeriana, um genau zu sein. Als ich die beiden im Foyer sitzen sah, habe ich den Stier bei den Hörnern gepackt und sie ihnen zum Kauf angeboten. Danach verbrachten wir einen feuchtfröhlichen Abend in der Casa Bar im Niederdorf. Dieter war so betrunken, dass er die Zeche mit einer Zeichnung begleichen wollte, die er mit so einem neumodischen Filzstift auf die Tischdecke gekritzelt hatte. Wie sich bei Licht herausstellte, eine Patronenhülse in Menschengestalt – mit Armen, Beinen und einer Brille auf der Nase. – Die Bibel bin ich aber trotzdem nicht losgeworden.«

»Handelst du mit den Dingern?« Er meinte die Bibel mit den Originallithografien von Chagall.

»Ab und zu verticke ich ein Bild, ein paar antiquarische Bücher oder Autografen. Du glaubst doch nicht, dass Wittling mich so gut bezahlt, dass ich davon leben kann?«

»Weißt du schon, dass Suhrkamp neuerdings mit Aldi kooperiert?«, fragte Dieter.

»Du hast das Flugblatt also auch gelesen.«

»Stimmt es, oder stimmt es nicht?«

»Natürlich nicht.«

»Und woher willst du das so genau wissen?«

»Weil ich den Witzbold kenne, der das Gerücht in Umlauf gebracht hat.« Mehr wollte Aleph nicht preisgeben.

Unseld saß in allen Gremien und spielte eine zwielichtige Rolle, er galt als Zyniker, als gerissener Kapitalist, der mit sozialistischer Literatur Geld scheffelte. »Keiner hätte etwas dagegen, wenn er das Jahrbuch des Schwimmclubs Frankfurt 1891 drucken würde, aber Habermas, Horkheimer und Marcuse? Auch ein kapitalistischer Verleger sollte glaubwürdig sein. Obwohl er nicht alles gelesen haben muss, was er verkauft.«

Im Theater am Turm*, wo eine Lesung mit Suhrkamp-Autoren stattfand, stürmten Frankfurter SDS-Funktionäre – darunter K. D. Wolff, Daniel Cohn-Bendit und Günter Amendt – zuerst das Buffet und dann die Bühne. Das Bier floss in Strömen, und Unseld schäumte vor Wut. Er machte den Intendanten dafür verantwortlich, wie mit »seinen« Autoren umgesprungen wurde.

»Sorgen Sie dafür, dass dieses Pack den Saal verlässt«, forderte Unseld.

Und Peymann versetzte: »Bitte nicht diese Töne! Noch habe ich hier das Sagen.«

Wie Walther Matthau und George Burns in den *Sunny Boys* standen sich die beiden gegenüber, wobei Unseld den anderen am Halstuch festhielt.

»Günter hat sich rechtzeitig verzogen, nur der Walser hielt noch stand«, sagte Aleph auf der Rückfahrt.

»Welcher Günther? Ich kenne viele Günther: Amendt, Brus, Wallraff, Busch … Die Deutschen heißen anscheinend alle Günther; nur ich heiße Dieter.«

»Günter Eich meine ich. Günter brauchte bloß zu nicken – bloß ein Erkennungszeichen, wie man sagen muss. Um Mitternacht hat Siegfried die Lesung endlich abgebrochen.«

»Es ging doch in erster Linie darum zu zeigen, wer Herr im Haus ist«, mutmaßte Breitling. »Die ›linken Chaoten‹ oder die Messeleitung.« Er sei froh, dass er auf der Gegenbuchmesse war: lockere Atmosphäre, interessante Leute, wichtige Alternativverlage. Er finde, dass man die im Auge behalten müsse.

»Da tut sich was. Schade, dass du nicht dabei warst.«

Auf der Buchmesse sei einfach kein Platz für politische Debatten. Da sei die Gegenbuchmesse ganz anders. »Die machen Linkshändlern wie Unseld das Geschäft kaputt.«

»Das sehe ich anders«, widersprach Aleph. »Die bereiten ihnen den Boden. Angeblich hat Dutschke mit Rowohlt einen Generalvertrag unterzeichnet.«

»Das kann nicht sein«, empörte sich Breitling.

»Hat Raddatz auf der Messe verkündet. Und Cohn-Bendit soll 100.000 Mark für ein Buch bekommen haben, das er mit seinem Bruder geschrieben hatte. Es ist inzwischen ebenfalls bei Rowohlt erschienen. – Also ein ganz typischer Linkshändler.«

Die Gegenbuchmesse war eine politische Messe. Aber als Wagenbach gefragt wurde, warum er nicht mitmacht, habe er geantwortet: »Da sitzen Leute, die Bücher verkaufen und Ziegen melken. Die tun so, als sei das normal.«

Am nächsten Morgen um zehn, als der Friedenspreis für den Deutschen Buchhandel verliehen werden sollte, scharten sich etwa 2.000 Demonstranten um die Paulskirche. Sie waren teils mit Helmen ausgestattet und hatten nur ein Ziel: die Preisverleihung zu verhindern. Ihnen gegenüber standen 800 Polizisten.

300 Demonstranten, meist Studenten, hielten die Stellung, die andern blieben im Hintergrund oder blockierten die Straße, auf der die Ehrengäste erwartet wurden. Oder sie machten sich an den Sendewagen des Hessischen Rundfunks zu schaffen, um die Übertragung der Reden zu stören. Wieder andere zogen zum Frankfurter Hof, wo der Friedenspreisträger untergebracht war.

Dann erklomm der rote Dany das Sperrgitter und wurde sofort niedergeknüppelt und weggeschleppt. Prompt formierte sich ein Demonstrationszug zum Messegelände, sodass die Messe erneut für Publikum gesperrt wurde, was vor allem ausländische Verleger dazu veranlasste, ihren Stand vorzeitig zu räumen und die Heimreise anzutreten.

Doch für Unseld war die Krawall-Messe damit noch nicht überstanden. Es herrschte Krisenstimmung: Seine eigenen Leute probten den Aufstand und forderten mehr Rechte. Günter zufolge ging es drunter und drüber. Der Verleger hatte sich Verstärkung von den Autoren geholt: Enzensberger und Habermas ergriffen Partei, ja sogar Handke war dabei, ohne jedoch großes Interesse an dem Streit zu bekunden. Adorno soll zu später Stunde geäußert haben: Lektoren sind Parasiten, sowas wie Zuhälter und Dirnen.

Das war natürlich eine schlechte Basis für den Frieden, und als Unseld den Aufständischen empfahl, ihren eigenen Verlag zu gründen, hatte er die Schlacht schon so gut wie gewonnen. Wo sollten die Lektoren so viel Geld hernehmen? Kein Wunder, dass sie das Risiko scheuten! Damit war ihr Schicksal besiegelt: Sie standen buchstäblich von einem Tag auf den andern auf der Straße.

Den meisten fiel es leicht, wieder Arbeit zu finden, weil sie als erstklassige Lektoren bekannt waren. Den einen zog es nach Sachsenhausen in die Hedderichstraße, er brauchte nur den Main zu überqueren und der Schweizer Straße zu folgen; den anderen zog es nach Berlin, wo er als Schriftsteller und Herausgeber arbeitete; der Nächste wurde Verleger in München. Den Häretikern schloss sich sofort eine Reihe namhafter Autorinnen und Autoren an. Ein Aderlass! Wenn sich einer selbständig macht, nimmt er seine besten Kunden mit.

* * *

Walter Boehlich erklärte später: »Warum soll ich mich nach all den Jahren noch zu der Affäre äußern?« Er hatte so viele Interviews gegeben, dass ihm das ganze Thema zum Hals raushing. Der Verleger hielt das Heft fest in der Hand. Es kümmerte ihn nicht, dass der Cheflektor den Aufstand probte, denn ein Nachfolger war schon zur Stelle. Unzählige Germanisten warteten nur auf ihren Einsatz. Der Trubel war ein Produkt der Zeit – mit der aktuellen Situation nicht zu vergleichen.

»Inzwischen weht dort ein ganz anderer Wind«, sagte er. Das demokratische Modell habe sich nicht bewährt. Heute herrsche zwar kein autokratischer, geltungssüchtiger Verleger, aber dafür die blanke Gier. Das sei noch viel schlimmer.

»Oder – um es weniger polemisch zu formulieren – das Diktat der Rentabilität. Was unrentabel ist, wird gnadenlos wegrationalisiert. Das Einzige, was der Verleger lesen muss, sind Bilanzen.«

Aleph fand das übertrieben, doch in einem Punkt gab er ihm recht: Ohne das Interesse der Medien geht *nichts* mehr. Wenn man mit Literatur Geld verdienen will, muss man Entertainer sein. Da lobe er sich den Autor, der sich auf seine Arbeit konzentriert, anstatt jedem Journalisten und jeder Kamera hinterherzurennen.

Wichtiger als Medienrummel, so Boehlich, sei es, gute Leute um sich zu scharen. Der Verleger sei nur so gut wie seine Lektoren. Ob er mit Unseld etwa tauschen möchte?

»Um keinen Preis der Welt.«

Aleph liebte die Arbeit, auch wenn seine Kandidaten keine Nobelpreisträger waren. Als genügsamer Lektor freute er sich über jeden noch so kleinen Fisch an der Angel. Daher hatte er vollstes Verständnis für Unselds Lektoren: Wenn man jahrelang mit einem Autor ringt, bis die letzte Fassung endlich vorliegt, und dann erleben muss, wie einer wortlos alles vom Tisch fegt – das tut weh!

Der Verleger behielt sich nämlich das Recht vor, jeden einzelnen Vertrag selbst zu unterzeichnen und auch noch die kleinste Änderung persönlich zu genehmigen. Wenn er jedoch unterwegs war, was oft geschah, blieb alles liegen. Die ganze Maschine stand still. Daher landeten Terminsachen nicht selten im Papierkorb, weil der allein verantwortliche Unseld keine Zeit hatte, sich rechtzeitig darum zu kümmern.

Den Hinweis auf persönliche Haftung wollte Boehlich keineswegs gelten lassen: Unseld hätte die Verantwortung ja auch abgeben können, wie das beim *Spiegel* der Fall war, sagte er.

Die Kunst der Unterwerfung

»Unlesbar«, fand Wittling, als Aleph ihm vorschlug, einen Raubdruck zu veröffentlichen.* »Das Ding wiegt 17 Pfund. Ich habe es gemessen: Es ist 33 Zentimeter breit und 44 Zentimeter hoch«, sagte er und schüttelte den Kopf.

Die Kunst der Unterwerfung war im April 1970 erschienen und hatte 1.334 Seiten. Ein Medienereignis! Alle wollten den Schinken lesen, aber 345 bzw. 295 Mark (Subskriptionspreis) hinblättern, das tat weh. Trotzdem war »das Ding« nach drei Monaten ausverkauft.

»Was soll das heißen – das Buch ist unlesbar!?! Sie meinen wohl, dass Sie es nicht lesen können.« – Das war natürlich ziemlich frech, aber als ihm bewusst wurde, dass sein Urteil nur dazu dienen sollte, sein Unvermögen zu verschleiern, stimmte Wittling zu. So wurde er Raubdrucker.

»Der Raubdruck, stellen Sie sich das vor: Der hat uns das Genick gebrochen«, sollte er später in einem Interview mit dem Deutschlandfunk sagen. »Ich wollte eben nie … nein … das ist ja die … deswegen habe ich mich auch nicht … es sollten eben Bücher sein, ganz normale Bücher.«

Wittling hat es also trotzdem gewagt! Schade, dass er kein dazu passendes Stehpult feilgeboten habe, aber Bill darauf anzusprechen, sei ihm leider zu spät eingefallen. Streng genommen war es aber Ossis Idee, als sie die ganze Angelegenheit in dessen Kneipe in Berlin besprachen.*

»Bei der Gelegenheit könnten wir vielleicht etwas essen. Der Ossi hat den besten Sauerbraten von Mitteleuropa«, soll Wittling gesagt haben, als sie das Restaurant mit der Bier-Tapete von Dieter Roth am Paul-Lincke-Ufer betraten. Und die besten Weine aus dem Burgenland. Dort in der Ecke am Fenster habe er einst sogar Joseph Beuys gesehen.

»So! Jetzt ist's raus!«, gestand er.

Raubdrucke waren seinerzeit keine Seltenheit. Mit dem Schlachtruf »Zerschlagt das bürgerliche Copyright!« rückten linke Brigaden dem Urheberrecht zuleibe. Zuerst wurden die Schriften von Adorno, Marcuse und Reich in einer der vielen Kellerdruckereien von Berlin kopiert (*Wir bauen einen Orgon-Akkumulator*), dann Pornografie wie *Die Akte der Barbara*. In der Studentenszene von München, Frankfurt und Berlin waren fliegende Händler mit Umhängetaschen ein vertrauter Anblick, und keiner nahm Anstoß an ihnen.

»Fehlt irgendwas?« Paul Jacobi, der schwärmerisch veranlagte junge Mann mit der grünen Lederjacke und der braunen Manchesterhose, wollte es genau wissen: »Was wurde denn geraubt, also gewaltsam entwendet, was jetzt nicht mehr da ist?«

Dann brüstete er sich mit einem Katz-und-Maus-Spiel, einem Geplänkel mit den Bullen, die er locker abserviert hatte: Sie krochen unter einem Stacheldraht hindurch (»Stachlije Angelegenheit«) und betraten das Schauerfeld. Es war nur 9.20 Meter breit, aber dafür 485 Meter lang und endete am Ufer eines Baches. Später kamen sie in ein Dorf, wo ihnen Frau Schurzfleisch Zigarren anbot.

»Mein lieber Pagenstecher! So ein Prachtweib! Ich habe mich Hals über Kopf in die Frau verliebt«, schwärmte er.

Raubdrucker scheren sich nicht um geistiges Eigentum. Sie riskieren hohe Geldstrafen, wenn sie erwischt werden, und nehmen sogar Gefängnis in Kauf. – Als immer mehr Verlage betroffen waren und sich zur Wehr setzten, wurde es brenzlig in der Szene. Während die einen mit gerichtlichen Mitteln drohten, fand der Suhrkamp-Verlag einen Ausweg: Er setzte die Preise herab, um den Raubdruckern Paroli zu bieten. So geschehen mit Walter Benjamin, der sich nicht mehr wehren konnte. Der

Fischer-Verlag versuchte das Sortiment unter Druck zu setzen; er drohte mit Boykott, falls ein Händler preisgünstige Raubdrucke anbieten sollte.

»Niklaus Zettel ist der wichtigste Autor des 20. Jahrhunderts«, verteidigte Aleph seinen Vorschlag. »Die Gruppe 47 können Sie vergessen! Grass und Johnson und erst recht diesen Walser – die können Sie alle vergessen.«

Jonas Wittling war anderer Meinung, aber gleichwohl: Allmählich gewöhnte er sich an den Gedanken. Ein bisschen wie Robin Hood und Magister Tinius in Person fühlte er sich, und eines Tages – so hoffte er – würde man ihn als Raubritter und Pionier der Verlagsbranche feiern. Hatte er doch vollstes Verständnis für alle, die das Buch lieber klauen als kaufen wollten.

Also erteilte er seinem treuen Mitarbeiter und Lektor den Auftrag, das Projekt weiterzuverfolgen. Ursprünglich sollten nur zehn, zwanzig Stück für den engsten Freundeskreis angefertigt werden, aber bald wurde klar, dass eine Fotokopie in dieser Auflage nicht wesentlich billiger geworden wäre. Man müsste schon fünfzig oder hundert Kopien machen, um auf einen Schnitt zu kommen. Da hatte Wittling Geld gerochen und wollte plötzlich möglichst viele Leser erreichen.

»Ich habe gerechnet und gerechnet und allmählich begriffen, dass wir erst bei 1.000 Stück in die Gewinnzone kämen«, sagte Aleph. Und das auch nur, wenn man das Format verkleinert. Alles andere wäre unrentabel. Als typografisch versierter Lektor wusste er, dass das Ganze lesbarer würde, wenn man es verkleinert. Ihm ging es um mehr als um den Kampf gegen das Copyright. Er wollte beweisen, dass ein Buch der Kunst schadet, wenn es Kult ist.

Es sei ja nicht so, dass die Lesbarkeit leidet. Das stellt sich der Laie bloß so vor. Tatsächlich funktioniert das anders: Wenn man von A3 auf A4, also um die Hälfte verkleinert, verliert die Höhe der Schrift ebenso wie die Breite, sodass ein Buchstabe, der im Original einen Zentimeter misst, ungefähr sieben Millimeter hoch wird. Also habe er eine Ausgabe des Buches zerschnitten, Seite für Seite durchgesehen und an brüchigen Stellen korrigiert. Über 1000 Mal. Die Kopiervorlage war am Ende besser als das Original.

Bald wurde ihm klar, dass er ein solches Projekt nicht allein schultern konnte. Freunde mussten eingeweiht und zur Mitarbeit überredet werden. Dadurch wuchs das Risiko, dass vorab etwas an die Öffentlichkeit drang. Aber wie sollte man Mitarbeiter werben, ohne die Katze aus dem Sack zu lassen? – »Das geht doch nicht«, gab Wittling zu bedenken.

Dann gelang es ihnen, Henner Voss, einen Freund und Mitarbeiter von Bernward Vesper und Gudrun Ensslin, für sich zu gewinnen. Als durchtriebener Buchhändler und Verlagsvertreter verkitschte er alles, was ihm in die Finger kam – auch seine Freunde, wie man inzwischen weiß. Voss zahlte 200 Stück vorab und begann seinen Werbefeldzug. Als die Visitenkarten mit der Kontonummer in der Kleinen Weltlaterne kursierten, verbreitete sich die Nachricht in Windeseile, dass *Die Kunst der Unterwerfung* in vier Wochen zum Subskriptionspreis von sechzig Mark zu haben sei.

Plötzlich stand es in allen Zeitungen. In der *Frankfurter Rundschau* wurde sogar die Bankverbindung veröffentlicht. Das war der Startschuss. Schon trudelten die Aufträge ein, das Geld floss in Strömen. Zugleich wurde spekuliert, dass so ein Schlitzohr (wer immer dahintersteckte) jetzt das Geld einsammeln und sich dann aus dem Staub machen würde.

»Da kam eine Menge Kohle zusammen.« Aleph räumte ein: »Zugegeben: Die Verlockung war groß.« Die ganze Literaturszene war scharf auf das Produkt.

Mit einem solchen Werbeeffekt hatte keiner gerechnet. Natürlich wurde dadurch auch der Originalverlag hellhörig. Der Autor war sauer und tobte. Er konnte sich vor Journalisten kaum retten, was seinem Ruf und dem Absatz seiner Bücher bestimmt nicht geschadet hat. So etwas hatte er noch nie zuvor erlebt.

Solange es jedoch keinen Raubdruck gab, konnte die Staatsanwaltschaft auch nicht ermitteln. Gegenmaßnahmen im Vorfeld waren also ausgeschlossen. Dabei war absehbar, dass von Holtzbrinck ihn ebenfalls bestellen würde, um nach den Verantwortlichen zu fahnden. Da musste nur ein Jurist aus Karlsruhe oder aus der Konzernleitung in Stuttgart kommen, und sie waren gewarnt.

»Beim geringsten Verdacht haben wir das Geld zurückgewiesen«, sagte Aleph. »Wir sind ja nicht blöd.« Unsicher waren sie nur bei Götz von Olenhusen, dem Freiburger Rechtsanwalt. Er galt als Fachmann für Urheber- und Verlagsrecht. Anderseits sammelte er Raubdrucke. Das war allgemein bekannt.

Mit dem Geld haben sie die Werkstatt gemietet und Maschinen angeschafft. Die paar Handpressen, mit denen Wittling bisher rumgespielt hatte, waren für dieses Projekt ungeeignet. Also mussten Maschinen her: eine DIN-A2 Rotaprint, ein Plattenkopiergerät, eine Repro-Kamera für 1.300 DIN-A4-Filme und natürlich Papier, jede Menge Papier.

»Wir haben uns für ein 70-Gramm-Papier entschieden, 190.000 Bogen«, erzählte Aleph. »Eine irrsinnige Menge Papier. Wir würden ja heute noch darauf sitzen, wenn wir das nicht durchgezogen hätten.«

Den Lieferanten (»Ihr Spezialist für hochwertige Papiere, wenn es um Ideen geht«) baten sie, die Studentenvertretung der FU Berlin als Rechnungsempfänger einzutragen und ihre Namen rauszuhalten. Immerhin war das ein Auftrag von 13.000 Mark. Mit den Studenten hätten sich die Ermittler unter keinen Umständen angelegt, dachten sie.

Innerhalb von acht Wochen war es dann soweit. Acht Wochen Arbeit für vier Fachleute und ein Dutzend Hilfskräfte für die Filme, die Feinkorrektur, die Montage und die Plattenkopie. Und dann nochmal vierzehn Tage für den Buchbinder.

Mittlerweile hatten sie in der Druckerei aufgeräumt und alle Spuren verwischt. Die Platten, die Filme, jedes Fitzelchen

Papier – alles in Müllsäcke. Aleph hat die Papierschnipsel mit der Pinzette aus den Ritzen des Fußbodens gefischt. Und dann die ganzen Makulaturbogen auf die Müllkippe – die ganze Ladung.

»Die hätten nichts gefunden, gar nichts«, sagte er.

Nach zehn Wochen konnte die Auslieferung beginnen. 1.000 Stück mussten unters Volk gebracht werden. Eines Abends war Aleph mit seinem alten Opel und fünfzig Büchern zu einem Kunden unterwegs, als er in eine Kontrolle geriet. Er zeigte den Beamten den Lieferschein, darauf stand: Dissertation von Nick Bottom, FU Berlin, Germanistische Fakultät. Im Tauschverkehr. – Nach Prüfung einer Ausgabe kamen sie zu dem Schluss: »Ja, wahrhaftig, das ist eine wissenschaftliche Arbeit. Sie können weiterfahren.«

Alle Tageszeitungen von Kiel bis Konstanz brachten die Nachricht. Keine versäumte darauf hinzuweisen, dass *Die Kunst der Unterwerfung* nicht nur handlicher, sondern auch lesbarer geworden sei. Und das für sechzig Mark! Damit war der Beweis erbracht: Der Originalpreis war unverschämt, und der Konzern hatte sich eine goldene Nase verdient, weil er das Manuskript quasi unverändert in die Druckerei gegeben hatte – vom Schreibtisch des Autors direkt in die Dunkelkammer.

»Plötzlich rief *Der Spiegel* an. Keine Ahnung, wie die auf mich kamen. Was habe ich damit zu tun?, habe ich gefragt, aber als ich merkte, dass die Bescheid wussten, sagte ich: Tun Sie mir einen Gefallen und verschleiern Sie, dass der Raubdruck aus Berlin kommt, dann reden wir weiter. Damit waren sie einverstanden, und in der Meldung stand kein Wort von Berlin.«

Später habe Aleph den Autor in Bargfeld besucht, um ihm eine Ausgabe zu übergeben. Er sei nach Niedersachsen gefahren und habe am Gartentor auf ihn gelauert. Als er herauskam, überreichte er ihm das Buch, ohne sich vorzustellen. Zuerst wollte Niklaus Zettel die Polizei holen, aber dann ließ er sich über den Gartenzaun hinweg auf ein Gespräch ein, bei dem er davon überzeugt werden konnte, dass ihm dieser ganze Literaturschnickschnack vom »Heide-Guru« und Pop-Star schadete. Da schimpfte er auf die Hippies, die Linken und die Subkultur, die ihn für ihre Zwecke missbrauchen wollten. Als er sein verkleinertes Buch aufschlug und zu lesen begann, wurde er kleinlaut. Aber zuzugeben, dass der Raubdruck besser war als das Original, fiel ihm schwer.

»Guter Raubdruck«, befand er zuletzt kleinlaut und verschwand im Haus, um ihn seiner Frau zu zeigen.

Dann kam die Kripo. Am Abend zuvor hatte Werner Stichnote, Vorsteher des Börsenvereins, mit ein paar Verlagskollegen im Hotel Fürstenhof zusammengesessen: »Das geht zu weit!«, soll er gesagt haben. »Dass die alles Mögliche nachdrucken – Adorno, Marcuse und den ganzen Kram –, mag ja angehen, aber ein Übergriff in die Belletristik, das geht entschieden zu weit.« Er ahnte nicht, dass einer bei ihnen am Tisch saß, der Aleph noch in derselben Nacht aus dem Bett holte und warnte: »Pass auf, die Polizei ist im Anmarsch.«

Tatsächlich standen am nächsten Morgen zehn Uniformierte vor der Tür. Aleph war nicht mal richtig angezogen. Der Einsatzleiter sagte: »Sie wissen bestimmt, warum wir hier sind?«

»Nein, weiß ich nicht. Warum denn?«

»Wir suchen einen Druckraub.«

»Sie meinen wohl den proletarischen Reprint?«

»Haben Sie den schon mal gesehen?«

»Ja.«

»Dann sagen Sie mir bitte, wann und wo.«

Darauf Aleph: »Wenn Sie heute Abend ein Glas Bier mit mir trinken wollen, dann zeige ich Ihnen gerne Ihren Druckraub. Sagen wir um sieben in der Kleinen Weltlaterne.«

»Wir suchen aber einen ganz bestimmten: diese *Kunst der Unterwerfung*. Hatten Sie die schon mal in den Fingern?«

»Dazu kann ich nichts sagen.«

»Dann muss ich Sie bitten, mich in die Druckerei zu führen.«

Das galt es um jeden Preis zu verhindern, denn wenn er mit zehn Polizisten dort auftauchen würde, bekämen es alle Nachbarn mit. Also meinte er, auf die Begleitmannschaft deutend: »Mit diesen Vögeln da? Das ist geschäftsschädigend, weil Sie mich zu Unrecht verdächtigen. Ich bleibe hier.«

»Dann brechen wir die Tür auf.«

»Das möchte ich Ihnen nicht geraten haben. Die Tür bekommen Sie nämlich nur mit einem Sprengsatz auf. Und dann gibt's Ärger, das ist Ihnen doch wohl klar? Wissen Sie überhaupt, wem das Haus gehört?«

»Nein, wem denn?«

»Das werden Sie dann schon sehen!«

Das Haus gehörte nämlich einem Bruder des Oberbürgermeisters von Westberlin, aber das hat er dem Einsatzleiter verschwiegen. Doch der muss gemerkt haben, dass er sich Ärger einhandelt, und war einverstanden, seine Leute wegzuschicken.

Dann gingen sie gemeinsam in die Druckerei … Nach zwanzig Minuten war alles erledigt: Die Polente fand nichts, rein gar nichts. Aleph und seine Freunde hatten ganze Arbeit geleistet: Von einem Raubdruck keine Spur, kein Fetzen Papier weit und breit.

Als sie den Hof betraten, stand dort einer am Straßenrand. Das war Günter Guillaume, der Taugenichts, den Aleph für einen Spitzel hielt. Da riet er dem Einsatzleiter: »Den sollten Sie sich vorknöpfen!«

»Wieso, wer ist denn das?«

»Das ist der persönliche Referent des Bundeskanzlers, Willy Brandts engster Mitarbeiter. Den sollten Sie sich mal zur Brust nehmen.«

Und so geschah es dann auch!

Wittlings Ende

»Wenden wir uns jetzt also wieder Jonas Wittling zu! Finanzielle Probleme, was soll das schon heißen? Wittling war pleite – so sieht's nämlich aus!« Aleph machte sich diesbezüglich keine Illusionen.

Der Verlag habe Wittling plötzlich nicht mehr interessiert, und eines Tages erzählte er, dass seine Söhne bald einsteigen würden. Sie hätten Sinn für Tradition und wollten das Geschäft weiterführen. Aber nicht wie bisher! Dieter und Fridolin stellten zur Bedingung, dass er sich zurückzog. Als er dazu nicht sofort bereit war, haben sie ihn systematisch vergrault, bis er sich immer seltener blicken ließ. Obwohl er noch sein eigenes Büro hatte! Die haben ihn so richtig übers Ohr gehauen. Bald hatte er nichts mehr zu melden.

Die beiden entwickelten einen Fünfjahresplan, mit dessen Hilfe sie einen vorderen Rang in der Verlagsszene erobern wollten. Als Erstes schlossen sie mit allen Autorinnen und Autoren verbindliche Verträge ab. So etwas hatte es zuvor nicht gegeben. Dann gründeten sie die Bibliothek der Moderne, Wittlings BdM genannt – kurz BdM. Die einheitliche Ausstattung entwickelte Alfred Dunkel, der künstlerische Leiter von Mannschatz in Stade, der schon für Klingspor Schriften geschnitten und für den Belser-Verlag gearbeitet hatte.

In einem nächsten Schritt legten die Brüder fast alle bisher gedruckten Titel neu auf (ohne die Kalender und Jahrbücher, versteht sich). Nur so waren ihre Vertragspartner bei Laune zu halten. Danach durchkämmten sie ältere Jahrgänge des VLBs nach vergriffenen Titeln und versprachen ausgewählten Verfassern Neuauflagen in ihrer Bibliothek der Moderne. Dass sich darunter auch der eine oder andere Büchner-Preisträger befand, wertete die Reihe schlagartig auf. Dabei kamen ihnen ihre guten Kontakte zu dem 1951 gegründeten Kulturkreis der deutschen Wirtschaft zustatten (Dieter war mit der Tochter eines Aufsichtsrats verheiratet). Nicht selten gab nämlich das Scheckheft den Ausschlag, ob ein Autor zu Wittling wechseln wollte.

Zuletzt peilten sie die Weltliteratur an: zuerst alle Nobelpreisträger – von Saint-John Perse bis Pablo Neruda, dann alle Gewinner des Goncourt-, Cervantes- und Mondadori-Preises.

Eine einheitliche Grundfarbe – mit dicken, farbigen Balken für die literarischen Gattungen – verwies auf die Nationalliteraturen: Gelb stand für Prosa, Rot für Drama und Blau für Lyrik.

»Beim Drama mag der rote Theatervorhang ausschlaggebend gewesen sein, bei Lyrik die blaue Blume«, vermutete Aleph. »Aber bei Gelb fällt mir nur die Galle ein, also der Neid.«

Die *Frankfurter Allgemeine* geriet ins Schwärmen (die Hessen sind leicht zu begeistern, wie jeder weiß): »Die Bücher der BdM stechen hervor, weil sie sich aus dem bunten Allerlei durch ihre Schlichtheit abheben.« – Ein Satz wie ein weißer Schimmel, wenn man es recht bedenkt!

Bis sie alle Nationalliteraturen durchhatten, dauerte es eine Weile, aber das Resultat konnte sich blicken lassen. An der Bibliothek der Moderne kam keiner mehr vorbei – weder Autor noch Leser. Da war es an der Zeit, ihr neues Verlagskonzept vorzustellen. Demnach sollten Autorinnen und Autoren selbst tätig werden und Freunde und Kollegen anwerben. So wurde eine Lawine losgetreten, denn wer hätte wohl darauf verzichtet, in seinem Verlag weitere Bücher zu veröffentlichen – und sei es bloß als Herausgeber, oder noch besser als Reihen-Herausgeber? Da konnte man jedes Mal ein Nachwort beisteuern und eigene Titel in Erinnerung rufen.

Der Ruhm der Herausgeber war Garant für Erfolg und somit Umsatz – nicht jedoch für Qualität. Doch da alle – Autor und Verlag – ihren Ruf aufs Spiel setzten, konnte man sich auf die Selbstregulation der Beteiligten verlassen. So entstand zum Beispiel die Reihe *Wittling aktuell* mit vielen spannenden, aber auch kurzlebigen Titeln. Außerdem wurde die Reihe *Wittling Essays* ins Leben gerufen, freilich mit mäßigem Erfolg, sodass sie wieder eingestellt wurde.

Wegen der vielen Reihen verloren die Vertreter und danach die Buchhändler allmählich den Überblick. Immerhin: Der entscheidende Effekt war die Stärkung ihrer Position in einer Branche, die zu 90 Prozent von drei Konzernen beherrscht wurde: von Bertelsmann, Holtzbrinck und Bonnier.

»Hier geht es nicht um kulturelle Werte, sondern um Rendite«, pflegten Dieter und Fridolin zu sagen. Die beiden dachten pragmatisch: Mit einem Dutzend fester und einer Handvoll freier Mitarbeiter würden sie Autoren an sich binden können, denen immer ein Programmfenster für ihre Produkte offenstand. Ihr Schaden sollte es nicht sein, denn die Auflagen stiegen kontinuierlich.

Bald war es eine Frage der Ehre, in der BdM vertreten zu sein. Bis heute sind dort rund 3.000 Titel erschienen, jeweils die wichtigsten Autorinnen und Autoren mit ihren wichtigsten Werken. Sie tragen zur Grundsicherung des Verlags bei, weil sie Schullektüre sind und jährlich tausendfach verkauft werden.

Nur Reclam hatte höhere Auflagen. Aber dafür ist mit den gelben Heften kaum Geld zu verdienen, fand Aleph. Die BdM warf deutlich mehr ab, worüber sich nicht zuletzt der Buchhändler freute, weshalb er sie der schlichten Universal-Bibliothek vorzog. Den wissenschaftlich fundierten Vor- oder Nachworten weinte keiner eine Träne nach.

Bei den vielen Beratern, die dem Verlag seitdem in die Hände arbeiteten, spielte Aleph nur noch eine Nebenrolle. Immerhin durfte er sich um die österreichische Literatur kümmern, die sehr erfolgreich war. Altmann, Buchebner, Lebert, Zand – ohne Aleph würde heute kaum einer deren Namen kennen. Und vielen Literaten seiner Generation, die in den Fünfzigerjahren in Zeitschriften wie *Zeichen und Inschriften, Wort in der Zeit* oder Anthologien wie *Stimmen der Gegenwart* begannen und mittlerweile auch schon zu den Alten zählen oder gar tot sind, hat er zu Ansehen verholfen. Wer weiß, wo die ohne ihn wären. Jedenfalls nicht dort, wo sie heute sind: in jeder gut sortierten Buchhandlung, in jeder Bibliothek, kurz: im Olymp.

Um ihr Verlagsimperium weiter zu festigen und in die erste Reihe der Publikumsverlage aufzurücken, verbrachten Dieter und Fridolin ihre Abende gewinnbringend im Hessischen Hof oder beim jährlichen Kritikerempfang. Dort in Gesellschaft von Aufsichtsräten, Verlagsleitern und Meisterautoren wurden die jüngsten Trends der sich wandelnden Szene diskutiert. Dabei ging es weniger um Standpunkte als um die Frage, wie man Anarchismus, Underground, New Age und Esoterik gewinnbringend vermarktet. Öko-Szene und Bio-Welle, Science-Fiction und Fantasy – alles hatte in der Bibliothek der Moderne Platz, sofern es Gewinn versprach. So ist die Reihe – trotz ihres Namens – heute noch eine Feste des Konservatismus, ein klassisches Monument der Trägheit und ein liebenswerter Anachronismus, denn selbstverständlich jagten Dieter und Fridolin mit ihrem Programm ständig dem Zeitgeist hinterher.

* * *

Unterdessen saß Wittling am Messestand seiner alten Freunde von früher. Mit diesen Chaoten, Phantasten und Anarchisten kippte er ein Bierchen nach dem anderen und rauchte Peter Stuyvesant. Links hatte sich ein junger Mann niedergelassen, der sich auf den ersten Blick als Kryptologe der zweiten Generation entpuppte. Sein Verlagsprogramm bestand nur aus einem einzigen Buch, einem Buchstabengewitter mit dem Titel *Ein Mäerchn* von Jcoab und Wlhilem Gimrm. Der Verleger Ewald Katzengraben* hatte sich den Umstand zunutze gemacht, dass Wörter auch dann lesbar sind, wenn alle Buchstaben – außer dem ersten und letzten – willkürlich vertauscht werden. Dieses *Mäerchn* war der Renner. Obwohl Direktverkauf auf der Messe eigentlich verboten war, hat er im Verlauf der Woche fast die Hälfte der Auflage, also über hundert Stück, unters Volk gebracht.

Ebenfalls reißenden Absatz fanden die Plakate von Klaus Staeck am Stand vis-à-vis. »Deutsche Arbeiter! Die SPD will euch eure Villen im Tessin wegnehmen!« – Das kam an bei den Leuten, und Klaus war unentwegt dabei, seine Fotomontagen zu signieren und für fünf Mark zu verschleudern. Dutzende Besucher, meist Schüler und Studenten mit Umhängetaschen vom Typ Jute statt Plastik, scharten sich um ihn, begierig darauf, eines seiner Werke zu ergattern. Dazu lief ständig diese Musik, übertönt vom Geschrei des Verlegers: »Nur heute – die schärfsten Plakate zum Klassenkampf!«

Warum beschwert sich denn keiner bei der Messeleitung?, fragt man sich da. Das ist naheliegend, das schon!

»Dann hätte am nächsten Tag in der *Rundschau* gestanden: *Repressalien gegen demokratischen Verleger*. Das könnte diesem Salonsozialisten so passen.«

Am Messesonntag war Staeck außer Rand und Band, einfach unausstehlich: Er wollte um jeden Preis sein Lager räumen, um sich den Rücktransport zu sparen. Also hat er sogar die Stand-Dekoration verkauft und die Plakate zu guter Letzt zerfetzt, damit keines seiner Kunstwerke in falsche Hände geriet.

Später, bei der Hektik nach 18 Uhr, konnte Wittling beobachten, wie die Kasse mit dem Tagesverdienst langsam unter einem Berg Altpapier verschwand. Niemand außer ihm hatte es bemerkt – alle waren sie mit ihren Sackkarren beschäftigt. In dem Moment, als Staeck mit seinen Helfern zum Parkhaus eilte, schnappte er die Kasse und verschwand mit ihr um die nächste Ecke. Dort am Stand seines Freundes Alois Haselstein wartete dessen Frau darauf, abgeholt zu werden.

»Hier, Hulda«, sagte er und drückte ihr die Kasse in die Hand. »Das haben wir für euch gesammelt. So eine Herz-Operation kostet doch bestimmt viel Geld.« Haselstein war nämlich schon heimgefahren, weil er vor Kurzem operiert worden war.

Hulda weinte vor Glück und fiel Wittling um den Hals. Dann schenkte sie ihm einen Stapel Bücher – darunter *Die Ohrfeige* mit Illustrationen von Imre Reiner* sowie eine signierte Edition der *Frühen Schriften und typischen Scheiße* von Dieter Roth.* Ausgewählt von Oswald Wiener, dem Verfasser der *Verbesserung von Mitteleuropa*.

Als Staeck mit der Sackkarre zurückkam und der Stand leer war, vermisste er seine Kasse. Nach einer halben Stunde erregter Suche kam er auf die Idee, dass sie mit dem Altpapier entsorgt worden war, und rannte den Putzkolonnen hinterher. Doch die Kasse war weg, einfach verschwunden, wie vom Erdboden verschluckt. Die Halle leerte sich, und als das Sicherheitspersonal seine Sicherheitsrunden drehte, stauchte Klaus seine Mitarbeiter zusammen und raufte sich die Haare: Er konnte es einfach nicht fassen: Die ganzen Tageseinnahmen! Mindestens 2.000 oder 3.000 Mark! Alles weg!

* * *

»Was ist das – ein Erlebnis? Etwa das, was ich erlebt habe?« Aleph weigerte sich, »jedes Erlebnis« zu sagen. Als ob man eines vom anderen abgrenzen und mit einer Nummer versehen könnte! Was man Erlebnis nenne, müsste einen Anfang und ein Ende haben, wie eine Erzählung. Aber das Erlebte hat weder Anfang noch Ende. Es geht fort, bis man tot ist, und nicht mal dann kann man sicher sein, dass es endet.

»Warum sollte etwas zu Ende sein, wenn das erkennende Subjekt tot ist?«, fragte er.

Trotzdem wolle er berichten, wie Wittling starb. Dazu müsse er aber etwas ausholen: Sie hatten da so einen dubiosen Schinken im Programm, ein farbiges Alphabet, ein Bestiarium von Gebhard Brehm. Eines Tages schickte dieser Brehm eine kitschige Japan-Geschichte über Geishas im 19. Jahrhundert und

Hanamachi – so heißen die traditionellen Vergnügungsviertel von Kyoto. Da sagte Wittling: »Das kann ich unmöglich drucken, schauen Sie sich das an. Wir wollen uns doch nicht blamieren!«

Dann telefonierte er mit einem Freund in Berlin: »Du Günther«, habe er zu dem gesagt, »kannst du diesem Brehm schonend beibringen, dass ich so ein dämliches Gekritzel nicht bringen kann? Kannst du dem das mal verklickern?«

Darauf soll Günther geantwortet haben: »Hör zu, Jonas, überleg dir das genau. Der Brehm sitzt in der Jury des Westdeutschen Literaturpreises und hat erzählt, dass er dir den Preis zuschanzen will. Wenn du seine Reportage jetzt ablehnst, ist es aus mit dem Preis.« – So bekam dieser Brehm sein Geisha-Buch.

Wittling war furchtbar nervös und erzählte allen, dass er den Preis erhalten sollte. Bevor das offiziell verkündet werden konnte, stand es schon in der *FAZ*, und der *Tagesspiegel* hat einen bissigen Kommentar verfasst. Die Berichte in anderen Blättern waren nicht weniger gehässig, denn Wittling war ja alles andere als ein bedeutender Schriftsteller. Warum sollte er für den Westdeutschen Literaturpreis in Frage kommen?! – Da wurde er noch nervöser und dachte sogar daran, den Preis abzulehnen. Doch das konnte er sich nicht leisten, denn immerhin waren 10.000 Mark im Spiel.

»Und dann hatte er ein paar Tage vor der Preisverleihung einen Schlaganfall«, erzählte Aleph weiter. »Mit ärztlicher Hilfe wurde er aufgepäppelt, sodass er den Preis trotzdem entgegennahm. Doch der anschließenden Feier blieb er fern. Ihm war klar, dass er das nicht durchstehen würde.«

Er legte 500 Mark auf den Tisch und empfahl: »Nun geht schön einen trinken.« Aleph setzte ihn ins Auto und brachte ihn nach Hause.

Von da an war er nur noch mit Alkohol beschäftigt, sonst habe er nichts mehr getan. Bücher bedeuteten ihm nichts mehr. »Gib mir ein paar Mark für Milch«, bat er morgens … Danach ging er in die Kneipe und fing an zu trinken. Mit seinem alten Patchwork-Mantel und seiner russischen Armbanduhr! Er war vollkommen verwandelt und wirr im Kopf.

»Bedaure, dass ich nichts Vernünftiges mit dir reden kann«, entschuldigte er sich bei Hertha Fiedler. »Weißt du, mein Deutschlehrer hat mir früher schon prophezeit: Du bist ein Taugenichts und wirst es nie zu was bringen.« Er habe in der Tat glatt vergessen, was er eigentlich wollte im Leben, sagte Wittling. Aber das komme ihm jetzt sehr gelegen.

Da hat er sich eine Flasche Wodka reingezogen und Schlaftabletten genommen. So fand Hertha ihn in seinem Bett.

»Ein paar Tage später rief sie mich im Urlaub an«, sagte Aleph.

Die Polizei habe ihn am Bahndamm aufgelesen: *Am Mittwoch, 21. Mai, gegen drei Uhr morgens, hielten Sie sich unbefugt im Gleisbereich der Bahnstrecke auf. Durch Ihr ordnungswidriges Verhalten hatten drei Züge Verspätung.* – Das macht 48 Mark 50, inklusive Mehrwertsteuer. Gezeichnet Bundesbahnhauptsekretär im Bahnpolizeidienst (Unterschrift wie immer in solchen Fällen unleserlich).

Aleph war außer sich: »Warum hat er denn nichts von dieser Eifersucht erzählt? Die kann er doch nicht einfach unter den Tisch fallen lassen, die gehört doch dazu! Was ist denn los mit ihm? Ich komme sofort.« Er brach seinen Urlaub ab, setzte sich ins Auto und fuhr in einem Tag und einer Nacht von Montségur nach Berlin, 1750 Kilometer weit.*

Wittling lag im Sanatorium und sagte zu ihm: »Ich will hier raus.« Das sagte er dreimal hintereinander. Einmal hätte völlig gereicht.

Noch am selben Abend stand er auf, zog sich an und verließ heimlich das Krankenhaus. Er hatte immer ein paar Hunderter in der Tasche und ist einfach abgehauen. Mitten in der Nacht rief er an: Er sei am Bahnhof und wolle mit dem Zug nach Basel, wo sein Bruder lebte, der erfolgreiche Unternehmer. Aleph hatte noch nie etwas von diesem Bruder gehört, er wusste von nichts, niemand wusste etwas. Also reiste er hinterher, um ihn zu sprechen.

Im Café Teufelhof im Bermuda-Dreieck von Basel war kein einziger Tisch mehr frei, alles voll. Da Dominique Thommy-Kneschaurek gerade nicht mit seinem Theater unterwegs war, nötigte er etliche Gäste, noch enger zusammenzurücken. An ein vernünftiges Gespräch war unter den Umständen nicht zu denken.

»Lass uns woanders hingehen! Ins Dolce Vita. Das ist ein Italiener«, schlug Aleph vor. Er wisse, dass das ein Italiener ist, antwortete er, aber nein, da wolle er nicht mit, unter gar keinen Umständen.

»Mein Bruder hat bestimmt eine anständige Leberwurst im Kühlschrank. Lass uns zu ihm fahren.«

Unterwegs erzählte er, wie schlecht es ihm ging, ganz, ganz schlecht! Wenn das so weitergehe, brauche er dringend ärztliche Hilfe. Er habe da so eine dumme Geschichte am Hals …

Was denn für eine dumme Geschichte, wollte Aleph wissen.

Ursula habe ihn betrogen, und da hat er ihrem neuen Liebhaber die Polizei auf den Hals gehetzt.

»Jetzt will mich der wegen Rufmord verklagen.«

»Was heißt das, auf den Hals gehetzt?«

Er habe ihn wegen des Raubüberfalls auf die Aral-Tankstelle angeschwärzt. Dabei hatte er nichts damit zu tun, das wusste er. Trotzdem habe er ihn bei der Polizei angezeigt. Natürlich anonym, aber das half nichts.

Sein Bruder flog dann mit ihm nach Wien, um einen Psychotherapeuten aufzusuchen, und Aleph schärfte seiner Sekretärin ein: »Wenn Professor Mikesch aus Marburg anruft – egal wann, nachts um drei oder vor dem Frühstück – der muss sofort herkommen. Es geht um Wittling. Der hat einen Selbstmordversuch hinter sich, und die haben ihm irgendwas gegeben, ich weiß nicht was.«

Währenddessen meldeten sich seine Freunde – die echten wie die falschen – und wollten wissen, wie es um ihn stand. Und schließlich rief auch Ursula an, wegen der er sich umbringen wollte.

»Ich hatte so viel zu tun«, klagte sie. »Ich sterbe fast vor Arbeit, mir wächst alles über den Kopf. Die Arbeit im Büro, die Wohnung, die Bank. Und er versucht, sich umzubringen! Vielleicht sollte ich die Dinge lieber auf sich beruhen lassen.«

Später kam er in ein Sanatorium im Allgäu, mit Buchinger-Fasten, Wassertreten und Schrotkur. Gefallen hat ihm das nicht, die Leute dort noch weniger. Er hatte zwar ein schönes Zimmer mit Blick auf einen kleinen Teich, Enten und Schwäne, aber er wollte nicht essen. Er könne das nicht essen, was die ihm hinstellten, sagte er. »Das stinkt nach Scheiße. Hier stinkt alles nach Scheiße.«

Da kam Professor Mikesch auf die Idee, Oskar Müller zu engagieren, einen begnadeten Koch und Quartalssäufer aus Berlin. Es wurde vereinbart, dass man ihm einen Tag lang die Küche überließ. Oskar war eigentlich Klavierstimmer, aber privat ein Meisterkoch.

»Der kommt übrigens in einem Roman von Günter Grass vor!«, sagte Aleph.

Dieser Oskar wohnte im Brauereigasthof Engel in Isny, wo auch Aleph abzusteigen pflegte, wenn er nach Italien fuhr. Zum Frühstück trank er einen dreifachen Cognac, dann legte er los: Er hat den ganzen Tag gekocht, und am Schluss kamen vier Buletten dabei heraus. Die sollte Wittling essen. Und das hat er auch getan.

Am nächsten Tag sagte er: »Also ehrlich, Kraus-Góngora: Was der Oskar da gekocht hat, schmeckt auch nach Scheiße!«

Als der Professor davon erfuhr, meinte er bloß: »Sind Sie mal näher an ihn herangetreten? Schnuppern Sie doch mal an ihm! – Der ganze Mann riecht nach Scheiße. Das liegt an den Medikamenten.«

Dann hat er sich langsam wieder erholt, und zu guter Letzt kam er in ein Pflegeheim nach Berlin.

* * *

»Ob ich ein Verwandter sei, wollte die Dame am Empfang wissen. Als ich verneinte, ließ sie mich trotzdem zu ihm, und ich wunderte mich, was die Frage zu bedeuten hatte. Wittling mit seinem pflegeleichten Bürstenschnitt schlug vor, dass wir uns im Park auf eine Bank setzen sollten. Der kleine Spaziergang schien ihm Freude zu bereiten, denn er redete ununterbrochen auf mich ein. Dabei duzte er mich, als hätte er das schon immer getan, während ich als der Jüngere beim Sie blieb. Wie ich später erfuhr, haben sich in der Anstalt alle geduzt – auch die Ärzte und das Pflegepersonal. Damit geht ein letztes Stück Intimität verloren. Unmerklich wird aus Herzlichkeit Mitleid.«

Wittling, mit einem Gesicht so grün wie kalter Spinat, trug eine halbe Brille, in der sich die Bäume spiegelten. Bei genauer Betrachtung sah man die Kratzer im Glas. Immer ist es das linke Glas, das zuerst Schaden nimmt, dachte Aleph, nie das rechte. Die Brille war neben dem Bürstenschnitt das Auffälligste an seiner Erscheinung. Danach folgten die Augen. – So viel zum Thema Brille.

Die Augen waren blass, die Augen waren trüb. Sie schauten in die Ferne, dorthin, wo nichts ist. Unter der Nase zwei senkrechte Furchen, die sich nie bewegen. Nicht mal beim Kauen. Die Frage ist doch: Wie soll das gehen? – Ganz einfach: Wenn er isst, dann isst er langsam … Noch langsamer! Er kaut, bis er hört, wie die Zähne aufeinander klappern. Dann geht das schon!

Ob er aß oder nicht, rechts und links neben der Nase standen zwei Falten. Sie standen da wie gemalt, mit dickem Pinsel. Zwei Pinselstriche als Falten im Gesicht.

Er sagte: »Ich wache morgens mit dem Gefühl der Sinnlosigkeit auf und lege mich abends mit demselben Gefühl wieder ins Bett. Es gibt nichts mehr, was mir Freude bereitet, nichts, woraus ich Hoffnung schöpfen kann.«

Er dachte ohne besondere Teilnahme, daran, dass er eigentlich genug gesehen hatte und abtreten könnte. Und er hätte sich längst umgebracht, wenn er nicht ständig davon gesprochen hätte. Der Widerspruch sei das einzig Wahre, und Sprechen das beste Mittel, um zu überdauern.

»Den Tod besiegst du nur, wenn du dich ihm vor die Füße wirfst, merk dir das. Dann ist er machtlos, glaub mir. Das nenne ich Souveränität!«

Rücksicht brauche er keine mehr zu nehmen, da er unabhängig sei. Da war keiner, der auf ihn wartete. Früher dachte er, dass er es seiner Mutter nicht antun könne, aber jetzt sagte er sich: Wie lange soll ich denn noch warten? Das war natürlich eine rhetorische Frage. Was ihn noch hielt, war der Wunsch, sich begreiflich zu machen. Er wähnte sich bald am Ziel seiner Reise, zumindest unmittelbar davor. Er hoffte, dass es schön sei dort drüben. Hoffentlich gefällt es mir dort, dachte er. Vielleicht würde er ein paar nette Leute kennenlernen.

Wittling fasste den Entschluss, die verbleibende Gegenwart wie einen Roman zu komponieren. Planen und Schreiben.

»Und wenn meine beiden müden Augen die Japanerin sehen, die ihre Bluse aufknöpft, unter der nichts weiter als zwei schwarze Punkte … und wenn diese müden Augen dieselbe Japanerin sehen, die ihren Rock hebt, unter dem nichts weiter als ein schwarzer Punkt … Dann werden sie wach, diese Augen. Wenn da nicht diese Geschäftsfrau wäre, die ohne Unterlass mit ihrem Handy spricht, obwohl eine Japanerin mit aufgeknöpfter Bluse … vor ihr liegt. Was tut sie, diese junge Frau in ihrem hübschen blauen Kostüm? – Sie beugt sich über die Gestrauchelte und strauchelt selbst, weil sie pinkeln muss. Das ist auch zu drollig, wie sie in Ermangelung einer besseren Okkasion die Strumpfhose – um dann gezielt – ja gezielt! – ins Pissoir zu treffen, während daneben der Mann – er muss schon älter sein – die Lage gern für sich nutzen würde. Kann er aber nicht! Als sie fertig ist, stakst Aoi, die Japanerin, die aus drei Vokalen besteht, davon. Noch während sie stakst, zieht sie die Strumpfhose hoch. Plötzlich rennt sie. Die schöne Aoi mit der hellblauen Bluse und dem dunkelblauen Businessanzug. Und dem Handy. Und dem Freund am anderen Ende der Leitung. Was tut eigentlich der freche Teenager mit den drei Punkten inzwischen – zwei oben, einer unten? Wir erinnern uns: Zuletzt war der Kuss. Sie hat gierige Augen. Die Nase spielt keine Rolle, aber die Augen fressen dich auf, wenn sie küsst. – Diejenige, die geküsst wird, hat dicke Lippen. Man weiß nicht, mit wem sie telefoniert. Mit ihrem Freund vielleicht. Der kann sich auf etwas gefasst machen! Sieh nur die Augen! Die frisst ihn auf, die Frau!«

Aber das war nicht ihr Freund am Telefon, sondern Dr. Veser mit seinen abgeschmackten Bob-Dylan-Zitaten (»Bob Dylan for President!«). Der sagte: »Rappelt's bei Ihnen im Kopfe? Selbstverständlich sollen Sie Auskunft erhalten. Aber auch Vorschriften. Sie sollen nicht nur wissen, was geschieht, sondern auch, was wir Ärzte davon halten.«

* * *

Später jammerte er: »Meine Nase läuft … Nein, meine Nase läuft nicht, sie ist ausgetrocknet, saftlos, verdorrt, trocken. Vielleicht täuscht sich meine Hand, oder meine Hand täuscht mich. Ich glaube, meine Nase läuft. Mit Wahrheit hat das nichts zu tun.« Dann kamen ihm Zweifel, Zweifel, Zweifel. An der Richtigkeit seiner Aussage. Er glaubte, was er sagte. Und er wusste, dass sein Besucher es ebenfalls glaubte.

»Jetzt läuft sie wieder, und ich friere am ganzen Leib. Das ist nicht mehr feierlich! Wir sollten uns lieber einen anderen Platz zum Sitzen suchen, einen Stein zum Beispiel. Oder gleich nach Hause gehen.«

Langsam kehrten sie zurück. Im Gartencafé saßen drei Männer beim Skat, ein vierter schaute zu. Am entgegengesetzten Ende der Terrasse, wo die aus den Lautsprechern dringende Musik kaum noch zu hören war, nahmen sie Platz.

Dann besorgte ihnen der Pfleger zwei schicke Flaschen Mineralwasser.

»Eines Tages«, sagte er, »wird die Menschheit einsehen, dass es keine kosmische Stimme ist, die ihnen die Stille raubt, sondern das Geklingel des Teufels. Hoffentlich ist es da noch nicht zu spät.«

Seine schleppende Hand suchte Halt. Alles sei wie weggewischt. Wenn er wolle, dass die Musik lauter werde, dann würde sie lauter werden, behauptete er. Wittling korrigierte sich: Nein, leiser! Wir hätten zwei Hände, zwei Augen, zwei Ohren – aber nur einen Verstand. Das sei schade, denn wie alles im Leben stehe auch der Verstand auf mindestens zwei Beinen, einem realistischen und einem phantastischen. Man müsse durch den einen hindurch, wenn man zum anderen wolle. Seit eh und je nenne er das den zweifachen Weg.

»Meine Hände sind kalt – nein warm! Jeder Gedanke ist eine Strecke – mal kürzer, mal länger. Das hängt von der Anzahl Wörter ab. Und von der Länge der Wörter. Die fliegenden Gedanken und ihre Wörter. Aber das entscheidende Wort will mir nicht einfallen. Jenes Wort, das alles sagt, was mir nicht einfallen will.«

Immer sehe er nur die kleinen Zusammenhänge, nie die großen. Ob bei den großen dieselbe Tonleiter gelte wie bei den kleinen? Die fünf Stufen, auf die der Absturz folgt, die männliche Kadenz? Es sei beklemmend: Die Gedanken und ihr Gegenteil – sie entwickeln sich stets in eine Richtung, nie in die andere. Dafür wisse er jetzt endlich, was Gespenster sind. Und in welche Richtung sie rennen. Auch wenn diese Einsicht nichts nützt, wie er bekennen müsse. Leider, ergänzte er.

»Mein ganzes Leben war ein einziger Gedanke, aufgeteilt in winzige Sensationen, die zueinander in Beziehung stehen. In welcher, weiß ich nicht. Im Grunde genommen eine Spirale – nach herkömmlicher Berechnung sind es Stunden, Tage, Wochen und Monate, womöglich sogar Jahre. Die Sensationen wollen mir sagen, dass alles grenzenlos ist und nur wir dieses Nacheinander daraus machen. Das liegt auf der Hand. – Meine Hände sind jetzt warm – nein kalt! Sie sind die treibende Kraft bei dem Spiel, das ohne Alternative ist.«

Die Tatsache, dass ihn alles langweile, sei der hinlängliche Beweis, dass alles wertlos sei. Wenn es anders wäre, müsste ihn das bloße Dasein erfüllen. Das Bedürfnis, dem ein für allemal ein Ende zu bereiten, sei stark.

Wittling sagte: »Die Zeit steht still und staut sich hinter meinem Rücken. Durch meine Adern rinnt der Schweiß. Ich schlage die Tage – tot. Sie sind so elegant! Aber nein, ich mache bloß Spaß. Merkst du nicht, in was für einer Welt wir leben? Kannst du nicht zugeben, dass du nur mitspielst, weil es von dir verlangt wird? Wenigstens mir gegenüber!«*

Er würde nie mehr den Geruch ihrer Haare erleben, nie mehr ihr Lachen hören oder den Druck ihrer Hände spüren. Nie mehr ihre Narbe streicheln am Knie, ihren Nacken massieren oder ihren Schritten folgen. Er würde sie nie mehr wiedersehen.

»Schau, ich bin krank, ich bin blass, ich bin unrasiert. Siehst du die Pickel auf meiner Nase? Komm, nimm mich in den Arm und küss mich.«

Das ging nun entschieden zu weit. So vertraut waren sie nicht, dass er ihn ohne Widerwillen hätte küssen wollen. Aber zu Alephs Verblüffung erwartete er das nicht. – Da merkte er, dass er schon wieder auf ihn reingefallen war.

* * *

Eines Tages kam ein Anruf aus dem Pflegeheim: Der Alte war tot. Als die Pflegerin ihm sein Essen ans Bett brachte, sagte er bloß nein danke, drehte sich um und war tot. So schnell ging das.

Das sprach sich schnell herum, und es dauerte nicht lang, da kamen Uwe und Kurt mit Plastiktüten voller Bier und Schnaps in die Druckerei. Auch Brot, Wurst und Käse hatten sie dabei.

»So, jetzt machen wir ein Fass auf – zum Abschied«, rief Uwe. Die drei Freunde saßen in der Druckerei und haben gebechert. Kurt war bald betrunken und lallte: »Frauen haben es schwer. Das zu erkennen, darin zeigt sich die wahre Größe des Mannes.« Niemand wusste, was das mit dem Ableben ihres Freundes zu tun hatte. Und überhaupt!

Bis vier Uhr haben sie gegessen und getrunken, als Uwe plötzlich fragte: »Wo ist eigentlich dieser Wolfgang? Der soll doch mal herkommen und mit uns Abschied feiern.« Aber keiner wusste, wo er war. Also gingen sie hinüber in die Kleine Weltlaterne. Dort saß Wolfgang und hat gejammert. Dann sagte er zu Hertha Fiedler: »Du olle Pissnelle, was fällt dir ein, hör endlich uff, lass mich in Frieden und bring mir noch'n Schnaps.«

So haben sie Abschied gefeiert.

Ein paar Tage später, als Uwe ins Altersheim kam, um ein paar Sachen abzuholen, die übrig waren – ein Sack mit Klamotten und zwei Dutzend Bücher, die Wittling noch rumstehen hatte – da wollten sie nichts rausrücken, weil er nicht verwandt war und keine Vollmacht hatte.

»Also haben die den ganzen Krempel behalten oder später weggeworfen.«

Aleph habe auch ein paar Bücher geerbt, sagte er. Nichts Wertvolles. In einem Antiquariat hätten sie ein paar hundert Mark gebracht, mehr nicht. Und eines Tages in München habe er beim Kitzinger* ein Buch gekauft, das ursprünglich aus Wittlings Bibliothek stammte. Darin stand die Widmung: Für meinen Freund Jonas, der immer an mich geglaubt hat – Jean Gebser.*

Münchner Geschichten

»Sehen Sie die Runen im Hintergrund?« Aleph meinte die Konturen der Berge, die sich wie selbstverständlich am blau-weißen Himmel abzeichneten. »Das sind die Alpen.« Ohne jedoch weiter auf die Runen einzugehen, deutete er auf die Postkarte in seiner Hand. »Und das ist die Frauenkirche.«

»Die kenne ich aus der Lindenstraße«, rief Andrea. Sie hatte den Dom, der als Münchens Wahrzeichen gilt, anlässlich eines Orgelkonzerts nach dem Angelus schon selbst besucht.

Aleph interessierte sich mehr für romanische Kirchen und dachte beim Stichwort Lindenstraße an Frankfurt am Main. Er sagte: »Das Verlagshaus gibt's nicht mehr.« An seiner Stelle stehe jetzt ein Klotz mit sündhaft teuren Eigentumswohnungen. Nicht ohne Häme dachte er an Fred Marmelstein, den neuen Cheflektor des Suhrkamp-Verlags, der sich mit über 2,4 Millionen Euro aus dem Staub gemacht hatte. Angeblich aus Verdruss, weil alle Honorarabschlüsse manipuliert waren. Aus Rache! Das Debakel kam dem Wittling-Verlag gerade recht und half ihm in diesen schwierigen Zeiten über die Runden.

Im Übrigen fand Aleph, dass man heute nicht mehr so erzählen dürfe wie Geißendörfer in seiner Seifenoper. Seit es Computerspiele gebe, habe sich die Erzählung verändert; sie sei nicht mehr linear, sondern ein Labyrinth, in dem der Leser Links folgen oder rechts abbiegen könne, bis er auf einem Nebengleis oder in einer Sackgasse lande. Dort fange vielleicht eine völlig neue Erzählung an, ein vielschichtiges Spektakel. Womit er bei seinem Lieblingsthema war, dem Weltmodell, an dem er seit den Kryptologen herumdokterte.

Da Wittling nicht mehr lebte, sei es an der Zeit gewesen, etwas Neues zu beginnen. Nichts hielt ihn mehr in Berlin. – Viel zu lang hatte er seiner Meinung nach schon dort verharrt; das Kreischen der Straßenbahn war ihm zur Gewohnheit geworden. Und da er meist im Süden der Republik oder in Österreich zu tun hatte, wählte er München als neuen Standort. Abgesehen davon galt München als heimliche Hauptstadt – wenigstens was Verlage anging.

Noch nie war ihm so leicht und unbeschwert zumute wie zwischen seinem Entschluss, Berlin zu verlassen, und seiner Abreise nach Bayern. Prompt besuchte er Plätze, Straßen und Parks, die er nie zuvor beachtet hatte und von denen er annahm, dass er sie nie wieder sehen würde – was ein Irrtum war, da Berlin nach der Wende reizvoller war denn je.

Als er mit seinem Neffen in Verbindung trat, der wieder einmal eine neue Zeitschrift plante, für die er einen Verlag suchte, hatte er Glück: In dessen Großraum-WG standen zwei ineinander übergehende Zimmer leer – je 30–40 Quadratmeter, mit Blick auf die Isar, wenn man auf dem Balkon stand und sich reckte. Es fiel ihm leicht, sich dort häuslich einzurichten. Wie bei jedem Umzug, den er hinter sich gebracht hatte, sollte der Neustart ein Befreiungsschlag sein. Da wusste er, dass der Ortswechsel längst überfällig war.

Seine Mutter hatte ihm oft von früher erzählt, wie er als Kind zu seiner Tante fahren sollte, wo es all die süßen Sachen gab, die ein kleiner Junge so gern isst: Mohrenköpfe, Sahnetorten, Schokokuchen und Nuss-Schnecken. Seine Tante hatte nämlich eine Bäckerei geheiratet … Doch spätestens abends im Bett kam das Heimweh über ihn. Er fing an zu weinen und hörte nicht mehr auf damit, bis der Morgen graute und die Tante beschloss, ihn in den ersten Zug zu setzen. Da war es ungefähr fünf Uhr! Wieder zu Hause, wurde er ausgelacht. Aber als er zwölf war, legte sich das Heimweh. Seitdem habe er sich immer und überall schnell einleben können. Sogar in München!

Wenn er von der Au in die Stadt wollte, nahm er meist den Weg über die Museumsinsel, und in zehn Minuten war er am Viktualienmarkt. Fünf Minuten brauchte er zum Rosenheimer Platz. Haidhausen war ein aufstrebender Stadtteil mit Galerien, Antiquariaten und Kneipen und eben dabei, Schwabing mit seiner verstopften Leopoldstraße den Rang abzulaufen. Auf seinen nächtlichen Streifzügen durch die Isarauen und den Englischen Garten erinnerte er sich an die Gespräche mit Wittling, der zeit seines Lebens von einer Alternativmesse geträumt hatte. Da die Leipziger Buchmesse für den Westen keine Bedeutung mehr hatte, schwebte ihm eine Frühjahrs- oder Pfingstmesse als Kontrastprogramm zur Frankfurter Messe vor. Keine Gegenbuchmesse wie 1968 in Frankfurt, die entsprach nicht seiner Vorstellung, sondern eine Pfingstmesse für Klein- und Selbstverleger, Pressendrucker und Buchkünstler. Die sollten dort ihre Erzeugnisse feilbieten: bibliophile Drucke, literarische Zeitschriften und Flugblätter. Aleph interessierte das ästhetische Spiel, das formale und inhaltliche Wagnis.

Im Hof des Deutschen Museums beschloss er, die Idee in die Tat umzusetzen. Dort war genug Platz für ein Zelt, dachte er, und für die Infrastruktur – Strom, Wasser, sanitäre Anlagen – stand das Museum zur Verfügung. Das Hofbräuhaus am Wiener Platz käme ebenfalls in Frage. Der Festsaal mit den vielen Nebenräumen schien wie geschaffen für seinen Zweck.

Das Problem der klitzekleinen Bertelsmänner ist der Vertrieb, dachte er.* Diese Leute produzieren wertvolle Titel – weitgehend unter Ausschluss der Öffentlichkeit. Da muss man den Hebel ansetzen. Das war die Geburtsstunde von *Kolibri*, einer Auslieferung für alternative Verlage. Als er am Rand einer Buchpräsentation bei Lehmkuhl mit Fauser über das Thema sprach, sagte der: »Alternativ – das klingt nach Reformhaus und Diätbier.« Dann rechnete er vor, was er in den letzten fünf Jahren als Autor und Übersetzer verdient hatte, und kam auf 52 Mark 90 monatlich. Dabei zähle er noch zu den Großverdienern der Branche.

»Das muss nicht sein!«, so Aleph. In einem ersten Schritt wollte er ein VLB erstellen, ein periodisches Verzeichnis lieferbarer Bücher. Dazu gehörte ein Informationsdienst für Händler, Sammler und Bibliotheken mit Rezensionen, Terminen und aktuellen Meldungen aus der Alternativszene. In einem zweiten Schritt sollte der Vertrieb aufgebaut werden. Schließlich wollte er den *Münchner Bücherwahn* ins Leben rufen, der mit einem jährlich vergebenen Verlegerpreis für breites Interesse sorgen sollte. Ein würdiger Preis, der allen zur Ehre gereicht – primär Aleph Kraus-Góngora und seiner Verlagsauslieferung. Der Gewinner des Jonas-Wittling-Preises würde daher kein Geld erhalten, sondern einen gläsernen Fisch, einen Wittling!

»Das ist heute nicht anders«, erklärte Aleph. Es gebe zahllose Preise. Bis auf wenige Ausnahmen dienten sie ausschließlich dazu, den Ruhm der Veranstalter und Sponsoren zu mehren: Evangelischer Buchpreis, Förderpreis von Hameln, Preis der Schwulen Buchläden …

»Das muss man sich mal vorstellen: schwule Buchläden!«

»Der mit 25.000 Euro dotierte Folkwang-Preis an den Kunstsammler und Steuerflüchtling Reinhold Würth ist aber auch nicht ohne«, meinte Andrea.*

Als Aleph mit ihr über die sogenannte Kunst- und Flaniermeile Richtung Kirche schlenderte, versperrten nutzlose Skulpturen und Plastiken den Weg: handgemacht und jahrmarkttauglich. Ein Gruppe Landtagsabgeordneter eilte zum Mittagessen, darunter auch dieser Veganer, der sich mit seinen Vorstößen meist auf Jürgen Trittin von den Grünen bezog. Aleph wäre gern an den Rhein spaziert, doch Andrea hatte leider keine Zeit. Auch war sie mit ihren Stöckelschuhen nicht entsprechend ausgerüstet, während Aleph seine Wanderschuhe trug. Im Übrigen sah es nach Regen aus.

Die Jury des Jonas-Wittling-Preises setzte sich aus einem Lektor von Goldmann, einem Hersteller und Grafiker von C. H. Beck sowie einem Germanisten zusammen, der ein Buch über

Helmut Kohl plante. Präsident sollte Reinhard Wittmann sein, der angesehenste Buchwissenschaftler der Bundesrepublik. Geschäftsführer des Unternehmens blieb natürlich Aleph Kraus-Góngora. Er mietete das ebenerdige Büro in der Balanstraße und engagierte eine Germanistikstudentin als Zweitkraft, die ihn würdig vertrat. Als Dilettantin im besten Sinn des Worts kannte sie weder Gesetz noch Vorschrift. Im Umgang mit Bildern und Zeichen war sie erfrischend naiv. Sie wirbelte alles durcheinander und traf mit ihren Gestaltungsmitteln den Nagel meist auf den Kopf! Ihr Einfallsreichtum war grenzenlos!

»Schon kurios, mit welcher Euphorie, gepaart mit Skepsis, die Kugelkopfmaschine, der Composer und der Lichtsatz begrüßt wurden! Zehn Jahre später war jeder Privathaushalt besser ausgestattet als wir – von heute ganz zu schweigen.«

Eines Tages erzählte Naomi, seine Mitarbeiterin: »Als ich Feyerabend las, habe ich mich halb kaputtgelacht. Bis meine Nachbarin vor der Tür stand und fragte, was es denn Schönes im Fernsehen gebe.« Damals hörte Aleph den Namen zum ersten Mal, später sollte er ihm öfter begegnen.

Dann verschickte er seine Ausschreibung: »Alle, die da rumfreaken, rumemanzen, rumrocken, rumpolitisieren oder sonst wie rummachen, sollten sich umgehend melden, um beim *1. Münchner Bücherwahn* dabei zu sein. Mini-Verleger, Ein-Mann-Unternehmer ohne Profitgier, mutige Literatoren und tolldreiste Bibliophile, die mit ihren Pressen hantieren, wenn die Zeit reif ist …«

So drückte man sich wohl aus seinerzeit, wenn man sich anbiedern wollte, was Sammlern wie Hanns Sohm und Rolf Dittmar nicht entging, die dem Anlass folglich lieber fernblieben. Dafür meldeten sich Freizeitdrucker, Bücherbastler und Kleinverleger, die sich nicht vereinnahmen ließen – nicht mal vom Erfolg.

Der Erste rief an und hielt ihm einen Vortrag über freiheitlichem Sozialismus, der Zweite teilte ihm mit, dass er einen Verlag gründen wollte, um seine eigenen Gedichte zu verlegen. Der

Schriftsteller sei auf Gedeih und Verderb den Kapellmeistern der öffentlichen Meinung ausgeliefert.* Alle stießen sie ins gleiche Horn, da brauche nur einer den Ton anzugeben. – Aleph dachte dabei an Gasdanow, der sogar mit Nabokov verglichen wurde, und empfahl ihm, sich als rumänischer Stricher auszugeben, der nach einer Geschlechtsumwandlung unter Sinti und Roma im Hasenbergl im Untergrund lebt.

»Nichts mögen Journalisten lieber als wahre Geschichten.«

Der Dritte war der Hausmann-Verlag aus Heidelberg. – Schon der Name ist eine Zumutung, dachte Aleph und las seiner Mitarbeiterin, die bei Mail-Order-Kaiser Verlagskauffrau gelernt hatte, den Brief vor: »Ich bin Hausmann und versorge den Haushalt mit zwei kleinen Kindern. Heinz ist vier, Adele zwei.« Sein Verlag verstehe sich als Teil der linken Gegenöffentlichkeit, seine Themen seien Friedensarbeit, Antifaschismus und Umweltschutz.

Hermann Bischof, mit so einem lächerlichen Ziegenbärtchen wie Vladimir Vranitzky, war der Vierte. Er tauchte unangemeldet auf, knallte ihm ein Taschenbuch auf den Tisch und sprach: »Mit meinem Verlag kämpfe ich gegen die Profitphilosophie, für die Bücher nichts als Waren sind.« Dann schob er 1.000 Mark über den Tisch, sodass Aleph nichts übrigblieb, als ihm das Anmeldeformular auszuhändigen, das zugleich als Vertrag galt. 1.000 DM hatten ihn überzeugt, aber auf die Platzierung sollten sie keinen Einfluss haben. Dabei ließ er sich nicht in die Karten schauen.

»Sie sind noch jung«, sagte der Fünfte, ein Verleger aus Freising herablassend. »Sie haben wahrscheinlich noch nie von Esperanto gehört. Das macht aber nichts! Esperanto können Sie nämlich ad acta legen, wie der Lateiner sagt. Latein versteht ja auch keiner mehr. Deshalb kommt jetzt Unitario, die neue Sprache für Europa. Als Sprache der Wissenschaft und Politik erfüllt sie alle Bedingungen, die an ein Kommunikationssystem der Zukunft gestellt werden.«

Dass ich nicht lache!, dachte Aleph und gähnte verstohlen. Ein phonetisches Alphabet – das mag ja noch angehen. Aber keine Beugung, weder Tempus, Kasus noch Numerus? Das ist wie Pidgin-Englisch auf Indonesisch – Wort für Wort. Am besten alphabetisch. Den Sinn zu ermitteln bleibt Sache des Empfängers. Wie soll das klappen? Eine Universal-Tastatur für Schreibmaschinen. – Was soll das sein? Neue Namen für Ausdrücke der Grammatik. Nominativ, Aktiv, Passiv, Akkusativ? – Ja warum nicht gar Anagramme aus besagten Begriffen? Nebel oder Leben? Dabei dachte er an eine Erzählung, die Franz Jenitsch für den Adelbert-von-Chamisso-Preis der Robert-Bosch-Stiftung eingereicht hatte. Dieser Literaturpreis für Autorinnen und Autoren, für die Deutsch eine Fremdsprache ist, öffnete geradezu die Schleusen für Gimpel und Quacksalber aller Art, die sprachliches Unvermögen mit Poesie verwechseln.

Mignon

Neben ihr stehend, setze ich eine Hand auf ihren Ansatz, und die andere fährt auf ihrer Rückseite an ihr herab und bedrängt sie vorwärts, damit ihren Bauch handhabend. Grad steht der Kasten raus und Schultern zurück. Sie könne ihre Rückseite ruhig zeigen. – Sie gibt sich alle Mühe, aber steht da wie ein Kind. Ich schlag die Haltung vor, die das Bassin annehmen soll, und sie lacht. Meine Hand schiebt sich in hohem Grade über ihren Bauch. Ich drehe sie mit dem Gesicht zu mir und öffne den Reißverschluss. Dann hebe ich das T-Shirt an und glaube ihrer Haut. Ihr Beleg sitzt kaum, ich streich' sie – unten zum Venushügel. Ich könnt' mir nicht vorstellen, dass sie bereits behaart war. Ein wenig tiefer glaube ich der Hitze. Ich halte betroffen mit den Fingern inne. Er steht noch unbeweglich und wartet. Dort krallen sich ihre Hände in mein Haar. Ich dreh den Kopf zur Seite, um uns Frieden zu willigen, und verriegle die Arme um ihre Hüften. Dort gibt sie mir kleine Bassinauswirkungen und setzt ihre Hand auf meine Hose, wo sie am wärmsten ist. Sie fungiert vollständig instinktiv. Glaubt bald, dass meine Zunge auf der ihren Kontakt hergestellt hat.

Nein! Das geht zu weit! Bei Unitario müsse er einen Riegel vorschieben.*

»Und was ist mit Esoterik? Hermes Trismegistos* und Östliche Weisheit?« Naomi kannte sich aus damit, hatte sie sich doch mit Schamanismus beschäftigt und Castaneda, Sun Bear und den Papalagi gelesen.* Auch Reiki war ihr ein Begriff.

Die natürlich auch. Ebenso Yogis und Sannyasin*, die sich gerade scharenweise am Ammersee niederließen, um dort Tarot-Seminare anzubieten. Ferner Ufologen, Müslis und Schamanen. Und nicht zu vergessen allerlei Künstler, Handwerker und Bibliosophen jeglichen Geschlechts.

Naomi machte sich darüber hinaus für Biermann stark. Die Zwangsausbürgerung des prominenten DDR-Schriftstellers war fünf Jahre her. Das könne man nicht einfach ignorieren, das geht nicht. So organisierte sie das Begleitprogramm zum Thema, bestehend aus Lesungen und Vorträgen mit Reiner Kunze und Bernd Jentzsch.

Mehrere zur Verfügung stehende Festsäle verlangten nach einem Mindestmaß an Systematik. Also versuchte Aleph, die Aussteller nach inhaltlichen Kriterien zu verteilen: Anarchisten, Sozialisten und Linke zusammen, Feministen, Schwule und Lesben zusammen, ebenso Atomgegner und Grüne.

»Habe ich jemanden übersehen?«

»Ja, die ganze Gastarbeiterlobby, Amnesty International und Dritte Welt. Aber auch Head-Comics und …«

In einer Sonderabteilung zeigte er alle Bücher, die Wittling vor 1968 in seinem Verlag veröffentlicht hatte. Dazu gab es einen schönen Katalog mit einer vollständigen Bibliografie und seltenen Titeln wie *Footnotes on Football* und *Reden vor dem Denken* von Mina Schirmherr.

Aleph fuhr fort: »Ich würde am liebsten nur Bücher zeigen, die man in keiner normalen Buchhandlung findet. Packpapier, Bindfäden, Typensalat. Der Künstler, der selbst Schöpfer sein will, ist des Teufels, und genau das schwebt mir vor: bibliophile

Buchkunstwerke und illustrierte Malerbücher von hoher Qualität in limitierter Auflage.« Zum Beispiel hundert Broschüren im Silberkarton, Blatt für Blatt vom Künstler von Hand bearbeitet. Oder schwarzer Druck auf schwarzem Papier, gebunden mit einer glasklaren Spiralbindung und einer Silbercollage als Schuber.

Leicht fiel ihm die Entscheidung beim Maroverlag, dem kleinen Verlag mit den guten Büchern, wie es in der Werbung hieß.* Der war über jeden Zweifel erhaben. Außerdem war Benno ein weitläufiger Verwandter: Alephs Vater und Bennos Mutter waren Neffen bzw. Nichten zweiten Grades gewesen. Schon als Student hatte er mit Achternbusch, Handke und Jonke zu tun gehabt, als diese noch unbekannt waren. Aber erst 1969 – und zwar in der Schwarzen Katz in Frankfurt – schlug seine Stunde. Als später Bukowski dazukam, ging es erst richtig los. Bald klopften Fischer, Rowohlt und Konsorten bei ihm an die Tür, und es folgten Burroughs, Kerouac, Fante und Bowles.

»Beinahe hätten wir einen Literaturnobelpreisträger im Programm gehabt«, erzählte er. Keiner hätte das für möglich gehalten – auch Benno nicht. Als er die *Süddeutsche* aufschlug, las er die Meldung auf der ersten Seite. Doch die Freude war nur von kurzer Dauer. Noch am gleichen Tag musste die Zeitung einräumen, Opfer einer Falschmeldung geworden zu sein. Die Deutsche Presse-Agentur war einer Ente aufgesessen.

»Da kann man mal wieder sehen: Die Wahrheit ist ein scheues Reh.« Übrigens sei er auf dem Spaziergang im Schwäbischen Pfaffenwinkel sieben weißen Rehen und einem Hasen begegnet. Er dachte schon, das eine rennt ihn um! Zuerst habe er es bloß gehört.

»Hast du schon mal ein weißes Reh gehört? Na also! Rehe sind still, Rehe sind leise! Außer, wenn sie galoppieren. Padamm, padamm, padamm! Das Ding hätte mich beinah umgerannt. Ich dachte noch, du blöde Kuh! Aber zehn Meter vor mir schlägt es einen Haken und trabt an mir vorbei in den Wald.«

»Also was denn nun: galoppieren oder traben?« Aleph hegte den Verdacht, dass Benno ihn zum Besten hielt. Das war ihm zuzutrauen!

»Jedenfalls mit Karacho! Das glaubt mir keiner, hab ich gedacht und in die Richtung geschaut, aus der das Reh kam. Und da liefen noch vier – ganz gemächlich. Kein Traben und kein Galoppieren, weder Trab noch Galopp. Ganz gemächlich an mir vorbei. In fünfzig Metern Entfernung, ach, was sag ich da! In zwanzig Metern Entfernung von mir.«

Benno war es auch, der den Katalog herausgab. Darauf hatten sie sich in Schwabing geeinigt. Als Elfriedes Theaterstück *Die Stützen der Gesellschaft* Premiere hatte, reiste sie mit ein paar Freunden nach München, um sich den Fragen des Bayerischen Rundfunks zu stellen. Gegen Mitternacht wurden sie im Augustiner vor die Tür gesetzt, danach ging's zuerst in Harry's New York Bar und danach ins Domicile – die Jelinek, ein gewisser Karl-Heinz Mayer, Christoph Derschau* sowie Wolf Wondratschek. Und natürlich Benno und Aleph. Die ganze Truppe (ohne Michael Krüger). Als sie dort aufkreuzten, hat Marianne, die am Eingang saß, ihnen den Eintritt erlassen.

»Sie weiß genau, warum sie das tut. Darin ist sie unübertrefflich«, erklärte Wondratschek.

Dann fielen Sie über die Bar her, wo Ernst Knauff regierte, und bestellten Fleischpflanzerl. Die waren sagenhaft in dem Schuppen.

»Was ist das?«, wollte Elfriede wissen. »Fleischlaberl?«

»Sowas wie Buletten«, erklärte Christoph, der ursprünglich aus Potsdam stammte und schon ziemlich besoffen war. »Fickadellen! Auf der Reeperbahn heißen sie Fickadellen.«

»Trinkst du noch eine Halbe oder soll ich lieber gleich eine Droschke rufen?«, fragte Benno.

Elfriede wollte nichts mehr hören von diesen Macho-Sprüchen, und schon stellte Knauff das Essen auf den Tresen. »An Gutn«, wünschte er und fügte hinzu: »Geht bloß nicht zu früh. Es gibt zum Nachtisch noch eine Überraschung.«

Blicke sind magnetisch, wie schon die Bieresch wussten, dachte Aleph bei sich.* Deshalb merken wir, wenn wir beobachtet werden. Wir spüren die Blicke im Rücken, an den Schultern und am Kopf – mit geschlossenen Augen! Vielleicht dann erst recht. – Also fragte er halblaut in die Runde: »Der Typ dort an der Bar … kennt den jemand? Der schaut ständig hierher. Ich glaube, der beschattet uns.«

»Warum sollte er das tun?«

»Weil er uns für Terroristen hält vielleicht?« Der Deutsche Herbst* mit dem Drama von Mogadischu steckte noch allen in den Knochen, und wer der entsprechenden Altersgruppe angehörte und lange Haare hatte, wurde bei jeder Gelegenheit gefilzt. Christoph war auch so einer: Der konnte kaum das Haus verlassen, da hatten sie ihn schon am Wickel.

»Wir sind doch nicht in Hamburg oder Berlin«, widersprach Karl-Heinz Mayer.

Dann gesellte sich Joe Haider zu ihnen und erzählte, wie er in Augsburg beinahe ums Leben gekommen sei, weil er mit besoffenem Kopf in eine Glastür gerannt war. »Ein Glassplitter hat mir die Schlagader durchtrennt, und das Blut schoss zwei Meter weit. So einen enormen Blutdruck hatte ich! Ich bezweifle, dass ich das heut noch überstehen würde!«

Später drängte er sie, ihre Plätze auf der Sitztribüne einzunehmen, denn das, was sie jetzt erleben würden, sei einmalig – auch für Münchner Verhältnisse. Sowas gebe es sonst nur in New York.

»Ja was denn?«

»John Giorno.«*

Die Performance war nirgendwo angekündigt, ein spontaner Gig, den das zufällig anwesende Publikum dem Chef verdankte, der früher selbst Musiker war. John Giorno konnte jedoch recht ungehalten werden, wenn sein Publikum unkonzentriert war und nebenan Gelächter erklang. Uwe Möntmann, der schon Lou Reed fotografiert hatte, wurde an dem Abend rüde abgekanzelt, weil er mit seiner Leica pausenlos vor dem Mikrophon herum hampelte. »I know you're just doing your job, and I have to do mine. And now fuck off!«

Begleitet von David van Tieghem am Schlagzeug, sang er »Everyone Says What They Do Is Right« und »Stretching It Wider«: If there is one thing you cannot and will not do is make this world a better place! Das dauerte nicht länger als eine Viertelstunde, dann verschwand er durch die Hintertür. Knauff zufolge ging es ihm nicht so gut.

Nach dem Auftritt gerieten sich Benno und Christoph aus unerfindlichen Gründen in die Haare, sodass die *Grüne Rose* später in Heidelberg anstatt in Augsburg erschien.

»Der Titel war Vincenz Nolas Idee, der Umschlag von Dieter Roth meine«, erinnerte sich Aleph. Warum er sich zeitweise Diter Rot nannte, wusste Dieter Schwarz, der naseweise Adabei aus Zürich, auch nicht zu erklären. Doch weder Christoph Derschau noch die beiden Verleger hatten offenbar etwas gegen die Schreibweise einzuwenden. Dafür fanden sie die Zeile »Grüne Rose in der Rumpelkammer meines Nervensystems« bedenklich, weil sie den Ton in diesem Punkt für unangebracht hielten.

Die Grüne Rose, eines seiner Lieblingsbücher, habe Aleph bestimmt ein Dutzend Mal verschenkt, unter anderem an Theweleit, den er … »Aber ich greife vor. So weit sind wir noch nicht«, sagte er. »Wo war ich stehengeblieben? Beim *1. Münchner Bücherwahn*. Jedenfalls einigten wir uns darauf, dass Benno den Katalog machen sollte.«

* * *

Als Ian Hamilton Finlays* Absage kam (eine Postkarte mit einem Grabstein und der Aufschrift »Achtung! Minen!« von 1977), spielte Aleph gerade eine Art Mensch ärgere dich nicht, das ein Kleinverleger eingereicht hatte. »Du wirst Mitglied der Sannyasin. Bhagwan bekommt dein ganzes Geld. – Geh vier Felder zurück.« Dadurch geriet Aleph ziemlich ins Hintertreffen.

Er konnte erst wieder aufholen, als Naomi auf dem Adoptionsfeld landete: »Immer noch kein Kind aus Vietnam bestellt? – Geh zurück auf Start.«

Sie fanden übereinstimmend, dass Spiele wie *Schwarzmarkt* oder *Endspiel* eine Bereicherung für den *1. Münchner Bücherwahn* darstellten, auch wenn sie keine herkömmlichen Verlagsprodukte waren. Doch dasselbe galt im Grunde auch für Flugblätter, Holzschnitte oder Tonträger von Degenhardt bis Süverkrüp. Entscheidend war letztlich die Einsicht, dass der Buchmarkt sich langsam zum Medienmarkt entwickelte.

Wenn es nach ihm gegangen wäre, hätte Aleph auf akustische Literatur gesetzt, wie sie der S-Press-Verlag machte: Sprachkunst auf Tonträgern von Cage, Gysin, Brinkmann und anderen, die versuchten, sich vom geschriebenen und gedruckten Wort zu lösen.

Aber war damit Geld zu verdienen? – Viele Kleinverleger waren kaum in der Lage, die Teilnahmegebühr zu entrichten, sodass Aleph ab und zu darauf verzichtete. Das sprach sich bald herum, sodass Rechnungen entweder erst nach Monaten oder gar nicht bezahlt wurden. Als dann eine Reihe Verlage mit Boykott drohte, war das Ende der Fahnenstange erreicht: Nach zwei Messen war Schluss.

Dafür entwickelte sich Kolibri zufriedenstellend. Sein Infodienst *Der Neue Fischzug* (Wittling zu Ehren so genannt) erschien monatlich und wurde an 2.000 Interessenten verteilt, darunter viele Stammkunden, aber auch Bibliotheken aus ganz Deutschland, die ihre Bücher regelmäßig über den Zwischenbuchhandel bezogen (ein nicht zu unterschätzender Anteil am Umsatz). Kolibri kooperierte zeitweise mit bis zu 400 Kleinverlagen und Einzelpersonen, die alles taten, um von ihm vertreten und im *Neuen Fischzug* besprochen und beworben zu werden. Allerdings musste Kolibri eine starke Fluktuation in Kauf nehmen, weil darunter viele Eintagsfliegen waren und andere zu einer größeren Auslieferung wechselten, sobald sich der Erfolg einstellte; oder gar unter das Dach von Konzernen schlüpften, wie das Beispiel *Die Tai-Chi-Meister* von Peter Kennel zeigt.

Nach einem Jahr, als die Mitarbeiterzahl auf sieben gestiegen war, bezog die Firma größere Räume an der Theresienwiese. Dort stand Kolibri ein angemessenes Lager zur Verfügung. Der einzige Nachteil war das Oktoberfest. Aleph zufolge hätte man die Bude dann ebenso gut schließen können.

Naomi hatte mittlerweile ihre Doktorarbeit über *Die Alternativpresse in der Bundesrepublik Deutschland seit dem Zweiten Weltkrieg* abgeschlossen und war Teilhaberin geworden, sodass Aleph sich vermehrt dem Lektorat zuwenden konnte. Seit er nicht mehr auf der Gehaltsliste des Wittling-Verlags stand, wandelte sich sein Berufsbild: Er wurde allmählich zum Literatur-Agenten, der seinen Kunden einen umfassenden Service anzubieten hatte. Dazu gehörten das Lektorat und die Suche nach einem geeigneten Verleger, wenn Aleph das Potential für eine größere Leserschaft zu erkennen glaubte. Dabei war der Wittling-Verlag weiterhin seine erste Anlaufstelle. Nach vier Jahren hatten sie schon über ein Dutzend Mitarbeiter. Kolibri mauserte sich zum Buchclub für alternative Literatur, Mail-Order-Kaiser vergleichbar, der als Versandhändler der ersten Stunde das Moderne Antiquariat abdeckte und für Restauflagen zuständig war.

Kurz nach der Wende waren Alephs Verträge mit DDR-Verlagen plötzlich Makulatur. Allein in Leipzig gingen ihm auf einen Schlag rund zwanzig Privatpressen verloren. Bestens ausgebildete Verlagsleute, Hersteller und Illustratoren drängten auf den Westmarkt und drückten die Preise. Drastische Preissteigerungen bei der Post taten ein Übriges, sodass Aleph und Naomi sich entschieden, die Firma zu verkaufen – rechtzeitig, bevor Jeff Bezos mit Amazon auf den Plan trat.

Naomi ist mit dem Geld nach Israel emigriert, wo sie heute noch lebt. Mail-Order-Kaiser zögerte mit dem Verkauf, doch heute gehört die Firma zur Ganske Verlagsgruppe, während sich ihr Gründer und Geschäftsführer Hans Jürgen Kaiser ganz seiner Leidenschaft für Richard Wagner hingibt.

»Zuletzt traf ich ihn in Bayreuth, und als Erstes fragte er nach Naomi.«

Das versetzte ihm einen Stich ins Herz, denn Aleph wurde klar, dass Hans Jürgen auch in die Frau verliebt war. Alle waren in sie verliebt! Inzwischen war sie jedoch verheiratet und schon wieder geschieden, wodurch sie ihre Tochter verloren hatte; ihr Haus in Ashkelon wurde bei einem Bombenangriff der Palästinenser dem Erdboden gleichgemacht. Aber nach Deutschland zurück, etwa nach Bayern, wollte sie trotzdem nicht mehr.

Wiener Verhältnisse

Mindestens einmal jährlich fuhr Aleph nach Wien, wo er unter anderem beim ORF zu tun hatte. Koschka Hetzer, die zuständige Redakteurin, der er das Herbstprogramm des Wittling-Verlags schmackhaft machen wollte (Schwerpunkt war der neue Fuchs, ein schräger Krimi aus der Wiener Milieu), lud ihn zu ihrer Hochzeit nach Alpbach ein.* Dort, in Österreichs schönstem Dorf, wie es verlockend heißt, auf halbem Weg zwischen Innsbruck und Kufstein, fand seit 1947 das Europäische Forum Alpbach statt, an dem von Bloch bis Schrödinger (der dort begraben liegt) und von Artmann bis Wotruba alle vertreten waren, die in Philosophie, Kultur und Politik Rang und Namen haben. Sogar Indira Gandhi soll schon dort gewesen sein!

Die Journalistin aus Bukarest war drauf und dran, Otto Molden zu heiraten, der das Forum nach dem Krieg gegründet und über Jahrzehnte geprägt hat. Wie man sich vorstellen kann, war der Altersunterschied zwischen beiden beträchtlich.

Zu vorgerückter Stunde im Hotel Böglerhof an der Bar – bei sternenklarer Nacht, so warm, dass man am liebsten im Freien übernachtet hätte, um am nächsten Morgen noch vor den Hühnern aufzustehen – erwähnte Hans Peter Duerr, der Ethnologe (nicht zu verwechseln mit dem Physiker Hans-Peter Dürr), das Gleichnis von den beiden Wölfen, und das beginnt so: »Eines Tages erzählte ein alter Hopi seinem Enkel von dem Kampf im Inneren der Menschen.« Die armen Hopi-Indianer müssten stets als Beleg für das Relativitätsprinzip herhalten, wonach Sprachen unterschiedliche Weltbilder in sich bergen. Dieser Kampf, von dem da die Rede sei, sei ein Kampf zwischen zwei

Wölfen, der in uns allen tobt. Der eine Wolf bedeute Ärger, Neid und Hass, der andere Hoffnung, Freude und Liebe.

»Und was glaubt ihr, wer von beiden gewinnt?« Duerr blinzelte listig in die Runde. »Immer der, den ihr füttert«, sagte er und lächelte, weil ihm das Gleichnis so gut gefiel. Bei dem schummrigen Licht in der Bar ahnte man, wie er mit seinen grauen Zotteln im Jahr 2000 aussehen würde.

»Stimmt es, dass Sie einen bisher unbekannten Roman von Nabokov entdeckt haben?«, wurde Herr Ingold aus St. Gallen gefragt, doch der wehrte ab und erwiderte mit seinem unverkennbaren Schweizer Akzent: »Nein, ich behaupte nur, dass er von Nabokov beeinflusst ist. Vielleicht hat er bei einzelnen Kapiteln sogar mitgewirkt. Aber Vera bestreitet das.«

»Was ist das für ein Roman?«

»Er erschien 1936 unter dem Pseudonym M. Agejew. Dahinter verbirgt sich ein gewisser Mark Levi, Sohn eines russischen Pelzhändlers und einer deutschen Pianistin. Wie Nabokov lebte er in Berlin und Paris in der Diaspora. Er starb 1973 in Armenien.«

»Und was ist das Besondere daran?«

»Das Buch nimmt einem fast den Atem, so wuchtig ist es. Schon lange hat mich nichts mehr so erschüttert. Auf jeder Seite poetische Wendungen, um die man den Autor beneiden möchte. Als ich Nabokov für mich entdeckte, habe ich das genauso empfunden. Jedenfalls eignet sich das Buch nicht als Waffe im Klassenkampf. – Es gibt nebenbei bemerkt eine französische Version, die sehr erfolgreich war.«

Alte Klischeeschleuder, dachte Aleph. Dabei wusste er genau, dass Ingold der Letzte war, der eine solche Frechheit verdiente. Doch es reizte ihn, heute noch jemanden vor den Kopf zu stoßen – vielleicht, weil er eifersüchtig auf den Bräutigam war.

Dann behauptete Duerr, dass er Habermas einst einen Sesselfurzer genannt habe, was den ebenfalls anwesenden und Tee trinkenden Unseld, von Duerr und Feyerabend übrigens konsequent Onkel Siegfried genannt, derart empörte, dass er sich schmollend zurückzog und zu Bett ging. Am nächsten Tag beim Frühstück war er weg – frühzeitig abgereist, wie an der Rezeption zu erfahren war. Ein Fahrer hatte ihn nach Wörgl gebracht.

Dafür fand Feyerabend umso mehr Gefallen an der Anekdote. Er klopfte seinem Freund auf die Schulter und sagte: »Bravo, mein Junge! Gib's ihm, dem Ayatollah mit der Hasenscharte!«

Auf seinen Erfolg als Autor angesprochen, versetzte der Philosoph: »Ich habe ja eine solche Scheiße geschrieben! Die natürliche Schläue der Menschen sei Wissenschaftlern durchaus überlegen, habe ich einstmals behauptet, doch heute weiß ich: Das war der reinste Populismus. Kein Wunder, dass mir alle Kinder Gottes zu Füßen liegen. Aber was soll ich denn jetzt tun?« Onkel Siegfried sei mit den Verkaufszahlen zufrieden und verlange nach mehr. Also müsse er noch einmal so eine Scheiße schreiben. Da er dazu aber zu faul sei, lasse er seine Studenten ran. Die stoppeln ein paar von seinen Skripten zusammen. »Den Rest erledigen dann Unselds Sklaven.«

In dem Zusammenhang erinnerte er sich an seinen Aufsatz über *Kuchenbacken und Arschbacken*, den Duerr verschlampt hatte. Leider gab es keine Kopie mehr davon.

»Was hast du bloß für eine Lotterwirtschaft bei dir zu Hause!«, schimpfte er.

Das wollte Duerr nicht auf sich sitzen lassen: »Ich hab dir den Aufsatz längst geschickt. Es ist ja verständlich, dass du dich ärgerst, wenn meine Tochter alle Seiten vollkritzelt, aber zum Glück konnten wir rechtzeitig verhindern, dass die Skizzen vernichtet wurden. Für die Kunst wäre das ein größerer Verlust gewesen als für die Philosophie! Jedenfalls müsstest du deinen Aufsatz schon mit der Post bekommen haben.«

Und Sloterdijk, ganz auf Bhagwan eingestellt und in Orchidee gekleidet, erklärte: »Wenn ein Philosoph nicht mehr über sich lachen kann, dann hat er seinen Daseinszweck verfehlt.«

»Jetzt reden Sie doch nicht so geschwollen daher«, rügte der Professor. Beim Teutates, dieser Mann, der aussah wie der geizige Fischhändler aus Aremorica in Gallien, war ihm nicht ganz geheuer. Er stand auf und raffte seine Sachen zusammen – seine leichte Jacke und die Sonnenbrille von Ray-Ban, und sagte: »Wir sind noch nicht in der Kegelbahn gewesen. Also sollten wir jetzt alle in den Keller gehen.«

Nachdem er Herrn Duftner, den Böglerwirt, um den Schlüssel gebeten hatte, klemmte er sich sein Bierglas an die Brust und eilte voraus. Da er keine Hand mehr frei hatte, kurvte Duerr an ihm vorbei, um die Tür zu öffnen. Einer nach dem anderen stieg die Treppe zur Kegelbahn hinab und suchte einen Platz für sein Getränk. Vom Kellerfenster aus konnte man die Felgen des Porsches erkennen, mit dem das Brautpaar am Vormittag zur Kirche gefahren war, während die Hochzeitsgäste alle zu Fuß gehen mussten. Der Blumenschmuck hatte sich gelöst und war von der Kühlerhaube kraftlos auf den Asphalt gerutscht.

Es stellte sich heraus, dass Professor Feyerabend ein versierter Spieler war, dem bei jedem Wurf die Haare ins Gesicht flogen. Dagegen machte Aleph keine so gute Figur. »Ich kann das nicht«, bedauerte er. »Ich habe das nie gekonnt und werde es auch nie lernen. Aber kegeln will ich trotzdem. Bitte lachen Sie mich nicht aus.«

Da ließ sich plötzlich die Turmuhr vernehmen, und alle zählten leise mit, Feyerabend nahm sogar die Finger zu Hilfe. Es war zwölf Uhr, Mitternacht. Dann setzten sie ihr Gespräch etwas leiser fort.

»Sie schreiben«, sagte Aleph, »dass über wissenschaftliche Positionen – etwa das heliozentrische Weltbild – nie abgestimmt wurde. Ich behaupte genau das Gegenteil. Es hat zwar keinen Urnengang gegeben, aber eine stille Übereinkunft, die lautet: *Die Erde dreht sich um die Sonne*. Wissenschaftler finden diese Konvention praktisch. Sie verhilft ihnen sogar zu weiteren Einsichten, die sie dann Erkenntnis nennen. Tatsächlich sind es ausgemachte Tatsachen – Fakten eben.«

Duerr lag auf der Zunge, etwas zu sagen, doch dann ließ er es bleiben. Ihm widerstrebte es, sich mit fremden Federn zu schmücken. Und Aleph dachte wahrscheinlich an Oswald Wieners Panamahut, den Hermann Nitschs Hündin Bella auf der Fahrt von Stuttgart nach München zerfetzt hat.

»Sie machen Witze! Das gefällt mir!«, erwiderte Feyerabend. »Aber treiben Sie es nicht zu bunt, sonst wirft man Ihnen noch Beliebigkeit vor.«

Nach einer Weile fing er wieder an: »Demokratie ist eine Versammlung reifer Menschen und nicht von Schafen, die von Besserwissern geleitet werden.«

»Da bin ich nicht so sicher«, bestritt Aleph.

»Sie sind ein Pedant! Wissen Sie das? Pedanten bekommen Tinnitus und sterben an gebrochenem Herzen. Also hören Sie auf damit! Sicherheit ist ein flüchtiges Phänomen, sie geht vorüber. Und das ist auch gut so.« Dynamik sei das einzige Prinzip, das er vorbehaltlos akzeptiere. So gesehen sei es einerlei, ob sich die Erde um die Sonne drehe oder nicht. Hauptsache sie scheine morgen wieder so wie heute.

»Ich fahre nämlich aufs Wiedersbergerhorn. Wer kommt mit?« Vom Panoramaweg könne man den Karwendl sehen … Als sich keiner meldete, winkte er ab: »Also dann macht doch, was ihr wollt.«

Wann ist eigentlich Almabtrieb, wollte er dann noch wissen … Das sei ein ganz besonderes Erlebnis – nicht nur für Touristen, auch für Kühe.

»Also haben Sie doch nichts gegen Mythen?«

Und Feyerabend sagte: »Nein! Solange sie nicht zu religiösen Dogmen werden! Kluge Köpfe kennen keine Dogmen, sie sind bekanntermaßen Opportunisten.«

Als er letzten Sommer in Brüssel einen Vortrag halten sollte, habe er sich unbemerkt mitten ins Publikum gesetzt. Kurz vor dem offiziellen Beginn sei der Dekan allmählich nervös geworden, und nach weiteren zehn Minuten habe er die Anwesenden um Geduld gebeten, weil der Referent noch unterwegs sei. Er müsse jeden Moment da sein.

»Das war glatt gelogen, und das konnte ich ihm nicht durchgehen lassen.« Also habe er sich auf seinem Platz in der neunten Reihe bemerkbar gemacht. Ja, warum kommen Sie denn nicht nach vorn, soll der Dekan da gerufen haben. Also habe er sich durch die Reihe gezwängt, und alle, die dort saßen, mussten aufstehen, um ihn durchzulassen.

»Ebendies ist mir auch passiert – bei meiner Antrittsvorlesung in Heidelberg«, sagte Hans Peter Duerr.

»Das nenne ich den Mythos vom hässlichen Entchen«, fuhr Feyerabend unbeirrt fort. »Die Strategie ist leicht zu durchschauen und nichts als ein pubertärer Wunschtraum: Zuerst legt man es mit seinen langen Haaren darauf an, als Sandler verkannt zu werden, dann folgt die Läuterung. Da ich wegen meiner kaputten Hüfte auf Krücken gehe, habe ich mit der Masche eigentlich immer Erfolg.«

Sloterdijk ließ durchblicken, dass er an einem Roman über Tiefenpsychologie arbeitete. Er wollte um jeden Preis verlorenen Boden wieder gutmachen und alles andere als geschwollen daherreden: »Bevor ich anfing zu studieren, hatte ich im Vorlesungsverzeichnis gesehen, dass im nächsten Semester ein mathematisch-philosophisches Seminar über Wittgenstein stattfinden sollte. Obzwar mich das Mathematische an der Ankündigung beunruhigte, weil Mathematik nicht zu meinen Stärken zählt, widmete ich mich umgehend dem *Tractatus logico-philosophicus* und der kritischen Darlegung seiner Hauptgedanken, dem ›Stenius‹. Wie einst Törleß mit Kant so setzte ich mich in den Park, um Wittgenstein zu lesen. Doch nach einer halben Stunde war ich so erschöpft, dass mir der Schweiß auf der Stirn stand – genau wie Törleß. Oder lag es vielleicht an dem außergewöhnlich heißen Sommer und den Jungen und Mädchen, die halbnackt am Seeufer herumlagen?«

Also beschloss er, bis zum Semesterbeginn zu warten und sich eine Freundin zu suchen, die ihm die einsamen Nächte versüßen sollte. Das mathematisch-philosophische Seminar besuchte er trotzdem fleißig – ob mit Gewinn oder nicht, sei schwer zu sagen. Nach einem Semester ließ ihn seine Freundin sitzen, weil sie es leid war, andauernd über die ersten fünf Seiten des Traktats zu diskutieren. Weiter waren sie in dem Seminar nämlich nicht gekommen.

Aleph gab zu bedenken: »Der Arme im Geiste ist dankbar dafür, dass Vernunft kein Schlüssel zum Himmelreich ist. Naiv wie er ist, nennt er sich trotzdem aufgeklärt. Ist er demnach ein Lügner? – Nein! Wie alle ist er überzeugt, den richtigen Weg gefunden zu haben.«

* * *

Aleph hatte auch keine Erklärung dafür, warum Lampersberg*, von seinen Freunden auch Lamperl genannt, ihn um Rat fragte, wenn er sich nicht darum scherte. Er saß im frisch renovierten Café Sperl, genau an dem Fensterplatz, von dem aus Viktor Suchy den Eingang der Dokumentationsstelle zu überwachen pflegte, deren Ehrenpräsident er als Gründer nach seiner Pensionierung noch war.

»Der Ober kannte mich noch von früheren Besuchen, aus der *Hordenzeit*, wie er in Anspielung auf Musil sagte.« Eingedenk des Ortes, an dem er sich befand, wunderte sich Aleph nicht über die Belesenheit des Obers, der im Übrigen so aussah, als sei er mit der Fliege um den Hals zur Welt gekommen.

Dann eilte Lampersberg, schon von Weitem heftig winkend, über die stark befahrene Gumpendorfer Straße, wobei er den Autos, Fahrrädern und Mopeds geschickt auswich. Wie gewohnt trug er ein schmuddeliges Leinenhemd mit Stehkragen unter seiner gewalkten Wolljacke von Giesswein, dem Mercedes unter den Walkwaren. Aleph folgte ihm in die mit Perserteppichen und Antiquitäten im Empire-Stil vollgestopfte Wohnung, wo seine Frau, die Sopranistin Maja Weis-Ostborn, und Hans Haider von der *Presse* damit beschäftigt waren, eine Kärntner Brettljause zu bereiten. Es gab Schinkenspeck und Kärntner Hauswürstl, dazu Weißwein aus Maria Saal.

Den Journalisten und Literaturkritiker Haider kannte Aleph von einem Besuch in der Hofburg, in deren Kellern eine gespenstische Ansammlung von Gipsmodellen lagert – Hunderte, wenn nicht Tausende, in jedem Fall aber zahllose Entwürfe der wichtigsten Künstler des Historismus für die Prachtbauten der Wiener Ringstraße.

Haider war der Einzige, der das Buch gelesen hatte, und es bereitete ihm sichtlich Freude, die schärfsten Stellen über Auersberger herauszupicken und vorzutragen: »Solange ich ihn kenne, kleidete er sich wie die steiermärkischen Grafen, denen er nachzueifern versuchte. Dazu passte natürlich der pompöse Siegelring. Tatsächlich war er eine lächerliche Erscheinung, abgrundtief lächerlich.« Zeitlebens habe er sich darum bemüht, ein Aristokrat zu sein, aber dabei sei er doch bloß ein schlechter Komponist geworden.

»*Sich gesellschaftlich in die Höhe stemmen* … Das ist gut! Das ist hervorragend«, rief Haider. »*Stockholm eine öde Stadt, ganz zu schweigen von Oslo … Kopenhagen, nun ja*. Köstlich«, rief Haider. »Das ist brilliant! *Kopenhagen, nun ja*. Da weiß man gleich, was Sache ist. Einfach köstlich. Wart ihr schon mal in Kopenhagen?«

»Darauf kommt es jetzt nicht an«, antwortete Lampersberg.

»Ich weiß. Aber trotzdem! Mir hat Kopenhagen gut gefallen. Bernhard war noch nie in Kopenhagen, der fährt meist nach Mallorca. Oder Portugal.«

»Skandalös, diese Szene mit dem *Mohren im Hemd* … Man sollte dieses Machwerk verbieten und aus dem Verkehr ziehen«, knurrte Lampersberg.

»Aber Lamperl, damit ist doch die Mehlspeise gemeint.« Maja konnte nichts Schlimmes daran finden.

»Ich weiß, was ein *Mohr im Hemd* ist«, versetzte er barsch.

Je mehr vorgelesen wurde, desto lauter mussten sie lachen. Sie lachten darüber, wie der Erzähler, in dem unschwer der Autor zu erkennen war, im Bräunerhof alle Zeitungen durchsah und widerwärtig fand, weil er nicht erwähnt wurde; und sie lachten darüber, wie derselbe Autor das Burgtheater beschimpfte, denn jeder wusste, dass sich seine eigenen Pläne, Burg-Direktor zu werden, zerschlagen hatten. Noch mehr lachten sie darüber, wie er über Kolleginnen und Kollegen dachte, die an seiner Statt mit dem Kleinen und Großen Staatspreis oder einer anderen Fragwürdigkeit ausgezeichnet wurden.

»Sehr lustig! Aber ist das auch komisch?«, fragte Aleph.

»*Die Schreker und ihr Lebensgefährte … diese epigonale, scheinintellektuelle Geschwätzigkeitsliteratur … in ihrer Pubertät steckengebliebene Lektoren … von senilen Beamten subventioniert* – und so fort. Ganz eindeutig! Die Mayröcker und ihr Jandl. – Kann ich mal bitte telefonieren? Ich muss die beiden warnen. Die fallen aus allen Wolken, wenn das Machwerk nächsten Montag erscheint.«

Am meisten mussten sie aber über die Promischelte lachen, wo doch Bernhard selbst der größte Aristokratenknecht war. Immer mit dieser Freifrau von Hammerstein-Equord im Schlepptau, geborene von Siller-Gambolo. »Mit dieser Annemarie. Als wäre sie eine Erfindung von Herzmanovsky-Orlando.«

»Ein Promificker, ein echter Hofschrat.«

»Aber schreiben kann er«, urteilte Haider. »Das muss man ihm lassen. Leider ist er der beste Schriftsteller der Gegenwart.«

»Hast du je versucht, *Ein Fest für Boris* zu lesen?«

»Ich bin doch nicht blöd.«

Einen bedeutenden Autor erkennt man daran, dass er andere Autoren zur Nachahmung zwingt, fand Aleph. Doch das wollte keiner wahrhaben, das interessierte einfach nicht. Als die zweite Flasche Wein geöffnet wurde, riet er dem Gastgeber: »Überlegen Sie es sich gut, bevor Sie gerichtlich gegen ihn vorgehen.«

»Wir werden alle berühmt, schlagartig«, prophezeite er, und Haider klatschte in die Patschhände: »Ja, das wird hetzig.« Es sei ja so fad in Wien … Den ganzen Sommer nur Piefkes und Preußen, japanische, und sonst nichts los. Saure Gurken sozusagen.

»Einen Spaß will ich mir machen, oh ja! Danach lade ich ihn nach Kärnten ein, und wir schließen Frieden.« Lampersberg stellte sich das so einfach vor.

Aleph gab zu bedenken, dass ihn dieser Spaß teuer zu stehen kommen könnte. Rechtsanwälte wären die Einzigen, die davon profitierten. »Und einer muss die Zeche schließlich zahlen, auch wenn der Spaß mit einem Vergleich endet. Da sind 50.000 Mark ein Klacks.«

»Wie viel Schilling sind das?« Lampersberg war Komponist und kein Rechenkünstler. Die Zwölftonmusik machte alles noch komplizierter.

Als wäre das sein Stichwort, eilte der »Komponist in der Webern-Nachfolge« ins Nebenzimmer und kam eine Minute später mit einem alten tschechischen Pappkoffer zurück. Die Ecken und Kanten waren mit Stahlblech verstärkt. Er legte ihn feierlich aufs Sofa und öffnete ihn.

»Hier! Das hat der Thomas bei uns hinterlassen: Einen Pullover, ein Paar Schuhe, eingepackt in die *Wochenpresse* vom 13. August 1960 mit dem Leserbrief des Autors: *Auf ausdrückliches Ersuchen der Veranstalter … in Unkenntnis der Sachlage … drei Kurzszenen für eine hausinterne Veranstaltung auf dem Tonhof … kostenlos zur Verfügung gestellt.* – Ferner Manuskripte … Da ein Dramolett mit dem Titel *Frühling*, und hier: G*algen, Die Totenweiber* …«

»Hat er den Koffer denn nie zurückhaben wollen?«

»Wahrscheinlich hat er ihn vergessen. Da, schaut her: *Das Gartenspiel für den Besitzer eines Lusthauses in Kärnten*. Das hat er für uns geschrieben, weißt du noch, Maja? Einiges wurde sogar aufgeführt, unter anderem mit Bibiana Zeller, glaube ich. Anderes habe ich selbst vertont. *Die Rosen der Einöde* etwa.«

»Das war nicht schön von ihm, dass er sich öffentlich beklagt hat«, tadelte Maja. »Niemand hat ein Honorar von uns bekommen. Aber dafür durfte jeder bei uns wohnen, solange er wollte. Bei freier Kost und Logis.«

»Fragt den Turrini! Der kann das bestätigen.«

Frau Lampersberg sagte: »Thomas hat immer das Grüne Zimmer für sich beansprucht. Nie wollte er ein anderes haben, weder die Rote Kammer noch den Gelben Salon. Wenn er seinen Besuch ankündigte, mussten wir für ihn das Grüne Zimmer herrichten. War das Grüne Zimmer belegt, etwa vom Kulterer, dann musste der Kulterer seinen Koffer packen, das Grüne Zimmer räumen und in den Gelben Salon ziehen.«

»War das nicht der Bayer? Der sich selbst immer Goldenberg genannt hat, und mich Silberstein. Der Konrad Bayer?«

»Nein, das war der Kulterer! Keine Widerrede! – Aber wie sollten wir ihm erklären, dass er den Grünen Salon räumen und in den Gelben Salon umziehen musste? Wie hätte man das plausibel machen können, ohne ihn zu kränken? Kann mir das jemand verraten?«

Maja schien die Frage nach all den Jahren noch Sorge zu bereiten. »Wenn Thomas nach Maria Saal kam, stürmte er gleich ins Grüne Zimmer. Einmal hatte der Kulterer dort seinen Bademantel liegenlassen, diesen grässlich abgeschossenen und verwaschenen Fetzen. Erinnerst du dich? Da wäre der Thomas beinahe wieder abgereist.«

Lampersberg ergänzte: »Tatsächlich ist der Gelbe Salon viel schöner als das Grüne Zimmer, weil der Gelbe Salon ein Eckzimmer ist und über drei Fenster verfügt – zwei gen Süden und eines gen Osten. Dadurch hat er von morgens neun bis nachmittags vier, wenn die Sonne im Apfelbaum verschwindet, am meisten Licht. Trotzdem bestand der Thomas auf dem Grünen Zimmer, das ihm die besten Arbeitsbedingungen bot. Es sei für seine Zwecke geradezu ideal, beharrte er.«

Lampersberg räumte den Koffer beiseite und zeigte auf den Tisch: »Und auf diesem Tisch habe ich ihn vergewaltigt, naturgemäß.«

»Die Geschichte musste ja noch kommen«, seufzte seine Frau und überlegte, ob sie Dr. Pichler anrufen sollte, um ihren Mann endlich zu entmündigen und in die Trinkerheilstätte Kalksburg einweisen zu lassen.

»Welche Geschichte?«, wollte Aleph wissen.

Unterdessen blätterte Haider in seiner Fassung von *Holzfällen*: »Hier steht's: Der Auersberger habe immer junge Schriftsteller in seinem Bett gehabt, und er, er sei einer der Ersten gewesen, die ihm in die Falle gegangen seien.«

Nach einiger Zeit sagte Lampersberg: »Also, was ist? Gehen wir jetzt zu der Vernissage von dem Gironcoli oder nicht? Danach können wir immer noch ins Hawelka.«

Die Galerie befand sich in einer ehemaligen Schreinerei in der Wolfganggasse, wo Paul Feyerabend seine Kindheit verbracht hatte. Wie immer bei solchen Anlässen wurde die Feier von Gironcolis Vasallen beherrscht, die sich nach einiger Zeit, als es nichts mehr zu trinken gab, buchstäblich auf die Straße ergossen, während die Neider und Missgünstigen den Meister nicht mal ignorierten – wie Nestroy zu sagen pflegte. Sie waren einfach zu Hause geblieben.

Auf dem Rückweg zum Naschmarkt konnte man den sturzbetrunkenen Lampersberg krakeelen hören: »Die Wiener gehören ausgerottet, die ganze Menschheit gehört ausgerottet.«

Maja versuchte ihn zu beschwichtigen: »Ach Lamperl, die Wien ist doch schrecklich schön und die Menschheit ist gut. Was regst du dich denn so auf?«

So kam es, dass Ende August 1984 in ganz Österreich ein Buch beschlagnahmt wurde, in dem ein namhafter Komponist sich aufs Übelste verunglimpft sah.

»Doch was ist davon zu halten, wenn der Autor später vorgibt, dass Auersberger mit Lampersberg nichts zu tun hat? Wo die Ähnlichkeit so augenfällig ist?«, fragte Aleph. Wenn man das für bare Münze nehme und nicht als Schutzbehauptung, um vor Gericht zu bestehen, könne das doch nur heißen, dass er jeden

Anspruch, in seinen Büchern die Realität zu meinen, von sich weist. Er verzichtet also auf den demonstrativen Charakter seiner Worte. Und demzufolge ist er als Interpret österreichischer Verhältnisse nicht ernst zu nehmen.

»Poesie ist Poesie und Schnaps ist Schnaps. Also, was soll die Erregung? Er wollte doch bloß mit den Zähnen klappern. Nur leider hat er mit der Zeit vergessen, was er tat. Er war ja auch schon über fünfzig und nicht mehr der Jüngste.«

Wie angekündigt, zog der Komponist seine Klage nach ein paar Monaten zurück. Als er den Freund auf dessen Vierkanthof in Ohlsdorf besuchen wollte, um den Vergleich mit ihm zu feiern, wurde ihm die Tür vor der Nase zugeschlagen. Alles Klopfen und Rufen half nichts: Thomas war beleidigt und ließ sich nicht mehr blicken. Bis der Nachbar, von dem Lärm angelockt, über die Straße kam und Lampersberg hastig in seinen Mercedes stieg und davonbrauste. In der Weinstube Spies in Gmunden fasste er den Plan, nun seinerseits ein Werk zu verfassen, um einen Schlussstrich zu ziehen. So entstand *Perturbation* (Klagenfurt: Ritter-Verlag 1987) als poetische Replik auf *Holzfällen*.

Nach der Wende

Lineares Erzählen schön und gut, dachte Aleph bei sich, doch das Selbstverständnis des Autors ist heute nicht mehr dasselbe wie vor zwanzig Jahren. Wir stehen an einem Wendepunkt: Der Kult des Authentischen hat ausgedient, Literatur ist Recycling, sie wird bevölkert von imaginären Fabelwesen wie dem Vogel Greif, dem Einhorn und dem Aleph. Wie der Kurator mit Bildern, so entwirft der Autor eine Dramaturgie aus fremden Versatzstücken, die nahtlos in sein Konzept passen. Von Krise kann also keine Rede sein, auch nicht von einer Krise der Linearität, wenngleich man zugeben müsse, dass das ein guter Titel für einen Vortrag war.*

Das dämmerte ihm, als er sich einen PC zulegte, der aussah wie eine Mikrowelle. Mit der Zeit wurde er Aleph so vertraut wie sein Wasserkocher oder seine Bröselmaschine, die er Gästen gegenüber gern als seine Haschisch-Bröselmaschine bezeichnete. Das war kurz nach der Wende, und die ersten Briefe, die er zusammen mit der Sterbeurkunde seines Vaters und der beglaubigten Abschrift des Erbscheins an das neu gebildete Amt zur Regelung offener Vermögensfragen der Stadt Jena schickte, waren schon mit Word für MS-DOS geschrieben und nicht mehr mit seiner geliebten IBM-Schreibmaschine.

Mit den von ihm eingereichten Unterlagen konnte er belegen, dass er alleiniger Rechtsnachfolger seiner verstorbenen Tante, der Schwester seines Vaters, und daher rechtmäßiger Erbe eines Mehrfamilienhauses in Weimar sowie einer Landwirtschaft im nahen Ettersburg war, Luftlinie keine zwei Kilometer von Buchenwald entfernt.* Wie im Schloss Ettersburg, so waren 1945 in dem zur Landwirtschaft gehörenden Bauernhaus amerikanische Soldaten untergebracht, die dort ihre Spuren hinterlassen haben.

Unterdessen sei das Haus abgerissen worden. Auf dem brachliegenden Grund herrscht nun ein schlecht gelaunter Rottweiler, der jede Minute angebellt kommt wie ein Hund.

»Für mich stand von vornherein fest, dass ich verkaufen würde, wenn die Sache endlich besiegelt wäre. Ich hatte nämlich weder Lust noch Zeit, mich mit dem Denkmalschutz herumzuärgern.«

Die Immobilien waren »auf der Grundlage der Befehle Nr. 124 und 126 vom 30.10.1945 durch den Obersten Chef der Sowjetischen Militäradministration in Deutschland (SMAD) zunächst unter Sequester gestellt«, was so viel heißt wie in Verwahrung genommen, und später enteignet, also »in das Eigentum des Volkes überführt« worden.

Nachdem »keine Hinweise für eine Unwürdigkeit der Rechtsnachfolger« vorlagen und von den vormaligen Besitzern während der nationalsozialistischen Herrschaft nicht gegen die Grundsätze der Menschlichkeit oder Rechtsstaatlichkeit verstoßen worden war, konnte Aleph in absehbarer Zukunft mit einer sechsstelligen Entschädigung rechnen. Bis zu dieser Entscheidung hatte es zehn Jahre gedauert, weil seine Tante seit 1933 Mitglied der NSDAP und der NS-Frauenschaft und also aktive Nationalsozialistin war. Als Leiterin der Ortsgruppe der Frauenschaft hatte sie aber ausschließlich Sozialarbeit verrichtet, also Lazarette betreut, sich für die Organisation Mutter und Kind eingesetzt und Näh- und Flickstuben eingerichtet, weshalb sie lediglich zur Gruppe der »Belasteten« und nicht der »Hauptschuldigen« gehörte.

Unter anderem hatte sie im Lazarett die Bibliothek unter sich. Sie war »eine resolute Frau mit ernster Miene und sanfter Stimme«, wie Paul Feyerabend zu berichten wusste, der sie in den letzten Kriegstagen dort kennengelernt hatte.

»Ich glaube, er war verliebt in sie. Doch dann wurde er nach Apolda verlegt. Da wusste er noch nicht, dass er durch die Schussverletzung, die er sich im Kampf gegen die Russen zugezogen hatte, impotent geworden war. Aber ich weiche vom Thema ab.« Aleph entschuldigte sich, doch Andrea fand, dass die ganze Geschichte eine einzige Abweichung war.

Als Nutznießerin des Systems ohne »erhebliches Vorschubleisten« war sie am 6. Juli 1945 verhaftet und ins Speziallager Buchenwald verbracht und erst drei Jahre später wieder entlassen worden. 1952 ging sie in den Westen und starb 1968 in Kassel.

»Andere Belastungen gehen aus den vorliegenden Unterlagen nicht hervor«, hieß es in der Begründung. Der Entschädigungsanspruch wurde durch »Zuteilung von übertragbaren Schuldverschreibungen des Entschädigungsfonds« erfüllt. Diese sollten mit 6 Prozent jährlich verzinst und in zehn gleichen Jahresraten getilgt werden. Da Aleph auf das Geld nicht sofort angewiesen war, konnte er sich auf die regelmäßige Auszahlung einer erklecklichen Summe freuen, was ihm ein sorgenfreies Leben ermöglichte.

* * *

Vilém Flusser habe er nicht in Bern, sondern in Davos kennengelernt. Ein Bekannter aus Frankfurt hatte ihn auf einen Artikel in der *Süddeutschen* aufmerksam gemacht und ihm empfohlen, den Autor im Auge zu behalten. Aber da hatte er schon das eine und andere von ihm gehört und gelesen gehabt.

Stefan Bollmann, der später selbst Verleger wurde (»Warum wollen Sie Verleger werden?«, habe er ihn gefragt, als ob das völlig abartig wäre), arbeitete an einer Dissertation über den *Zauberberg* und war noch nie in Davos gewesen. Da Flusser dort an einem Kongress teilnahm, reisten sie gemeinsam dorthin.

Von Zürich kommend, wo Aleph den alten Theo Pinkus* noch kurz vor dessen Tod besucht hatte, mussten sie in Landquart umsteigen. Da entdeckte er Siegfried auf dem Bahnsteig gegenüber, wie er seine Freundin Ulla eiligst in den Zug schubste. Er hätte schwören können, dass er nach Davos wollte, dachte aber nicht im Traum daran, ihn davon abzuhalten, in den falschen Zug zu steigen. Doch dann begann er zu zweifeln: Vielleicht wollte er gar nicht zu dem Kongress, sondern mit der roten Bernina-Bahn nach Poschiavo, um Hildesheimer zu treffen?

Er fragte Urs Widmer, der im gleichen Abteil saß, was er davon hielt. Und der brummte: »Was geht mich das an? Ich habe den selbstverliebten Pascha noch nie leiden können.« Sprach's und konzentrierte sich wieder auf die Berge im Prättigau! Jakobshorn, Parsenn, Schatzalp – was für eine Landschaft! »Gopfertori«, murmelte er ein ums andere Mal.

Flussers Vortrag übers Pfeifenrauchen erinnerte Aleph an Wittling und dessen Begegnung mit Frisch, dazumal in der Kronenhalle. Pfeifenraucher unterschieden sich von Nichtrauchern durch ihre Abhängigkeit von Taschen, dozierte er. Was leicht nachvollziehbar ist, denn andauernd fummeln sie mit ihren diversen Pfeifen herum.

»Haben Sie C. C. Bergius je erlebt?«, flüsterte er Bollmann zu. »Der hat meist einen ganzen Koffer voller Pfeifen dabei. Ist der eigentlich verheiratet? Wissen Sie das zufällig? – Oder Günter Grass! Widerlich, dieser Gestank! Widerlicher als seine Gedichte!«

Pfeifentaschen gebe es viele – für zwei, vier, zehn oder mehr Pfeifen. Sie seien unerlässlich für jeden Pfeifenraucher. Oft böten sie auch noch Platz für Tabak, Reiniger, Filter und Stopfer. Es soll sogar Raucher geben, die ihre Hausschlüssel und Ausweise in der Pfeifentasche aufbewahren.

Flusser brachte das Kunststück fertig, sich vierzig Minuten lang über das Thema auszulassen: Es gebe Taschen für Tabak, Taschen für Pfeifen, ein Fach fürs Feuerzeug, eines für Pfeifenstopfer und eines für Pfeifenreiniger. An der Behauptung, dass der Tabakbeutel in der Hosentasche zu tragen sei, erkenne man den echten Pfeifenraucher.

»Der Hinweis, dass man Pfeifen nur mit dem Kopf voran in die Brusttasche des Jacketts stecken darf, kapiert jeder, auch Nichtraucher. Aber warum sollte man das Feuerzeug in der linken Rocktasche unterbringen? War Flusser vielleicht Linkshänder?«

Und welche Marken bevorzugte er? – Peterson, Savinelli, Dunhill? – Wieso rauchte er eigentlich noch, wenn die Freiheit durch allerlei Regeln derart eingeschränkt wird? Aleph meinte nicht die körperliche Abhängigkeit – die sei wieder ein Kapitel für sich. Sondern die Abhängigkeit von den Accessoires – von Feuerzeug, Pfeifenstopfer und Tabak.

»Warum kaut er keinen Kaugummi? Nun sagen Sie schon! Warum nicht? – Ich will es Ihnen verraten: Weil Kaugummi die Freiheit ebenso einschränkt wie Rauchen. Der Kaugummikauer muss jederzeit einen Kaugummivorrat haben. Wenn der Kaugummivorrat erschöpft ist, sollten die Mittel vorhanden sein, den Kaugummivorrat aufzufüllen. Also muss der Kaugummikauer anstatt der Pfeifentasche eine Kaugummitasche oder zumindest ein Portemonnaie bei sich tragen, immer und jederzeit. Und zwar möglichst mit etwas Geld darin, denn ohne Geld nützt das schönste Portemonnaie nichts, was sofort einleuchtet, nicht wahr?«

Aleph wedelte mit der Hand, fuhr mit ihr in die Hosentasche und in die Jacke, rückte die Brille zurecht, zupfte sich am Ohrläppchen und strich sich mit den Fingern durch die graue Mähne – und das in schneller Folge zwei-, dreimal hintereinander, wie ein Hampelmann. Obwohl er ein miserabler Schauspieler und Kabarettist war, wusste man gleich, dass er Flusser imitierte.

»Was für ein Fingertanz!«, sagte er. »Was für ein Säuseln und Brausen! Wie die Brille hüpft auf der krausen Stirn, ja Stirn! Auch wenn das Wellenspiel auf die Dinge der Welt verweist, geht es nicht um deren Beschreibung. Mit seinen simultanen Handbewegungen, seinem Synchrontanz vor den eng beieinander liegenden Augen bringt er die Wörter zum Plätschern. Es klappert die Mühle …«

Als sie nach dem Kongress den Rückweg antraten und mit der Rhätischen Bahn nach Landquart fuhren, war der Vortragsreisende in Sachen Rauchen schweigsam und geistesabwesend. Seine Finger ruhten ausnahmsweise auf der Sitzlehne, anstatt herumzufuchteln, als er plötzlich sagte: »Was für Abgründe zwischen Ihnen und mir! Ich bin ein Prager Jude, der in Brasilien lebt. Ihre Vorfahren haben mich vertrieben. Dennoch gibt es Verbindendes, um nicht zu sagen Verbindliches. Es gibt diese Brücken, sehen Sie: diese da …« – er zeigte aus dem Fenster – »und diese da …« – er zeigte wieder aus dem Fenster. Immer wieder zeigte er aus dem Fenster, wobei er mit dem Zeigefinger den Brücken folgte, die hinter ihnen im Nebel verschwanden. Dabei wäre das Gleichnis vom Fährmann viel besser geeignet gewesen, aber ein Fährmann war weit und breit nicht in Sicht.

Er fühle sich in mindestens vier Sprachen zu Hause. Das seien vier Möglichkeiten, die Welt zu sehen, und alle diese Möglichkeiten hätten eines gemeinsam: Sie dienten der Kommunikation. Wie die Brücken. Er übersetze seine Gedanken in Schrift. Dabei verwende er Zeichen, sodass sich die Gedanken zeilenweise entfalten, seitenweise von links oben nach rechts unten.

»Linear, wenn Sie so wollen. Viele Linien ergeben ein System, das auf etwas verweist, das außerhalb seiner selbst liegt – auf Ideen, Gedanken und Empfindungen.«

Zwar stütze er sich auf ein Raster aus Buchstaben und Ziffern, aber ihm gehe es nicht um die sprachliche Vermessung der Welt. Wenn das Bild in Worte gefasst werde und die Worte auf das Bild zurückwirken, sei sein Sprechen in erster Linie ein sozialpolitischer Akt.

Du denkst zu viel und sprichst zu wenig, habe seine Mutter früher oft zu ihm gesagt und ihn getadelt, weil er so schweigsam war. »Oder willst du, dass sie dich für hochmütig halten?«

Das schicke sich nicht, man müsse mitreden und gesellig sein. – Eingedenk dieser Ratschläge sei es ihm geglückt, am Leben zu bleiben.

* * *

»Wo waren Sie denn so lange? Sie waren doch nicht etwa krank?«

Die Frage hörte sich wie ein Vorwurf an. In der Tat, Andrea hatte mit ihrem Mann eine Schiffsreise unternommen: einmal mit dem Bananendampfer durch den Panamakanal nach Guayaquil – für Landratten wie sie ein besonderes Erlebnis. Was für ein Spektakel! Wenn das Schiff leise durch den Urwald gleitet. Da geht es zu wie auf dem Schulhof in der großen Pause: ein Krächzen und Pfeifen, ein Blöken und Kreischen. – Im Herbst wollten sie aber wieder zum Camping nach Oberösterreich.

»Gehe ich recht in der Annahme, dass der Panamakanal eng mit ihrer Kindheit verbunden ist?«

»Bei der Asche meines einarmigen Vaters: Nein! Ich glaube, Sie verwechseln mich! Mitten auf dem Atlantik fühlt man sich wie ein eingesperrtes Eichhörnchen.«

»Wie bitte?«

»Ich glaube, Sie verwechseln mich.«

Aleph war keineswegs schwerhörig, seine Ohren waren in Ordnung. Wenn er nichts verstand, dann weil er unkonzentriert war. Und eben fiel ihm ein, dass er von ihr geträumt hatte: Er fuhr mit der Tendabahn (vielleicht war es aber auch die Sauschwänzlebahn, denn teils wurde Schwäbisch, teils Italienisch gesprochen) und mit ihm saßen lauter Bekannte im Abteil: außer Andrea sein Schulfreund Rudolf, seine erste Liebe, sein Bruder, der Verleger Jonas Wittling und Achternbusch, Herbert Achternbusch. Und alle redeten auf ihn ein und versuchten, ihm die Mütze zu entreißen, seine schwarz-rot-goldene Pudelmütze. Endlich warf er sie freiwillig aus dem fahrenden Zug, dann war Ruhe. Es war so ruhig, dass ihm unwohl dabei wurde … Irgendwie fühlte er sich schuldig, und am liebsten hätte er sich betrunken gemacht.

»Wollen wir in ein Café gehen?«, schlug sie vor.

»Wenn es denn eines gäbe! Hier ist eines grässlicher als das andere. Gehen wir lieber gleich ins Altersheim.«

»Auch wieder wahr. Sie können es einfach nicht besser.«

»Sie haben von der Kampagne für Gott, Fürst und Vaterland also nichts mitbekommen?«

»Nein«, antwortete sie. »Rein gar nichts. Ich fand bloß den Aufkleber im Briefkasten.«

»Für *Gott* lasse ich mir ja noch gefallen, wenngleich die Wortwahl unzeitgemäß ist. Gott bedeutet Leben. So steht es in der Bibel, glaube ich. Doch *Fürst* erinnert an den Führer, und einer reicht. Er war es, der uns nach Stalingrad geschickt hat, damit wir dort fürs *Vaterland* sterben.«

»Sie in Stalingrad?«

»Gott sei Dank nicht!«

»Was ist eigentlich aus Ihrem Bruder geworden? Wie hieß er gleich? Odin oder Wotan?«

»Auf der Flucht erschossen. Er war eines der ersten Opfer der Mauer.«

»Oh, das tut mir leid.« Das war nett gemeint, aber völlig überflüssig.

Einmal jährlich, fing er wieder an, luden Dieter und Fridolin Freunde und Kollegen, Schriftsteller und Künstler zu sich nach Lichtenbuch ein. Von Salzburg ist das bloß ein Katzensprung. Kein fliegender Teppich legte die Strecke schneller zurück als ihr BMW-Sportcoupé. Mit seinen Streifen sah es aus wie ein Zebra. Kein Wunder, dass alle in die Hände klatschten und stehenblieben, um das rotgrüne Leuchten seiner Augen zu bewundern, wenn es vorüberflog.

Dort in traumhafter Lage über dem Attersee verbrachten die Brüder den Sommer. Von Anfang Juli bis Mitte September bewohnten sie zwei Flügel ihres billig erstandenen und aufwendig renovierten Vierkanthofs an sonniger Lage. Der Mittelflügel diente als Büro und Empfangshalle, während rechts und links der Einfahrt die Wohn- und Büroräume lagen. Und natürlich die Garderobe mit Lodenmänteln, Hüten, Mützen und unzähligen Paar Schuhen. Beide, Dieter und Fridolin, liebten es, sich zu verkleiden.

Auf der Nordseite, von Obstbäumen umgeben und den Blicken weitgehend entrückt, befand sich eine Scheune mit mehreren Parkplätzen, und davor stand der rote Traktor, mit dem die Brüder, beide in kurzen Lederhosen und mit einem Dreispitz-Trachtenhut, zum Einkaufen oder auch bloß zum Vergnügen durchs Dorf tuckerten. Im Hof selbst waren nur Fahrräder erlaubt. Kinderwagen allenfalls. Jedenfalls keine Motorfahrzeuge. Mitten im Hof eine alte Linde, um die herum sie einen schattigen Sitzplatz errichtet hatten. Dort wurden regelmäßig Konzerte und Lesungen veranstaltet. Nur das Bimmeln der Kuhglocken drang bis zu ihnen herein, was aber niemanden zu stören schien. »Urig« fanden das die Gäste von jenseits des Mains.

Diese Verquickung von Privatem mit Geschäftlichem, die auf den ersten Blick so vorteilhaft erscheint, sollte Jahre später, als aus der Wittling Familienstiftung eine Kommanditgesellschaft wurde und Anteile in die Hände eines Raffzahns gerieten, noch zu massiven Problemen führen und über Gedeih und Verderb des Verlags entscheiden. Heinrich Wohlwend*, der berüchtigte Treuhänder und furchtbare Jurist aus Vaduz, der sein Glück auf dem Unglück anderer baut, hatte es mit zwei, drei Sätzen vom Misthaufen zum Millionär gebracht und wollte mit dem Verlag nun endlich Gewinn erzielen.

Aleph verdankte den Hinweis auf Meschkoffs Aufzeichnungen dem Übersetzer Peter Urban, der mit dessen Sohn Jurik bekannt war. Jurik Meschkoff, Sohn von Viktor Pawlowitsch und Jewdokia Michailowna Meschkoff, war auch schon über siebzig und lebte seit 1990 in Wien. Vorher hatte er in Moskau als Simultanübersetzer und Fremdenführer gearbeitet. Da er gelegentlich für die Wittlings tätig war, kam er regelmäßig nach Lichtenbuch.

»Mein Vater war ein Krieger, ein Kämpfer – oder *Woinow*, wie sagen wir Russen. Er verdiente Geld als technischer Berater der Marmorwerke *Farbige Steine*. Kurz nach der Oktoberrevolution galten Akademiker oder sogenannte Geistige als bürgerlich und mussten ständig um ihr Dasein fürchten. Deshalb er lebte nach dem Grundsatz: Die vornehmste Tugend des Staatsbürgers ist es, den Menschen zu misstrauen.«

Nach allem, was er heute wisse, sei Viktor dadurch zum Zyniker und Egoisten geworden, dem jedes Mittel recht war, seine Haut zu retten.

»Früher nannte man das einen Ränkeschmied«, erklärte Aleph.

Pikanterweise habe ihn genau diese Charaktereigenschaft schließlich nach Sibirien gebracht. Bei seinem Tod gelangten die umfangreichen schriftlichen Notate in die Hände seiner Frau, die aber mit dem Vater ihres Kindes nichts mehr zu tun haben wollte. Deshalb blieben die Aufzeichnungen – über eine Million Anschläge oder rund 630 Normseiten – bis in die Siebzigerjahre einfach liegen. Niemand hatte Zeit oder Lust, sich damit zu befassen.

»Ich mich schäme, wenn ich die Arbeit meines Vaters lese«, fuhr Jurik fort. »Wie er mit meiner Mutter umspringt zum Beispiel! Wie er sich an ihr rächt. Dabei er ist selbst nicht frei von Schuld. Beide stecken tief in Double-Bind-Falle. Oder wie er seine eigene todkranke Mutter behandelt! Seine Respektlosigkeit, als sie stirbt. – Wie Wadim Maslenikow.«*

Er liebe es, Menschen zu quälen, soll eine Freundin zu ihm gesagt haben, und dabei hatte sie ihn restlos durchschaut: Jurik machte keinen Hehl daraus: Viktor war ein Egoist, Sadist und – Kotzbrocken sondergleichen.

»Dennoch ich bewundere seinen Scharfsinn. Ein zynischer Kotzbrocken, gewiss, aber seine Strategie war genial, einfach unübertrefflich. Wenn ich für das Veröffentlichen seines Berichts plädiere, dann nicht, weil er war mein Vater, sondern weil das

Werk psychologisch und historisch aufschlussreich, spannend und streckenweise sogar komisch ist.«

Aleph, der selbst kein Russisch konnte, verlangte ein Gutachten, und Jurik sagte: »Können Sie haben. Ich weiß alles auswendig.« Also erzählte er der Reihe nach: Etwa wie sein Vater sich den Anschein gab, als wüsste er, wie das sozialistische Reich zu errichten sei. Deshalb sei er bestrebt gewesen, den neuen Machthabern die größten Hirngespinste schmackhaft zu machen, indem er die Marmorwerke im Ural in eine Fabrik für Kunsthandwerk und Nippes umzuwandeln empfahl.

»Freilich man habe noch nie erlebt, schreibt er, dass sich Kommunist von einem Parteilosen belehren ließe, aber wenn der Abbau drohte, musste er alles versuchen, um seine Stelle bei Firma zu behalten. Dabei konnten gute Kontakte zu Vorgesetzten – in diesem Fall zu Genosse Semjon Petrowitsch Krapin – lebensrettend sein. Der Mensch braucht Verbündete, gestern wie heute. Ohne Verbündete sind Sie so gut wie tot.«

Alfred Grebnjoff hatte dafür nur Spott übrig. »Nun, alter Freund, baust du eifrig an der Errichtung des Sozialismus? Machst dich lieb Kind bei den sozialistischen Nachbarn?« Als ehemaliger Gutsbesitzer stand Alfred dem Sozialismus ablehnend gegenüber. Doch das war nicht der einzige Grund, warum Viktor ihm misstraute.

»Alfred hatte ein Auge auf meine Mutter geworfen, und Viktor zu ihm sagte: Ich traue dir nicht über Weg. Wir leben in einem Land von Menschenfressern, und du bist wie alle anderen imstande, eine Niedertracht an mir zu begehen. – Wie recht er hatte!«

Wagemut und Rücksichtslosigkeit, das waren Eigenschaften, für die Viktor eintrat, denn in Handschuhen lasse sich der Sozialismus nicht errichten. Je mehr er fürchtete, dass ihm seine bürgerliche Herkunft im Weg stand, desto rücksichtsloser wurde er. Dann schreckte er auch nicht vor gezielt gestreuten Gerüchten, Rufmord und Lügen zurück. Die hohe Kunst der Verstellung beherrschte er perfekt. Er war ebenso berühmt wie berüchtigt dafür, dass er in aussichtslosen Lagen eine Lösung fand. Seine Winkelzüge waren oft derart raffiniert, dass er über sich selbst am meisten staunte. Heute habe ich mich wieder selbst übertroffen, dachte er in solchen Fällen. Doch dann wurde er selbst Opfer seines Ränkespiels.

Alles begann damit, dass die schöne Lilli in sein Leben trat. Eines Tages stand die ehrgeizige junge Frau im Büro. Obwohl Krapin zunächst gegen sie eingenommen war, weil er eigentlich einen Mann erwartet hatte, machte sie sich bald unentbehrlich. Dabei rankten sich allerhand Geheimnisse um sie – allem voran in der Person des undurchsichtigen Kunstmalers Mon, von dem sie beschattet und bedroht wurde.

»So eine Art Kierkegaard«, sagte Aleph. »Stalker gab es also früher auch schon.«

Andrea überlegte, ob sie ihm von ihrer eigenen Erfahrung berichten sollte: wie ihr Freund glaubte, sie Tag und Nacht belästigen zu müssen, nachdem sie ihn abserviert hatte. Der Idiot hat meine Guppys auf dem Gewissen, dachte sie. Er war es, der das Spülmittel ins Aquarium gekippt hat. Seinerzeit, als sie noch Lehramt in Konstanz studierte, war Stalking noch kein Straftatbestand.* – Doch dann behielt sie den Vorfall lieber für sich.

Mit ihren 21 Jahren schien Lilli genau zu wissen, was sie wollte. Um ihre bürgerliche Herkunft zu verschleiern und sich abzusichern, hielt sie es für angebracht, einen Kommunisten zu heiraten. Ihre Wahl fiel auf Krapin, ihren Vorgesetzten, der ihretwegen seine eigene Ehe opferte, aus der er zwei Kinder hatte. Zu dumm, dass sich sein Sohn Wolodja seinerseits in sie verliebt hatte. Er war ganz verrückt nach ihr – so verschossen in sie, dass er zu allem bereit war, wie er in einem unbeherrschten Moment gestand.

Nach vielen Winkelzügen und Intrigen zwischen Viktor, Dußja, Lilli und Mon, zwischen Alfred, Nina, Krapin und Wolodja (es würde zu weit führen, das alles nachzuerzählen) nimmt das Schicksal seinen Lauf: Einen Tag nach Lillis Hochzeit findet Viktor die junge Frau in Krapins Wohnung in ihrem Blut liegend. In der Annahme, dass sie noch lebt, trägt er sie aufs Bett, als er merkt, dass sie tot ist. Da gerät er in Panik. Blutbesudelt, wie er ist, zweifelt er nicht daran, dass man ihn sofort festnehmen wird, wenn man ihn so ertappt. Deshalb lehnt er den Leichnam wieder ans Fensterbrett, genau so, wie er ihn vorgefunden hat, wäscht sich sorgfältig die Hände und wechselt die Kleider. Dann verlässt er die Wohnung, um den blutbefleckten Anzug zu verstecken. Als er nach zwei Stunden zurückkehrt, ist die Tote schon entdeckt und die polizeilichen Ermittlungen sind in vollem Gange. Als Hauptverdächtigen hat die Polizei den eifersüchtigen Wolodja im Visier.

Viktor glaubt jedoch nicht an dessen Schuld. Er vermutet, dass Mon der Täter ist. Vermutlich hält sich der sogar noch im Garten auf. Viktor kann den Kommissar dazu bewegen, die Lichter zu löschen, und in der Tat – nach einigen Minuten löst sich eine Gestalt aus der Dunkelheit und nähert sich dem Fenster, durch das der Leichnam zu sehen ist. – So wird Mon gefasst.

Doch diesmal geht die Rechnung nicht auf: Der Kunstmaler hatte nämlich beobachtet, wie Viktor die Tote zum Bett und zurück ans Fenster geschleppt und sich dabei mit Blut besudelt hat. Überdies will er gesehen haben, wie er sich gewaschen und umgezogen hat. Danach, so Mon, habe Viktor das Haus mit einem Bündel unter dem Arm verlassen – vermutlich mit seinem verschmutzten Anzug, den er unauffällig fortschaffen wollte. Schließlich hatte Viktor in der Aufregung auch noch seine Aktentasche am Tatort vergessen. – Die Beweislage war eindeutig. Nun gab es keinen Ausweg mehr, und damit war sein Schicksal besiegelt.

Aleph fragte: »Und bei wem liegen die Rechte?«

»Bei mir.«

»Haben Sie auch schon einen Übersetzer im Auge?«

»Herr Urban vielleicht?« Er habe sich erlaubt, eine Probeübersetzung in Auftrag zu geben. Jurik zog mehrere Blätter hervor und bat den ebenfalls anwesenden Übersetzer, daraus vorzulesen:

»Jetzt, da ich mit meinen Erinnerungen allein bin, ziehen die Ereignisse der letzten Zeit in ungestümem, ja unheimlichem Reigen an mir vorüber. Ich suche immer wieder zu ergründen, wer an dem jähen Unheil schuld war: ich, der alle überlisten wollte, oder eine verhängnisvolle Verknüpfung mannigfacher Umstände?

Unvergesslich der Tag, an dem alles begann; es war am 3. August. Bis dahin durfte ich mich einen vollkommen glücklichen Menschen nennen. Ich arbeitete im Trust Farbige Steine, wo ich den verantwortungsvollen Posten eines fachmännischen Beraters bekleidete. Ich war in meine Frau Dußja verliebt, hatte einen vierjährigen Sohn, eine Drei-Zimmer-Wohnung und bezog ein Gehalt von dreihundert Rubeln monatlich, kurz, meine Lage war so glänzend, dass alle übrigen Angestellten mich beneideten. Zwar gab es keinerlei Gewähr, dass ich mich auf meinem Posten längere Zeit würde halten können, da bei uns, wie überall, ein beständiger Wechsel stattfand, aber ein ungesichertes Dasein ist ja das Los aller Angestellten.

Vorsitzender unseres Betriebsrats war der Kommunist Krapin. Zwischen ihm und mir herrschten sehr verwickelte Beziehungen. Krapin, ein willensstarker hartnäckiger Mann von ungewöhnlicher Arbeitsfähigkeit, betrachtete uns Geistige als Mittel zur Erreichung der hohen Ziele des Sozialismus. Er schätzte mich als Fachmann, misstraute mir aber gleichzeitig. Es sei hier vermerkt, dass die vielbesprochene russische Seele, die sich schon immer durch Undurchsichtigkeit auszeichnete und überhaupt zu weiß der Teufel was für Verzerrungen fähig ist, neuerdings unter dem Einfluss unseres vulkanischen, ich möchte sogar sagen tragischen Zeitalters besonders widernatürliche Formen angenommen hat.«

Drei, vier Personen, Frauen und Männer, darunter der Landwirt aus der Nachbarschaft, dessen Sohn die erste Klasse des Gymnasiums in Nussdorf besuchte, hatten sich zu ihnen unter den Lindenbaum gesellt und klatschten zaghaft Beifall, als Urban von seinem Vortrag aufblickte. Er war nicht sicher, ob er weiterlesen sollte.

»Hört sich gut an. Doch was soll das sein? Eine antistalinistische Streitschrift? Eine Satire auf den Sozialismus?«

»Bedenken Sie Zeit, in welcher wir leben. 1930 wäre antisowjetische Propaganda gewesen, doch das ist endgültig vorbei. Heute wir sehen alles mit Distanz. Folglich können die Zeilen als Satire auf Vergangenheit gelesen werden, als Bubenstücke, oder wie heißt bei Ihnen.«

»Dann schon eher als Schurkenstück oder Schelmenroman! Also lassen Sie mich nachdenken: Das teuerste dürfte die Übersetzung sein. Ich rechne mit 15.000 DM. Da müssen wir eine Geldquelle finden.«

So widmeten sie sich dem Konzept und kümmerten sich um die Finanzierung, bevor sie das Manuskript dem Wittling-Verlag anboten. Es dauerte drei Jahre, bis es unter dem Titel *Farbige Steine* endlich erschien. Die Ausstattung war ansprechend, die Übersetzung ebenso, und dennoch ging das Buch sang- und klanglos unter. Es wurde kaum besprochen und war bald nur noch antiquarisch zu haben – eines von vielen Opfern des schnelllebigen Marktes.

»Sie kennen das Buch nicht zufällig, oder?«, fragte Aleph.

»Nein! Aber ich würde es gerne lesen. Man findet es bestimmt im ZVAB.* Wie war doch gleich der Name des Autors?«

»Es erschien unter dem Pseudonym Aleksandra Ivanovna Woinowa. Das war vielleicht unser größter Fehler. Jedes Buch bekommt nicht mehr als eine Chance. Wenn es da nicht klappt, klappt es nie. Anders als heutzutage bei E-Books: Wenn der eine Titel nicht funktioniert, dann vielleicht der andere. So ein Cover ist schnell ersetzt, und kein Mensch merkt, dass es schon der zweite oder dritte Versuch ist.«

Am Ziel

Unlängst sei er gefragt worden, was er von der Kulturförderung im Allgemeinen und der Literaturszene im Besonderen halte. Als er zögerte, folgte sogleich die nächste Frage: Ob nämlich die Literatur, im Vergleich zu anderen kulturellen Aktivitäten, ins Hintertreffen gerate.

Aleph erklärte: »Schlagen Sie doch die Kulturseiten der Tageszeitungen auf! Die werden beherrscht von Musik! Von Blasmusik bis Streichquartett … Oder schalten Sie einen von diesen Kultursendern im Fernsehen ein: Pop-Musik von früh bis spät! – Auf die Gefahr hin, dass Sie mich für einen Banausen halten … Ich kann es nicht mehr hören! Aber so ist das nun mal: Musik regiert die Welt, mehr noch als Geld. Daneben sieht Literatur ziemlich alt aus, ganz zu schweigen von anspruchsvoller Literatur, was immer das ist.«

Gleichwohl lasse sich nicht leugnen, dass in jüngster Zeit auf dem Sektor Literaturförderung viel passiert sei. Konnte man vor zehn Jahren diejenigen, die schreiben, an einer Hand abzählen, so braucht man heute zwei dazu. Gemessen an der Einwohnerzahl sei das beachtlich.

Zufällig flatterte ihm kurz darauf der Jahresbericht der Kulturstiftung ins Haus, und da stand es schwarz auf weiß: Literatur macht 7 Prozent der Kulturförderung aus – gegenüber 36 Prozent für Musik, gefolgt von Interdisziplinären Projekten und Audiovisuellen Medien.

Was ist das für Literatur?, fragte er sich. Und wo findet sie statt? Im Literaturhaus? Im PEN-Club? – Die einen übten sich in der Kunst des Vermeidens, die anderen in der Kunst des

Verschwindens. Deshalb seien beide so gut wie unsichtbar. Es gebe Autorinnen und Autoren verschiedenster Art, denen man bei Lesungen, auf der Bühne des Theaters oder in Büchern und Zeitschriften begegnen könne. Wie schrieben die so? Wenn ein Krimi, der Ende des 19. Jahrhunderts in Wien spielt, stilistisch an Schnitzler erinnert, dann entbehrt das nicht einer gewissen Logik. Aber was heißt das schon! Für einen Angelsachsen hört sich sowieso alles wie Tolstoi an. Einer von denen, die schreiben, werde mit Heine verglichen, ein anderer mit Kehlmann.

Schmetterlinge seien für Ignaz Fischer eine Quelle der Inspiration. Ohne Schmetterlinge könne er gar nicht schreiben. Dass er kürzlich seinen 70. Geburtstag feiern durfte, verdanke er nach eigener Aussage seinen geliebten Schmetterlingen. »Ohne sie wäre ich schon lange nicht mehr am Leben. Sie zwingen mich an den Schreibtisch«, soll er zu Aleph gesagt haben. Ein Querulant und Nörgler habe den possierlichen Tierchen daher vorgeworfen, für eine Reihe überflüssiger Gedichte und Lieder verantwortlich zu sein. Die Tierchen hätten ihre Kompetenz überschritten, so der Vorwurf, während Tierschützer das Benehmen des Schriftstellers tadelten: Er hätte die Schmetterlinge nie zwingen dürfen, mit ihm zu kooperieren, denn das Schreiben von Gedichten sei nicht artgerecht und gegen ihre Natur. Radikale Entomologen wollten jetzt sogar Anzeige erstatten, weil der Verdacht bestehe, dass die Falter seine Gedichte womöglich allein geschrieben hätten. Andere – wie Frederik Sjöberg, der berühmte Schwebfliegensammler aus Schweden, dessen Sammlung in Venedig auf der Biennale zu bestaunen war – nähmen die Tiere dafür in Schutz: Sie könnten nichts dafür … Was endlich auch der Kritiker einsah. – Jüngst soll Ulrich Büchel aus Balzers angefragt haben, ob er die Schmetterlinge mal ausleihen dürfe.

Ganz anders Quirin Vogt: »Mein Genie ist der Schlüssel zur Welt. Habe ich doch schon mit meinen Balladen bewiesen, was in mir steckt.« Sekundiert wird er von seinem Bruder im Geist, der heimlich Jerry Cotton liest (das Beste, was man in schlaflosen Nächten tun kann, wenn der Mord sich ins Zimmer schleicht). Wieder ein anderer kämpft verbissen um die Deutungshoheit im Fall des Landesverräters Alfred Quaderer, der am 7. Juni 1944 in einer Kiesgrube bei Zürich hingerichtet wurde. Weitere Einzelheiten sind nicht bekannt.

Zum Schluss sei auch noch die Königin erwähnt, die sich pikiert in ihrer Wildnis im Gebirge verschanzt hat. Einmal jährlich steigt sie vom Berg herab wie einst Zarathustra, um das Volk um sich zu scharen, das dort auf dem Marktplatz an ihren faltigen Lippen hängt. Sie beherrscht die Kunst, mit wenig Worten wenig zu sagen, während der König, von Teelichtern illuminiert und friedensbewegt, andere für sich schreiben lässt, anstatt selbst Hand anzulegen.

»Und was ist mit Wolfgang Frick?«

»Ach der! Mit dem ist gar nichts.«

* * *

»Kein Thema«, sagte Reich-Ranicki, als er auf dem Kritikerempfang darauf angesprochen wurde. Aleph fand das nicht weiter verwunderlich, dachte aber fraglos: Wie kommt der eigentlich dazu zu bestimmen, was Thema ist und was nicht? Da brüstet sich die alte Silberdistel quasi vor laufender Kamera, noch nie etwas von Aleksandra Ivanovna Woinowa gehört zu haben, und trägt die Ignoranz wie einen Teppichklopfer vor sich her: *Dulce et decorum est nescire.** Dabei hätte er die Russin sehr wohl bemerken können, wenn er nicht wie alle anderen bloß das Verlagsprogramm von Suhrkamp, Hanser und Rowohlt im Kopf gehabt hätte. Und sich blenden nicht ließe von Vorschusslorbeeren und Startauflagen von 20.000 und mehr.

»Wunschträume und Hirngespinste eines Werbeleiters! Daran glaubt doch keiner mehr!« Nicht dass es solche Auflagen nicht gäbe, doch das seien Ausnahmen. Was in der Vorschau stehe, sei nichts weiter als Wunschdenken – Werbung eben.

»Was ist denn Ihrer Meinung nach ein Thema?« Es war absehbar, dass er gleich mit Thomas Mann anfangen würde – man kennt das ja von ihm, dachte Aleph: Thomas Mann sei ein Genie, anders als Hesse. Müßig, beide miteinander zu vergleichen! Thomas Mann und Hermann Hesse spielten in einer ganz anderen Liga, auf unterschiedlichem Niveau. Der eine sei ein Genie, der andere ein Talent. Er zweifle nicht daran, wer von beiden überdauern werde.

Volker Michels*, Zeuge dieser Begegnung geworden, nahm Aleph später beiseite und raunte ihm zu: »Ich hab's gewusst. Als Raddatz, dessen DDR-Literaturgeschichte ich betreuen durfte, mich ihm vorgestellt hat, wurde ich nach meinen Plänen gefragt. Darauf, dass ich mich um Hesses Nachlass kümmern wollte, meinte er bloß: Da können Sie ja gleich mit Ganghofer weitermachen. Und schon hielt er nach ergiebigeren Gesprächspartnern Ausschau.«

Aleph antwortete: »Wenn ich die Literaturbeilagen der Zeitungen analysiere, stelle ich fest, dass vielleicht ein Dutzend Publikumsverlage berücksichtigt werden, darunter ein paar Günstlinge der Götter wie Klöpfer & Meyer oder Wallstein, dessen Gründer Thedel von Wallmoden eine Zeitlang als Unselds Kronprinz galt. Vielleicht schauen ihm die Literaturkritiker deshalb so genau auf die Finger.«

Die anderen im Mittelfeld orientieren sich an der *ZEIT*, der *FAZ* und der *Süddeutschen*. Was dort keine Beachtung finde, schaffe es nicht mal in den *Flensburger Boten*.

»Im Gleichschritt, Marsch! So funktioniert die natürliche Auslese.«

Sogar innerhalb desselben Verlagsprogramms gebe es eine Rangordnung. *Die Ausschweifung* von Genazino sei zum Beispiel schon 1981 bei Rowohlt erschienen, aber da die Ankündigung in der Vorschau erst auf Seite 34 (dazu auf einer linken) stand, waren die Vertreter schon zu müde, um noch eigens darauf hinzuweisen. Ganz zu schweigen von den Einkäufern im Sortiment, die sich auf Bestseller konzentrieren. Für den Geschäftsmann ein klarer Fall: Lieber Stapelware als Blütenlese.

»So überrascht es nicht, dass überall dieselben Bücher rumliegen. Dabei reden alle vom Kulturgut Buch. Der Händler pocht auf die verminderte Mehrwertsteuer, verteidigt das Remissionsrecht und ordert doch bloß *Harry Potter, Twilight* und *Shades of Grey*. Kein Wunder, dass die Vampire los sind und Tausende von unbedarften Lesern plötzlich in die Tasten hauen.«

Ach, dieser ewige Schwanengesang!, dachte Andrea. Der macht mich ganz rammdösig mit seiner Kulturkritik! Entstehen nicht immer wieder kleine Buchläden, die eine ganz bestimmte Community bedienen?, dachte sie. – Community, so heißt das Zauberwort im Zeitalter von Facebook und Twitter. Sie senkte den Blick und sah dabei wie eine alte Schildkröte aus.

* * *

Die Londoner Buchmesse war kein Pflichttermin und hatte für Aleph eigentlich kaum Bedeutung. Dennoch traf er immer gern mit Andrew White von der Agentur White & Son zusammen Das geschah entweder in Frankfurt oder London, sofern er einen entsprechenden Auftrag hatte und jemand für die Kosten aufkam.

Andrew (»Ich darf Sie doch Andrew nennen?«) verstand sein Geschäft. Als Literaturagent der alten Schule schätzte er die Chancen eines Buches realistisch ein. Aleph wusste, dass er ihn zu nichts überreden konnte. Daher prüfte er genau, welche Titel aus dem Wittling-Verlag er ihm für den angelsächsischen Markt anbieten konnte und welche nicht.

»Mir gefielen seine stabilen, handgenähten Lederschuhe, seine dicken Cordhosen und sein Harris-Tweed-Sakko mit Lederbesatz. Dazu die Hornbrille, die über jeden Modetrend erhaben war. Man erkannte in ihm sogleich den Cambridge-Absolventen.«

Als Andrew ihn Thomas Wood vorstellte, hatte dieser eben sein Buch über den polnischen Widerstandskämpfer Jan

Karski veröffentlicht.* Thomas war ein echter Sonny-Boy; nie hatte man ihn mit Krawatte gesehen. Meist trug er ein Sweat-Shirt irgendeines New Yorker Colleges, das er ungeniert über den Kopf zog, wenn ihm zu warm wurde. Dann kam darunter das nicht immer lupenreine bunte T-Shirt zum Vorschein.

Thomas kündigte an: »Ich muss Karski im Hotel abholen. Danach gehen wir essen. Kommt jemand mit?«

Eigentlich hatte er keinen Hunger, doch Aleph schloss sich ihm trotzdem an. Er könne nicht behaupten, dass es ein lustiger Abend geworden wäre. Der Amerikaner mit polnischen Wurzeln war durch und durch Aristokrat, stets zuvorkommend und respektvoll, doch nie überschwänglich. Die Narben, die er von den Foltern der Gestapo zurückbehalten hatte, trug er mit Würde ... stolz wäre übertrieben, vielmehr waren sie ein Teil der Persönlichkeit – wie die brennende Zigarette in seiner Linken. Wenn es nicht zudringlich gewesen wäre, hätte man ihn gern dazu befragt.

»Er war immerzu und jeden Augenblick glaubhaft. Er sagte: Ja, mein Herr? Und ich schämte mich wieder, Deutscher zu sein.«

Von den Chassiden habe er gelernt: Der Ursprung aller Konflikte besteht darin, dass der Mensch nicht sagt, was er meint, und nicht tut, was er sagt. Er hingegen wusste, was er zu tun hatte, auch wenn das Ergebnis seiner Mission letztlich enttäuschend war. Er habe getan, was er tun musste. Sein Weg war vorgezeichnet.

In London fassten sie den Entschluss, das Buch *How One Man Tried to Stop the Holocaust* ins Deutsche zu übertragen. Aleph bezweifelte, ob das Vorwort von Elie Wiesel tatsächlich verkaufsfördernd wäre, behielt seine Bedenken jedoch für sich.

Im Alten Wasserwerk in Bonn, im ehemaligen Plenarsaal des Deutschen Bundestags, wo die Wiedervereinigung beschlossen wurde, sprach Karski über seine Mission als Kurier im Zweiten Weltkrieg. Als er die »Judenjagd« im Warschauer Ghetto schilderte, war es mucksmäuschenstill im Saal, und beim Bericht über Izbica Lubelska, ein Nebenlager des Konzentrationslagers Bełżec, konnte man verhaltenes Schluchzen hören. Manch einer hatte mit den Tränen zu kämpfen, als Karski erklärte, was der zentimeterhohe Ätzkalk mit Hunderten von jüdischen Häftlingen anrichtete, die in die Güterwaggons gepfercht wurden.

»Wenn Wasser auf ungelöschten Kalk trifft, dann fängt es an zu brodeln«, erklärte er.* »Die Hitze verätzt alles, was damit in Berührung kommt. Die geschundenen Juden wurden in ihren eigenen Tränen, in ihrem Urin und Angstschweiß regelrecht verbrannt, ihr Fleisch zerfressen.«

Spätestens nach drei Stunden waren alle tot. Dann haben sie die Waggons geöffnet, und ein Trupp Gefangener machte sich daran, die Leichen herauszuzerren und in einen zuvor ausgehobenen Graben zu schleppen.

»Sechsundvierzig Waggons … über 6.000 Häftlinge. So ging das tagelang, wochenlang.«

Obwohl Anthony Eden, der britische Außenminister, und der amerikanische Präsident Roosevelt 1943 von den Vorgängen wussten, musste Karski erleben, dass sein Bericht an die Welt folgenlos blieb und keine konkreten Maßnahmen ergriffen wurden, den Juden zu helfen. Danach blieb er stumm … Bis Claude Lanzmann ihn dazu bewegen konnte, erneut die Stimme zu erheben.

Da Aleph wieder auf seinen Koffern saß und seinen Umzug nach Liechtenstein plante, nutzte er die Gunst der Stunde, um Karski zu einem Vortrag nach Vaduz einzuladen. Doch die meisten Einwohner waren noch nicht so weit. Sie meinten wohl, dass sie das alles nichts anging, denn die Veranstaltung im Theater fand quasi unter Ausschluss der Öffentlichkeit statt. Immerhin konnte der erste Impuls zur Gründung eines Vereins der Freunde von Yad Vashem gegeben werden. Aber bis es dazu kam, sollten noch Jahre vergehen.

* * *

»Wie weit sind Sie mit Ihrem *Tractatus logico-alphabeticus?*«, fragte Andrea. Und Aleph erklärte: »L wie Lowry habe ich hinter mir. O wird schwierig werden … Ovid, Opitz oder Oulipo. Dafür freue ich mich auf P wie Perec und Q wie Queneau. Dann ist das Ende schon absehbar. Leider stecke ich zurzeit fest. Seit Wochen denke ich über ein Problem nach: Wo habe ich bloß den Bericht von dem Burschen her, der an einer Gasvergiftung starb, als er nach längerer Zeit wieder mal in seinem inzwischen vermieteten Kinderzimmer übernachtete?«

Während der Untermieter bei geöffnetem Fenster zu schlafen pflegte, sodass ihm das langsam austretende Gas nichts anzuhaben vermochte, war das Fenster in jener verhängnisvollen Nacht geschlossen. Aber wo hatte Aleph die Geschichte bloß gelesen? Bei Raabe, bei Hamsun? – An dem Tag, als er über die Frage nachdachte, hatte er mit keinem Menschen gesprochen und nur die Tageszeitung flüchtig durchgeblättert. Einen Tag lang habe er damit zugebracht, sich alles, was er kürzlich gelesen hatte, nochmal vorzunehmen. So seien all die Probleme zutage gefördert worden, die ihm seit eh und je vertraut sind. Etwas muss er dabei wohl übersehen haben, denn seine Suche war erfolglos geblieben, wenngleich ihm die Szene mit dem unglücklichen Burschen deutlich vor Augen stand.

»Die Frage lähmt mich seit Wochen. Bald werde ich sie hoffentlich vergessen haben. Dann kann ich mich wieder auf die Fakten konzentrieren anstatt auf die Quellen.«

Aleph hatte eine Wohnung in Schellenberg gemietet, nicht weit von Österreich und in Sichtweite der Schweizer Berge. In wenigen Minuten war er über der Grenze. Das verschaffte ihm ein schönes Gefühl von Unverbindlichkeit. Nach einem Jahr sah er sich gezwungen, umzuziehen. Im Villenviertel von Vaduz fand er eine neue Bleibe. Für ihn war es ein Hochgenuss, dass die Sonne erst spät hinter den Bergen verschwand. Dann und wann bei Föhn konnte er von seiner Terrasse sogar den über 2500 Meter hohen Säntis in den Appenzeller Alpen erkennen.

In der ersten Zeit fuhr er noch regelmäßig nach München. Zürich war ihm zuwider, obwohl es in etwas mehr als einer Stunde für ihn erreichbar gewesen wäre. Später, als er sich vermehrt mit Bildender Kunst befasste, konzentrierte er sich auf die nähere Umgebung. So konnte man ihm oft im Kunstmuseum begegnen.

Eine Zeitlang ging Aleph auch noch gern ins Theater, das heute nichts weiter ist als eine Comedy-Anstalt mit beschränkter Haftung. Dessen Intendant fühlte sich zu Höherem berufen. »Seine Bildung war wohl ziemlich lückenhaft«, schrieb Robert Walser über Herkules, und Gleiches kann man von dem Regisseur behaupten, der, um Euripides zu inszenieren, willkürlich in die Grabbelkiste griff und daraus ein Psychologie-Buch hervorzog, das mit großer Wahrscheinlichkeit tiefenpsychologisch war. Der Ignorant denkt immer an Tiefenpsychologie, wenn er an Psychologie denkt.

Denen werde ich es zeigen, dachte er bei sich und meinte in erster Linie seinen Vorgänger, der sich mit seiner Dissertation brüstete, die er einst über den Griechen geschrieben hatte. Zweifellos war seine Interpretation ebenfalls tiefenpsychologisch, also tiefschürfend analytisch. Macht aber nichts. Das Publikum lässt sich mit ein paar albernen Lichteffekten abspeisen und ist in jedem Fall dümmer als er, dachte der Regisseur, sagte aber nichts.

»Und Góngora? Lesen Sie den auch noch ab und zu?«, wollte Andrea wissen. Seit ihre Freundin Margot nicht mehr arbeitete, hatte sie ein paar Wochen in Sevilla verbracht und dort in der Calle Góngora in einem Hotel gleichen Namens gewohnt.

Nein, er lese ihn schon lange nicht mehr, weil er jeden Satz auswendig könne und daher nicht mehr wisse, ob dass der Grund ist, warum er ihn so gut findet. Außerdem sei ihm bewusst, dass vieles von dem, was man Góngora nachsagte, auf ihn selbst zutreffe: das Artifizielle des Satzbaus, die vielen Neologismen, die rätselhafte Metaphorik … Das alles sei mehr als grotesk, das sei gongoresk. Wer wollte bestreiten, dass die regellose Willkür »das krankhafte Spiel eines wunden Gemüts« ist, wie Hofrat Reutlinger mit dem steinernen Herzen finde. Doch genug davon: Seine Sammlung habe er daher dem Centre de Cultura Contemporània de Barcelona verkauft, wohl wissend, dass Góngora kein Zeitgenosse ist.

»Ich hoffe trotzdem, dass sie dort in guten Händen ist. Von dem Erlös kann ich wieder ein paar Jahre leben«, sagte er. Aber lesen werde er ihn nicht mehr.

»Blicken wir lang genug auf einen beliebigen Punkt in unserem Leben, dann durchstechen wir die dünne Membran der Erscheinungen. Indem wir tiefer dringen, achten wir auf alles, was uns begegnet, und finden viele Fenster und Türen – vielleicht auch Schlupflöcher – zu neuen Welten.« Dann sei alles Góngora, was nicht Natur ist, und selbst die Natur könne nicht ohne ihn sein, weil sie nur durch seine Brille gesehen wird.

Aleph gönne den Kleinigkeiten des Lebens ihren großen Auftritt, weil eine jede ihre Chronik hat, die es wert ist, erzählt zu werden. Dass dabei der Zusammenhang verlorengeht, spiele keine Rolle. In jedem Krümel, in jedem Tropfen und in jedem Atemzug manifestiere sich Sinn. Nur hinschauen müsse man, dann höre man eine innere Stimme sprechen. Nur antworten müsse man, dann beginne sie zu plaudern. Nur lächeln müsse man, dann beginne sie zu lieben. Dann könne man von ihr verlangen, was man will. Das ist das Ende aller Geheimnisse.

Aleph schloss die Augen, um zu denken. Dann zeigte er ihr die Abbildung eines Kiwis aus Gold, Achat und Rubinen – Fabergé, St. Petersburg, 1899–1903. Seine Beine – genau wie der Schnabel aus Gold – wären ungeeignet, ihm Halt zu gewähren. Deshalb nehme er den Schnabel zu Hilfe. Der sei lang genug und reiche bis zum Boden, ohne dass er den Kopf allzu sehr senken müsse. Zwei Rubine als Augen, von denen meist nur einer zu sehen sei. Die geringste Veränderung des Standorts lasse das eine oder andere Auge, den einen oder anderen Rubin aus dem Blickfeld verschwinden.

»Dennoch zweifeln wir nicht daran, dass er noch da ist.«

Oft werde Góngora als Kontrast zur Natur verstanden, wonach Góngora alles ist, was der Mensch mit seinen Händen hervorbringt und hervorgebracht hat. Aber gibt es überhaupt irgendwas, das von sich aus ist? – Das sei natürlich eine rhetorische Frage, die er sogleich mit Nein beantworten würde, denn alles, was wir Natur nennen, sei von uns erschaffen.

»Der Gegensatz von Natur und Góngora setzt voraus, dass Natur nichts vom Menschen Gemachtes ist. In Tat und Wahrheit ist sie jedoch das Produkt eines jeden. Der Gegensatz ist also hinfällig.«

Indem wir die Natur Stück für Stück in Form bringen, werde sie Kultur. Ja, auch die Wissenschaft sei eine solche. Nicht die Künstlichkeit der Kultur stehe zur Debatte, sondern die Natürlichkeit der Natur. Sie erweise sich bei genauer Betrachtung als künstlich. Auch sei der Naturbegriff weder absolut noch statisch, sondern dynamisch. Er ändere sich in demselben Tempo, wie sich die Sprache der Wissenschaft ändert. Also ist der Unterschied zwischen Natur und Kultur hinfällig. Der Mensch ist das Medium, ein Katalysator, und alles wird Góngora. Oder eben nicht.

Am 23. April, dem Welttag des Buches, versuchte der Landesbibliothekar eine Definition von Góngora zu geben, die so allgemein gehalten war, dass sie hinter den Regalen verschwand.

* * *

»Wenn ich mich recht erinnere, wollten Sie keine Spuren hinterlassen«, sagte Andrea. »Wieso schreiben sie also noch an Ihrem Traktat?«

Die Frage ärgerte ihn ein bisschen, und am liebsten hätte er den Wegweiser erwähnt, der auch nicht läuft, wohin er zeigt. Stattdessen dachte er nach, im Sinne von hinterher, was Millionen vor ihm auch schon getan hatten, und sagte: »Erzählungen interessieren mich nicht. Dafür ist das Fernsehen zuständig. Ich sehe meine Aufgabe nicht darin, Drehbuchautoren und Fernsehredakteuren Stoff für ihren Zeitvertreib zu liefern. Da empfehle ich den Fernseh-Pitaval von heute, Ferdinand von Schirach, oder die *Bild-Zeitung*.«

Er hinterlasse keine Spuren, er trete bloß in die Fußstapfen von denen, die ihm vorausgegangen sind.

»Wem gehören denn die Gedanken, die ich denke? Fehlen sie irgendwo? Oder vermisst sie jemand? Nein! Sie sind Gemeingut und kosten nichts. Wer sie besitzt, hat sie auch bloß geliehen, und keiner kann sie für sich allein beanspruchen. Wie die Wörter und Sätze, die überall herumliegen. Sie warten bloß darauf, dass einer sie aufliest.«

Für den Künstler sei alles Material. Nur das Arrangement ist entscheidend. Es dringt durch alle Poren. Sein Schreiben dient der Betrachtung, und – um mit Aleph zu reden – indem er die Welt betrachtet, verändert sie sich.

Vor einiger Zeit habe er ein Kunstprojekt mit dem Titel *Im Zeichen des Dreiecks* entwickelt, sagte Aleph. Dabei ging es um die Bedeutung von Zeichen in der Landschaft anhand von Universalien wie dem Dreieck, dem Quadrat und dem Kreis. Als Universalien-Forscher habe er sich in gewissen Kreisen einen Namen gemacht und mehrere Artikel dazu veröffentlicht.

Unter anderem habe er die Pro Helvetia um Unterstützung für sein Projekt gebeten, aber eine Absage erhalten: zu aufwändig, zu kompliziert und zu merkwürdig, so die Begründung. Andere Personen und Institutionen, die er angeschrieben hatte, hielten es nicht für nötig, ihm zu antworten.

»Wobei nicht zu leugnen ist, dass das Thema Staub angesetzt hat. Aber sagen Sie selbst: Hat das Stil? Ist das stilvoll?«, fragte er. »Oder können die etwa nicht schreiben? Vielleicht sind es Legastheniker und Analphabeten, die bloß singen können: am Stammtisch, beim Wandern oder auf der Bühne des Gemeindesaals. Immerhin versteht man sich als Hochburg der Operette und des Musicals. Da tollt sogar der Kaplan über die Bühne, ohne seelisch Schaden zu nehmen.«

»Das war jetzt aber nicht nett«, fand Andrea.

»Kann man so sagen. – Doch warum teilt man mir nicht einfach mit, dass die sogenannte Kulturkommission später tagt oder so ein Kulturbeutel es ablehnt, mein Projekt zu unterstützen? – Nichts, kein Laut.« Dem neuen Direktor des Museums habe er sogar ein detailliertes Ausstellungskonzept geschickt und nicht mal eine Eingangsbestätigung bekommen.

»Dann sucht man Hilfe bei diesem und jenem und erreicht das Gegenteil, erwartungsgemäß genau das Gegenteil.« Um der Gerechtigkeit willen müsse er jedoch erwähnen, dass es auch andere, positive Beispiele gibt.

»Allein ist man nichts«, sagte Aleph. »Noch nicht mal stark. Man wird einfach totgeschwiegen und stirbt den sozialen Tod.«

Wie ich Aleph kenne, findet er womöglich, dass lebendig tot sein allemal besser ist als sterben. Endlich kann er nämlich tun und lassen, was er will.*

Anhang

Namensregister

Das Namensregister listet auch nach Personen benannte Cafés, Adressen, Autohersteller oder Verlage (Café Hawelka, Paul-Lincke-Ufer, Mercedes, Otto-Müller-Verlag) usw.

Chronologie

Die Zeittafel berücksichtigt vorwiegend Termine, die sich mittelbar aus dem Text ergeben. Sie werden ergänzt durch einzelne Einträge, die dazu geeignet sind, die größeren Zusammenhänge erkennen zu lassen.

1907	AKGs Großvater kommt bei einem Schiffsunglück in Bremerhaven ums Leben.
1914–18	Erster Weltkrieg.
1930–37	Picasso und der sog. Vollard-Zyklus.
1933	30. Januar: Hitler wird Reichskanzler.
	15. Juni: AKG erblickt in Lauffen am Neckar (heute Baden-Württemberg) das Licht der Welt.
	Sommer: Jonas Wittling besucht James Ensor in Ostende.
1936	25. März: Tagung des Leningrader Schriftstellerverbands.
1939–45	1. September: Überfall auf Polen; Beginn des Zweiten Weltkriegs.
1939	Jonas Wittling wird Freiwilliger im Kriegsdienst.
	AKG kommt in Lauffen zur Schule.
	AKGs Vater taucht in Südostasien unter.
1942	18. Februar – 4. März: Das Sook-Ching-Massaker in Singapur.
1943	Jan Karski informiert die Alliierten über die Gräueltaten der Nazis in Polen.
1944	7. Juni: Der Landesverräter Alfred Quaderer wird in Zürich hingerichtet.

1945 AKGs Bruder Wotan flieht vor der Roten Armee aus Ostpreußen.
7. Mai: Bedingungslose Kapitulation.
AKGs Vater kehrt unerwartet nach Deutschland zurück.
Jonas Wittling kommt aus Kriegsgefangenenschaft zurück und gründet den Jonas-Wittling-Verlag mit Sitz in Mainz.
6. Juli: AKGs Tante wird wegen ihrer Mitgliedschaft in der NSDAP drei Jahre im Speziallager Buchenwald festgehalten.

1946 AKGs Familie zieht nach Wiesbaden.

1947 Otto Molden gründet das Europäische Forum Alpbach.

1948 14. Februar: Jonas Wittling trifft Max Frisch in Zürich.
15. Februar: Jonas Wittling besucht Brechts Antigone in Chur.

1950 AKG macht sein Abitur in Wiesbaden.
26. April: Peter Suhrkamp übernimmt den Suhrkamp-Verlag.

1951 Frühjahr: AKG beginnt sein Studium in Wiesbaden und arbeitet in der Bibliothek.
9. Juli: AKG begegnet Hildegard Kleinschmidt, seiner späteren Frau, in Eltville im Rheingau.
Ende Juli: AKG wird freier Mitarbeiter des Jonas-Wittling-Verlags.

1952 Siegfried Unseld tritt in den Suhrkamp-Verlag ein.

1953 April: H. C. Artmann verkündet seine »acht-punkte-proklamation des poetischen actes« in Wien.
15. Juni: AKGs 20. Geburtstag im Kreis der Kryptologen in Wiesbaden.
17. Juni: Volksaufstand in der DDR.

1955 AKG hört einen Vortrag über Antonin Artaud und begegnet Thomas Bernhard und H.C. Artmann in Salzburg;
Heimito von Doderer, Ilse Aichinger und H. G. Adler in Wien.
15. Juli – 18. September: Documenta I in Kassel.
AKGs erste Frankfurter Buchmesse.

1956 8. Mai: Auftakt zur sog. Goll-Affäre. Claire Goll nennt Celan einen »Meisterplagiator«.

1958 Hertha Fiedler eröffnet die Kleine Weltlaterne in Berlin.

1960 AKGs Dissertation über Luis de Góngora y Argote.

1961 13. August: Bau der Berliner Mauer.
AKGs Bruder Wotan wird auf der Flucht in den Westen erschossen.

1962 AKG liest in der Buchhandlung Niedlich in Stuttgart.
Begegnung mit Max Bense und anderen Mitgliedern der sog. Stuttgarter Schule.
21. Juni: Beginn der Schwabinger Krawalle.
AKGs Sohn stirbt an den Folgen einer Lungenentzündung.

1963 Hildegard Kleinschmidt wird in Mexiko Opfer eines Gewaltverbrechens.
Die Geburtsstunde der Suhrkamp-Kultur.
Bei Günter Eich in Großgmain bei Salzburg;
Begegnung mit Helmut Heißenbüttel.
20. Dezember: Beginn der Ausschwitzprozesse in Frankfurt.

1964 24. 1: AKG besucht die österreichische Erstaufführung von Hochhuths *Stellvertreter* in Wien.
AKG verweigert sich Gudrun Ensslin und Bernward Vesper.
AKG verliebt sich in Gisela Elsner, Autorin der *Riesenzwerge*.

Längerer Aufenthalt in Spanien (Barcelona).

1966 Fahrenheit 451 von François Truffaut kommt in die Kinos.

8. Juni: Uraufführung der *Publikumsbeschimpfung* von Peter Handke in Frankfurt; Regie: Claus Peymann.

1967 Günter Uecker und Ferdinand Kriwet gestalten das legendäre Creamcheese in der Düsseldorfer Altstadt.

1. Juni: AKG bei Arno Schmidt in Bargfeld in der Lüneburger Heide.

2. Juni: Schah Mohamed Reza Pahlawi auf Staatsbesuch in Berlin.

Ermordung von Benno Ohnesorg.

12. – 17. Oktober: Frankfurter Buchmesse; Friedenspreis des deutschen Buchhandels an Ernst Bloch.

1968 An der Großen Freiheit in Hamburg eröffnet der Musikklub Grünspan, Stammlokal von Hubert Fichte und Fritz Raddatz.

2. April: Andreas Baader und Gudrun Ensslin legen drei Brände in zwei Frankfurter Kaufhäusern und werden kurz darauf verhaftet.

3. Mai: Studentenrevolte in Paris; AKG besucht Miriam Cendrars.

7. Juni: Eine »Uni-Ferkelei« der Wiener Gruppe führt zur Anklage gegen Günther Brus, Otto Mühl und Oswald Wiener; letzterer geht nach Berlin ins »Exil«.

29. Juni: Leslie Fiedlers Vortrag *Close the Gap – Cross the Border* in Freiburg; die Globus-Krawalle in Zürich.

23. August: Das Ende des Prager Frühlings.

3. August: Paul Celan in Vaduz.

19. – 24. September: Die Krawallmesse in Frankfurt.

	Aufstand der Suhrkamp-Lektoren.
1969	Benno Käsmayr gründet den Maroverlag und bereitet Charles Bukowski den Boden.
1970	August: *Zettel's Traum* von Arno Schmidt erscheint als Raubdruck in Berlin.
1971	Felix Real kocht für 600 Gäste in Teheran.
1972	Jonas Wittlings zieht sich langsam aus dem Verlag zurück; Dieter und Fridolin Wittling steigen ein und bauen den Verlag um.
	7. Juni: Gudrun Ensslin wird in Hamburg verhaftet.
	15. Juni: Ulrike Meinhof wird in Langenhagen bei Hannover verhaftet.
	Jonas Wittling und Klaus Staeck sind Nachbarn auf der Frankfurter Buchmesse.
1973	21. Mai: Jonas Wittlings Selbstmordversuch.
1974	24. April: Günter Guillaume wird in Bonn verhaftet.
	10. August: Eröffnung des Centrums für Kunst und Communication in Vaduz.
1976	9. Mai: Ulrike Meinhof wird in ihrer Zelle in Stuttgart/Stammheim tot aufgefunden.
	16. November: Wolf Biermanns Zwangsausbürgerung aus der DDR.
1977	September/Oktober: Der Deutsche Herbst.
1980	Jonas Wittling stirbt in Berlin.
1981	AKG übersiedelt von Berlin nach München.
	Gründung der Verlagsauslieferung Kolibri.
	Der Jazz-Club Domicile in München schließt seine Pforten.
1983	Der 1. Münchner Bücherwahn im Hofbräukeller am Wiener Platz.
1984	29. Juni: AKG am Europäischen Forum Alpbach.
	August: Bei Gerhard Lampersberg in Wien; dessen Antrag auf Beschlagnahme des Romans *Holzfällen* wird am 29. August stattgegeben.

1989	9. November: Öffnung der Berliner Mauer.
1990	Mit Stefan Bollmann und Vilém Flusser in Davos.
	3. Oktober: Wiedervereinigung.
	Beate und Michael Bödeker übernehmen den Bären in Wiesbaden.
1992	AKG verkauft die Firma Kolibri in München.
	Dieter und Fridolin Wittling erwerben einen Vierkanthof am Attersee.
1994	Jeff Bezos gründet Amazon.
	AKG trifft Jan Karski auf der Londoner Buchmesse.
1998	Die Buchhandlung Niedlich in Stuttgart wird geschlossen.
1999	AKG erbt ein Mehrfamilienhaus in Weimar und einen Bauernhof im nahen Ettersburg.
2000	AKG zieht nach Liechtenstein.
2001	AKG verliert seine Wohnung in Schellenberg.
	11. September: Terroranschläge auf das World Trade Center in New York.
2008	28. Juli: AKG lernt Andrea K. in der Bibliothek kennen; seitdem mehrere Begegnungen.
2009	Juli/August: Andrea K. unternimmt eine Schiffsreise nach Ecuador.
2010	23. April (alljährlich): Welttag des Buches.
	AKG erleidet einen Herzanfall und stirbt in seiner Wohnung.

Anmerkungen

Seite

5 Das Motto von Robert Frost (1874–1963) lautet in der Übersetzung von Lars Vollert: »Zwei Wege trennten sich im Wald, und ich – ich nahm den Weg, der kaum begangen war. Und das hat den ganzen Unterschied gemacht.« Aus dem Gedicht »The Road Not Taken«, in *Mountain Interval* (1916). Deutsch in *Promises to keep. Poems/Gedichte* (2002).

Prolog

9 **Stapelschneider, auch Guillotine genannt** Da AKG (wie ich Aleph Kraus-Góngora der Einfachheit halber nennen möchte) offenbar mit dem Scanner umzugehen wusste und einen E-Book-Reader besaß, darf davon ausgegangen werden, dass seine Guillotine höchsten Ansprüchen genügte. Wahrscheinlich handelte es sich um eine dieser elektromechanischen Schneidemaschinen für den Hausgebrauch mit automatischer Pressung, digitaler Maßanzeige und 48 Zentimeter Schnittlänge. Vielleicht verfügte sie sogar über eine automatische Papierzufuhr durch Blas- und Saugluft. Dann bewegen wir uns im Hochpreissegment. Für einen solchen Stapelschneider sind empfindliche Digitaldrucke sowie mattgestrichene oder lackierte Papiere kein Problem. Auch Karton lässt sich mühelos verarbeiten.

10 **Künstlerbücher, Buchobjekte und Objektbücher** Im Katalog zur Ausstellung *buchobjekte* in der Universitätsbibliothek Freiburg im Breisgau vom 13. Juni bis 10. Juli 1980 (Waldkirch 1980) werden Künstlerbücher als von Künstlern in Form und Inhalt konzipierte und hergestellte Bücher de-

finiert, die sich der verschiedensten Gestaltungsmittel bedienen: Schrift, Zeichnung, Malerei, Collage, Stempel und mechanische Drucktechniken. Die Funktion des Buches als Informationsträger bleibt erhalten. Als Vorläufer mag Stéphane Mallarmé (1842–1898) mit seinem »Würfelwurf« gelten: *Un coup de dés jamais n'abolira le hasard* (1897).

Anders das Buchobjekt: »Buchobjekte sind Kunstwerke, die ein vorgegebenes oder selbstgeschaffenes Buch zum Anlass einer künstlerischen Aussage nehmen [...]. Das vorgegebene Buch kann verändert, verfremdet oder zerstört werden. Das selbstgeschaffene Buch gleicht in Form und Material dem herkömmlichen, ist jedoch nicht mehr ›lesbar‹, sondern erfordert eine erweiterte ›Lesart‹.«

An derselben Stelle ist zu erfahren, dass das Buch »in allen seinen Formen [...] einen über die Funktion als Informationsträger hinausgehenden Charakter haben kann: Es kann ›Objekt‹ sein und als solches zum Symbol oder Fetisch, zum Gegenstand der Verehrung oder durch seine äußere Gestaltung zum Kunstwerk werden.«

Bücher, die keine sind, gibt es nicht erst seit der Fluxus-Bewegung, sondern eigentlich gehören auch Scherzbücher dazu, die Flaschen und Pistolen in ihrem Inneren verbergen. Oder Holzbücher wie die aus der Xylothek des Naturkundemuseums Kassel, die sich aus dem Holz des zu dokumentierenden Baumes zusammensetzen und dessen Blätter und Früchte enthalten; der beschriftete Buchrücken besteht aus dessen Rinde.

Zudem wären in dem Kontext Malerbücher zu erwähnen, die zu Beginn des 20. Jahrhunderts zuerst in Frankreich entstanden und bei denen Druckgrafiken gleichberechtigt neben den Texten stehen. Picasso, Chagall, Miró, Ernst und Dalí haben solche Gesamtkunstwerke geschaffen.

Einer der bekanntesten Buchobjektsammler war der Rechtsanwalt Dr. Rolf Dittmar aus Wiesbaden, dessen Sammlung

1977 auf der Documenta 6 in Kassel gezeigt wurde. Wer sich mit dem Thema beschäftigt, wird auch dem Zahnarzt und Sammler Dr. Hanns Sohm begegnen, dessen Archiv seit 1981 von der Staatsgalerie Stuttgart verwahrt wird.

10 **Vermutung zweifellos bestätigen** Im Zuge meiner Recherchen bin ich in den Besitz eines Röntgenbildes gelangt, das ein befreundeter Arzt (dessen Namen ich aus verständlichen Gründen lieber verschweigen möchte) am Freitag, dem 27. März 2008, also wenige Monate vor AKGs Tod, gemacht hat. Darauf ist neben den altersbedingten Abnutzungserscheinungen der unteren Wirbelsäule zu erkennen, dass eine Hüftoperation in naher Zukunft unausweichlich gewesen wäre.

Erste Begegnung

11 **Die Ziffernfolge EMU789-3869** Tatsächlich gibt die Ziffernfolge auf dem Ausweis nichts preis, was einen Datenschützer auf den Plan rufen könnte, weil alle Daten nach jedem Ausleihvorgang gelöscht werden. Der gläserne Leser ist also ein Gerücht – jedenfalls was Bibliotheken angeht. Bei der NSA (National Security Agency) und bei Amazon mag das anders sein.

11 **Speicher der Zukunft** Laut der *Zeit* vom 24.1.2013 könne das synthetisch hergestellte Molekül der Desoxyribonukleinsäure, kurz DNA, zum Datenspeicher der Zukunft werden. Digitale Daten im Speicher des Erbguts zu lagern, sei nicht neu, sondern wurde schon 1988 praktiziert. Das biologische Speichermedium werde Jahrtausende überdauern, behauptet der Bioinformatiker Nick Goldman.

11 **3.000 Bücher sorgfältig lesen kann …** Vgl. Arno Schmidt (1914–1979), *Julianische Tage*, in: *Trommler beim Zaren* (1966). – Die Aussage halte ich für fragwürdig, weil jeder Widerspruch mit dem Hinweis pariert werden kann, dass die Lektüre dann eben nicht sorgfältig (genug) war. Dieses

sophistische Schema lässt sich an Martin Buber demonstrieren, der sagt: »Alles wirkliche Leben ist Begegnung.« Wenn es etwas anderes als Begegnung sein wollte, wäre es eben nicht »wirklich«. – So einfach ist das!

Also was heißt schon »sorgfältig«? Und zählt eine kurze Novelle auch als Buch? – Dann sind 3.000 Titel vielleicht zu schaffen, insbesondere, wenn man E-Books hinzuzählt. Die führen nämlich dazu, dass zwar weniger Bücher gekauft, aber dafür mehr gelesen werden.

12 **Das Vaterland** Leserbriefe in den Tageszeitungen finden offenbar große Beachtung. – Doch wie steht's bei ihnen mit dem Urheberrecht? Dürfte ich ohne Zustimmung eine Anthologie mit den dümmsten Leserbriefen aller Zeiten veröffentlichen? Ist der Leserbrief nicht per se für die Veröffentlichung bestimmt, und zwar honorarfrei? Gilt das Nutzungsrecht nur einmalig? Die Rechtslage ist nicht eindeutig geklärt. Vgl. Jens Dittmar, *Erste Sätze, letzte Worte*, in: *Als wär's ein Stück Papier* (2011).

13 **Die wilden Detektive** Die deutsche Ausgabe des Romans von Roberto Bolaño (1953–2003) erschien 2002 im Hanser-Verlag. Schon 1999 kam im Kunstmann-Verlag *Die Naziliteratur in Amerika* heraus, gefolgt von *Stern in der Ferne* (2000). In beiden ist von Ramírez Hoffman (1950–1998) die Rede, dessen lettristische Luftpoesie von Isidor Isou (1925–2007) inspiriert war. Arcimboldi, den wir aus *2666* (2009) kennen, nennt den Vater des Lettrismus in *Die Nöte des wahren Polizisten* (2013) ein »dreckiges rumänisches Arschloch« (S. 178).

Ferner wird die »barbarische Literatur« erwähnt, »eine Mischung aus Claudel und Maurice Chevalier, aus Krimiplot und den Ergebnissen der ersten Sitzung einer Schreibwerkstatt« (a.a.O., S. 87). Der Erzähler vermutet hinter einem gewissen Jules Defoe, dessen Behauptung, »die in der Literatur anstehende Revolution sei deren Abschaffung«, er in einer Literaturzeitschrift fand, den chilenischen Luftwaffenleutnant Carlos Ramírez Hoffman (der eigentlich Carlos Wieder hieß und sich in Chile, als Allende Präsident war, Alberto Ruiz-Tagle nannte). Diesen Hoffman fand er schließlich in Lloret de Mar, nicht weit von Blanes an der Costa Brava, wo er sich mit einem Buch von Bruno Schulz (!) in einem Café niedergelassen hatte, um den Gesuchten im Auftrag des ehemaligen Polizeibeamten Romero zu beobachten, der Hoffman schließlich umbringen sollte.

Bleibt der viszerale Realismus: Wie in der Zeitschrift *DU* 819/Sept. 2011 zu erfahren ist, war Roberto fünfzehn, als die Familie von Chile nach Mexiko-Stadt zog. Dort im Café Quito soll er sich Mitte der Siebzigerjahre mit den Mitgliedern der von ihm gegründeten Dichtergruppe der Infrarealisten getroffen haben (vgl. www.infrarealismo.com). In *Die Wilden Detektive* sind es »viszerale Realisten«. Der Erzähler (»Ich bin siebzehn Jahre alt, heiße Juan García Madero und studiere im ersten Semester Jura.«) wisse nicht genau, was viszeraler Realismus ist, aber dafür werden viele Spuren gelegt: vom Dadaismus und Surrealismus bis zum Lettrismus und zur Situationistischen Internationale (SI). Anstatt Wissen zu mehren (dafür sind Realisten zuständig), wollten die Realviszeralen oder Infrarealisten mit ihren Büchern eine Literatur für die Stunden der Verzweiflung.

15 **Knut Hamsun** (1859–1952) »Die in der Literatur anstehende Revolution sei deren Abschaffung«, fanden die »barbarischen Literaten« (vgl. *Die wilden Detektive*). Der Leitsatz »Stoßen, was fällt« könnte ebenso von Hamsun wie von Goebbels stammen. Ist diese destruktive Kraft vom Logos zum Mythos wesentlich faschistisch? – Ich frag ja nur!

Viele Dokumente zeugen von Hamsuns nationalistischer Gesinnung, weshalb er 1947 wegen Hochverrats zu einer Geldstrafe verurteilt wurde. Doch wie spiegelt sich seine Fehleinschätzung in seinen Büchern? Darüber kann man trefflich streiten und Autoren wie Victor Margueritte (1866–1918), Louis Ferdinand Céline (1894–1961), Martin Heidegger (1889–1976) und Ernst Jünger (1895–1998) ins Feld führen.

15 **Tractatus logico-alphabeticus** Der Titel spielt auf das oft zitierte Werk von Ludwig Wittgenstein (1889–1951) an: den 1921 erschienenen *Tractatus logico-philosophicus*. Wenn weiter unten vom »Stenius« die Rede ist, dann ist *Wittgensteins Tractatus. Eine kritische Darlegung seiner Hauptgedanken* von Erik Stenius gemeint (1969). Vgl. auch Hermann Burger: *Tractatus logico-suicidalis* (1988).

15 **Iwan Gontscharow** (1812–1891) Der russische Flaubert, wie er gelegentlich genannt wird, scheint wie sein Oblómow ein Maximus Cunctator, ein großer Zauderer gewesen zu sein, unfähig, ein Vorhaben in nützlicher Frist zu vollenden. Ob Gontscharow auch am liebsten auf dem Sofa lag? – Fest steht: Der Leser muss diesen Oblómow einfach lieben, weil er ihn so gut versteht. Trotzdem möchte man ihm stets zurufen: Reiß dich zusammen, Alter! Das kann doch nicht so schwer sein!

15 **Heraklit** (ca. 520–460 v. Chr.) Die Einsicht, dass im Grunde alles zitiert ist, dient als Basis für den mittelalterlichen Cento-Stil (von lat./it. cento = Flickendecke, Flickenteppich). Ein Cento besteht vorwiegend aus Zitaten, Bausteinen, die nahtlos aneinandergefügt werden. Dazu passt Thomas Manns Brief an den »lieben Dr. Adorno« vom 30. Dezember 1945 mit dem Bekenntnis, dass er gerne einzelne Passagen aus anderen Büchern in seine eigenen Texte einklebe. Er lasse sie »sich in die Komposition senken als ein mythisch-vogelfreies Thema, das jedem gehört«. Er nennt das »Montage-Technik« oder »höheres Abschreiben« und zitiert Molière: »Je prends mon bien où je le trouve«, was so viel heißt wie, ich bediene mich, wo ich kann. So geschehen im *Zauberberg*, für den er einen Artikel über Typhus »unge-

niert« aus dem Konversationslexikon übernimmt. Es sei ein berühmtes Kapitel geworden, fügt er selbstbewusst hinzu und verweist auf seine Quelle: den Brockhaus in sechzehn Bänden von 1895. – Und um der Diskussion ein für alle Mal ein Ende zu setzen, erklärte er in einem Interview (Quelle unbekannt): »Wenn es von mir wäre, würde ich es für mich behalten.«

Heute spricht man von Patchwork oder Mashup, Verfahren, die aus der Pop-Musik bekannt sind. Auch Cut-up, die Montagetechnik von Brion Gysin (1916–1986), ist in diesem Zusammenhang zu nennen. All diese Verfahren berühren das Urheberrecht und werfen Fragen nach dem Wesen des Plagiats auf.

Friedrich Nietzsche (1844–1900) hat die Fähigkeit des Menschen gerühmt, sich zu verstellen. So zu tun als ob zeichne ihn vor allen anderen Lebewesen aus. Hans Vaihingers (1852–1933) *Philosophie des Als Ob* (1911) hört sich so ähnlich an. Jetzt könnte man noch Prentice Mulford (1834–1891), Emile Coué (1857–1926) oder Spencer Johnson (*1940) erwähnen, über positives Denken plaudern (oder »the power of positive drinking«, wie es bei Lou Reed heißt) und Konstruktivisten wie Heinz von Foerster (1911–2002), Ernst von Glasersfeld (1917–2010) und Paul Watzlawick (1921–2007) aufbieten. Doch uns soll vorerst nur das Copyright interessieren: In jüngster Zeit werden Diebe geistigen Eigentums nämlich immer dreister. Ein Drittel aller Master-Arbeiten und Dissertationen ist teilweise ohne Quellenangabe direkt aus dem Internet übernommen – kopiert oder bestenfalls paraphrasiert.

Sind wir gar Diebe wider Willen, weil nichts gesagt werden kann, was ein anderer vor uns nicht schon gesagt oder geschrieben hat? – Der Autor im Sinn von »Urheber« wäre dann ein Auslaufmodell. Genie-Kult adieu! Stehen wir doch nolens volens auf den Schultern unserer Altvorderen und können nichts schreiben, was nicht im System der Muttersprache verankert ist.

16 **Ein bewegliches Heer von Metaphern** Bei Nietzsche ist zu lesen: »Was ist also Wahrheit? Ein bewegliches Heer von Metaphern, Metonymien, Anthropomorphismen, kurz eine Summe von menschlichen Relationen, die, poetisch und rhetorisch gesteigert, übertragen, geschmückt wurden, und die nach langem Gebrauch einem Volke fest, kanonisch und verbindlich dünken: die Wahrheiten sind Illusionen, von denen man vergessen hat, dass sie welche sind, Metaphern, die abgenutzt und sinnlich kraftlos geworden sind, Münzen, die ihr Bild verloren haben und nun als Metall, nicht mehr als Münzen, in Betracht kommen.« Vgl. *Über Wahrheit und Lüge im außermoralischen Sinne* (1873).

16 **You see what you describe** Die Bemerkung verweist auf das Akronym WYSIWYG, das Anfang der Achtzigerjahre geprägt wurde, als Personal Computer ihren Siegeszug um die Welt antraten. Es besagt, dass man bekommt, was man auf dem Bildschirm sieht, wenn man das Dokument ausdruckt: *What you see is what you get.*

Bei »You see what you describe« (YSWYD) wird die Mimesis im Sinne des Konstruktivismus vom Kopf auf die Füße gestellt bzw. das Verhältnis von Ursache und Wirkung – nein, nicht verkehrt, sondern: richtiggestellt. Die Beschreibung lenkt die Wahrnehmung! Damit wird an die ursprüngliche Bedeutung von Poesie als Schöpfung erinnert. So ist die Nennung von so verschiedenen, gleichwohl verwandten Poeten wie William S. Burroughs (1914–1997), John Giorno (*1936) und Laurie Anderson (*1947) in diesem Kontext zu verstehen.

17 **Maulwürfe** In einem Interview mit Johannes Poethen (1968) erläutert Günter Eich: »Das Wort ›Maulwürfe‹ ist ein Wort aus der Familiensprache. Sie wissen ja, es gibt in jeder Familie ein gewisses Vokabular, was man außerhalb die-

ser Familie überhaupt nicht versteht. Dieses Wort ›Maulwürfe‹ hat also meine Frau vor etwa zwölf, dreizehn Jahren zum erstenmal verwendet für kurze Prosastücke. Es war ganz üblich, dass wir alle kurze Prosa ›Maulwürfe‹ nannten. Das Wort stammt von einem wirklichen Maulwurf, der vor unserm Fenster herumlief und zwar meistens über der Erde, nicht unter der Erde. Es war also ein ganz besonders auffälliges Tier, was uns angeregt hat, ihn als Symbol für unsere Produktionen zu wählen.« Vgl. Günter Eich, *Gesammelte Werke Bd. IV: Vermischte Schriften* (1991).

17 **Leonid Dobyčin** (1894–1936) Als »stilistischer Extremist« und »Pointillist« war Dobyčin ein Opfer des Sozialistischen Realismus, wie er vom Zentralkomitee der KPdSU 1932 beschlossen und für verbindlich erklärt wurde. Er passte weder zur »Russischen Assoziation Proletarischer Schriftsteller« (RAPP) noch zum »Sowjetischen Schriftstellerverband« und blieb ein Einzelgänger. Nicht mal die Zeitschrift *Leningrad*, in der 1930 drei seiner Erzählungen erschienen, stärkte ihm den Rücken, sondern schrieb einleitend: »Wir bringen diese Erzählungen als Musterbeispiel für das Schaffen eines kleinbürgerlichen Schriftstellers, den absolut nichts mit unserer Gegenwart verbindet.« – Bedarf das noch eines Kommentars?
Seine minimalistische, fast gegenstandslose Literatur rief beim klischeebeladenen Durchschnittsleser zumindest Kopfschütteln hervor, weil sie jeder Erwartung widersprach. Originelle Formulierungen, beispiellose Wortwahl und außergewöhnliche Satzstellung werden damals wie heute wieder als stilistisch ungelenk erlebt und abgelehnt. Ähnliche Kritik mussten sich auch schon Franz Kafka und Robert Walser gefallen lassen.
1936, auf einer Sitzung des Leningrader Schriftstellerverbands, wurde sein Roman *Die Stadt N.* (1935) als »Verherrlichung der kleinbürgerlich-bourgeoisen Vergangenheit«

verrissen und der Autor als Monster und Reaktionär beschimpft. Darauf verließ er den Saal und verschwand. Aufgrund eines Briefs und der Zeilen »Sucht nicht nach mir, ich begebe mich in ferne Gegenden« wird davon ausgegangen, dass er sich in die Newa gestürzt hat. Sein Leichnam wurde nie gefunden.

18 **E der wichtigste Buchstabe im Deutschen** Für Kryptoanalysten und Oulopisten ist es gut zu wissen, dass die relative Häufigkeit des Buchstabens E im Deutschen bei 17,4 Prozent liegt (nach anderen Angaben bei 16,9 Prozent). Bei den Anfangsbuchstaben steht E auf Platz drei; bei den Endbuchstaben auf Platz zwei. Zum Vergleich: Das X rangiert mit einer Häufigkeit von 0,03 Prozent (nach anderen Angaben 0,05 Prozent) ganz weit hinten, sodass es vergleichsweise leicht ist, auf das X zu verzichten. Ein Kinderspiel!
Uns interessieren hier die Anhänger von Oulipo, der Werkstatt für Potentielle Literatur (*L'Ouvroir de Littérature Potentielle*). Die bekanntesten Vertreter sind Raymond Queneau (1903–1976) und Georges Perec (1936–1982), der einen Roman ohne E schrieb, ein sog. Leipo- oder Lipogramm: *La Disparition* (1969), auf Deutsch: *Anton Voyls Fortgang* (1986; wesentlich verbesserte Neuauflage 2013).
Der Übersetzer Eugen Helmlé ließ es sich nicht nehmen, selbst zwei Lipogramme zu schreiben: *Im Nachtzug nach Lyon* (1993) und *Knall und Fall in Lyon* (1995). Die formale Einschränkung wird als Herausforderung begriffen, die neue Wege öffnet. Der Autor ist wie die Maus, die sich ihr Labyrinth, dem sie entrinnen will, selbst errichtet. »Labyrinth« lautet demzufolge das antiklassische Stichwort: Man ahnt, warum Gustav René Hocke (1908–1985) Oulipo in seinem Standardwerk als modernes Beispiel für *Manierismus in der Literatur* (1959) anführt. Bezogen auf Malerei spricht er sogar von Neo-Manierismus.

19 **Gegenstandslose Literatur** Dadaistische Lautpoesie könnte man als gegenstandslos bezeichnen, ebenso die Konkrete Poesie oder die Sprachexperimente der Wiener Gruppe. Vorläufer gab es aber schon im Barock (vgl. Gustav René Hocke, a. a. O.). Entscheidend ist der weitgehende Verzicht auf »prädikative Referenz auf nichtsprachliche Gegenstände« (Sebastian Kiefer, 2006).

Gegenstandslose Literatur repräsentiert nichts, demonstriert nichts und bedeutet nichts. Sie steht für keine Meinung und sorgt nicht für spannende Unterhaltung (andere Medien können das AKG zufolge besser). Nicht das Verhältnis des Worts zur Wirklichkeit steht im Fokus des Interesses, sondern das Verhältnis des Worts zu seinen Nächsten: zu Subjekt, Objekt und Prädikat. Darin sei der Bauplan des Systems, also der Welt, zu erkennen. Denn laut AKG ist sie alles, was man sehen kann, und man sieht nur, was einen Namen hat. – Vgl. die sog. sujetlose Literatur von Dobyčin.

20 **Café Hawelka** Die Liste der Schriftsteller und Künstler, die das Hawelka in der Dorotheergasse 6 im 1. Wiener Gemeindebezirk seit Mitte der Fünfzigerjahre frequentiert haben, ist lang. Heute stehen die Namen des Ehepaars Josefine und Leopold Hawelka in jedem Reiseführer, weshalb man dort vor allem Touristen antrifft. Neben Elfriede Gerstl (1932–2009), Jeannie Ebner (1918–2004) und H. C. Artmann (1921–2004) verdienen Heimito von Doderer (1896–1966), Hilde Spiel (1911–1990), Hans Weigel (1908–1991), Konrad Bayer (1932–1964) und Gerhard Rühm (*1930) Erwähnung, weil der Leser ihnen in diesen Aufzeichnungen wiederholt begegnet – sei es in Wien oder Berlin.

Familienbande

25 **Die Kaiser Wilhelm II.** Der Schnelldampfer mit vier Schornsteinen wurde 1902 in der Vulcan-Werft in Stettin

gebaut, hatte eine Länge von über 215 Metern und war 22 Meter breit. Mit 23,8 Knoten, 1.535 Passagieren und 650 Mann Besatzung erreichte er New York in fünf Tagen, elf Stunden und 58 Minuten. Das mag zwar wirtschaftlich sein, ist aber trotzdem viel zu schnell.

27 **Sook-Ching-Massaker in Singapur** Die Japaner sind für den Tod von rund 50.000 Chinesen verantwortlich, die als Kollaborateure verdächtigt und am Strand von Singapur hingemetzelt wurden.

28 **Kirchheimer Tunnel** Eisenbahntunnel zwischen Kirchheim am Neckar und Lauffen in Baden-Württemberg, Schauplatz des Romans *Ein Mord, den jeder begeht* (1938) von Heimito von Doderer. »Wie der vergessene Tempel einer Gottheit steht der Eingang des Doppeltunnels mit seinen beiden finsteren Portalen und der breiten Stirn in den Wald gerammt …« Vgl. Jan Bürger: *»Wie der vergessene Tempel einer Gottheit«* (2008).

29 **navigare necesse est** Seefahrt tut not oder *Seefahrt ist not*, lautet der Titel eines Romans von Gorch Fock (1880–1916). Der Zusatz vivere non necesse est (Leben ist nicht nötig) geht auf den römischen Feldherrn Pompeius zurück.

30 **Klein Adlerauge** *The Song of Hiawatha*, das von Henry Wadsworth Longfellow (1807–1882) verfasste Epos, diente Walt Disney als Grundlage für den Zeichentrickfilm mit Little Hiawatha, auf Deutsch Klein Adlerauge. Da dieser das Häschen laufen lässt, anstatt es mit seinem Flitzebogen zu erschießen, tun sich die Tiere im Wald zusammen, um ihn vor der Verfolgung des bösen Bären zu retten, der ihn um ein Haar gefressen hätte.

30 **Jugendschutzlager Moringen** In dem Konzentrationslager für schwer erziehbare, kriminelle, also asoziale Kinder und Jugendliche bei Göttingen lebten über 1.400 Jungen zwischen 13 und 22, von denen 89 ermordet wurden, weil sie sich den Nationalsozialisten verweigert hatten.

31 **Luis de Góngora y Argote** (1561–1627) Der »Sodomit und Ketzer«, wie Francisco de Quevedo (1580–1645) den Barockdichter nennt, ist für den Gongorismus verantwortlich, ein Stil, der als dunkel, hermetisch und kraus gilt. Góngoras *Soledades* (entstanden 1613/14, erschienen 1636) sind das bekannteste Beispiel dafür.

Jonas Wittling

33 **Freiherren Langwerth von Simmern** »An Wochenenden strömen Hobbytrinker aus allen Winkeln herbei und besetzen die Holzbänke«, schreibt der Büchner-Preisträger Wilhelm Genazino (*1943) in *Tarzan am Main* (2013) über Eltville. Das Weingut der Freiherren Langwerth von Simmern zählt zu den größten und traditionsreichsten des Rheingaus (seit 1464). Bodenbeschaffenheit und Klima lassen den Hattenheimer Nussbrunnen zu einem Spitzenwein reifen: elegant in der Struktur, mit üppigem Riesling-Aroma von Aprikose, Pfirsich und Zitrusfrüchten.

34 **Victor Otto Stomps** (1897–1970) VauO, wie er meist genannt wird, gilt als Ahnherr von Kleinverlegern und Buchkünstlern, die sich alle zwei Jahre auf der Mainzer Minipressenmesse treffen, wenn der VauO-Stomps-Preis vergeben wird. Der erste Preisträger 1979 war Rainer Pretzell, in den Sechzigerjahren VauOs engster Mitarbeiter und Freund. Bevor er sich in Abaliget bei Pécs im Süden Ungarns niederließ, war Pretzell Inhaber des Rainer-Verlags in Berlin.

VauOs Verlag Die Rabenpresse, 1926 mit Jean Gebser (1905–1973) gegründet, und die Literaturzeitschrift *Der Fischzug* (fünf Ausgaben; mehr nicht erschienen) sind legendär. Später folgte die Zeitschrift *Der weiße Rabe* (1932–1934). Zu VauOs Freundeskreis zählten Gertrud Kolmar (1894–1943), Peter Huchel (1903–1981), Werner Bergengruen (1892–1964), Werner Helwig (1905–1985)

und viele andere, die heute ihren festen Platz in der Literaturgeschichte haben.
1949 schlug die Geburtsstunde der Eremitenpresse. Im Schloss Sanssouris, einem Bahnwärterhäuschen in Stierstadt im Taunus, entstanden bibliophile Kostbarkeiten von Werner Helwig (1905–1985), Ernst Meister (1911–1979), Wolfdietrich Schnurre (1920–1989), Christa Reinig (1926–2008), Günter Bruno Fuchs (1928–1977), Gabriele Wohmann (*1932), Christoph Meckel (*1935) und Guntram Vesper (*1941). Finanzielle Probleme zwangen VauO, den Verlag 1967 zu verkaufen, er konnte es aber nicht lassen, nochmals einen zu gründen: die Neue Rabenpresse. – Es ist natürlich kein Zufall, dass die 1990 gegründete Corvinus-Presse in Berlin so heißt, wie sie heißt. Vgl. den Eintrag von deren Verlagsleiter Hendrik Liersch über Stomps in der *Neuen Deutschen Biographie* (Berlin 2013).

34 **Günther Busch** (1929–1995) Seit 1955 war Busch regelmäßiger Mitarbeiter der *Süddeutschen Zeitung* und schrieb für bekannte Literaturzeitschriften und den Hörfunk. Nach einem Intermezzo als Lektor beim Hanser-Verlag machte er von 1963–1979 die neue, von Willi Fleckhaus (1925–1983) gestaltete edition suhrkamp zum Flaggschiff der »Suhrkamp-Kultur« (George Steiner). Zu seinem 60. Geburtstag erschien im Fischer Taschenbuch (er hatte Suhrkamp nach dem 1.000sten Band verlassen): Rebekka Habermas/Walter H. Pehle (Hrsg.): *Der Autor, der nicht schreibt: Versuche über den Büchermacher und das Buch*, mit Beiträgen von Walter Boehlich (1921–2006), Jürgen Habermas (*1929), Melusine Huss (1920–1989), Alexander Kluge (*1932), Michael Krüger (*1943), Alfred Lorenzer (1922–2002), Gert Mattenklott (1942–2009), Karl Markus Michel (1929–2000), Oskar Negt (*1934), Klaus Reichert (*1938), Klaus Wagenbach (*1930) u. a.

35 **legt an Tempo scheinbar noch zu** Im Manuskript durchgestrichen: »Die Rampensau findet immer wieder Mittel, den Applaus nochmal anzufachen.«

37 **Ni dieu, ni maître** Schlachtruf des Anarchismus, der meist mit dem französischen Chansonier Léo Ferré (1916–1993) in Verbindung gebracht wird, aber leicht hundert Jahre älter ist.

37 **Kloster Eberbach** Zisterzienserabtei im Rheingau, seit 200 Jahren in weltlichem Besitz; seit 1998 kümmert sich eine gemeinnützige Stiftung um Erhalt und Nutzung des Klosters, das Cineasten aus dem Film *Der Name der Rose* (1986) kennen.

40 **Kriegsgefangenschaft in Reims** Es handelte sich um das Gefangenenlager der US Army, in dem 1945/46 auch Hans Josef Mundt, später Mitglied der Gruppe 47 und Leiter des Desch-Verlags, festgehalten wurde. Vgl. die im Lager entstandene Zeitschrift *Das Fragment. Literarische POW-Zeitung* vom 24.12.1945, 10.1.1946 und 15.1.1956.

41 **in this scurvy and disastrous world of ours** Beginn des 5. Kapitels von Laurence Sterne (1713–1768), *Tristram Shandy* (1759): »On the fifth day of November, 1718, which to the aera fixed on, was as near nine kalendar months as any husband could in reason have expected, – was I Tristram Shandy, Gentleman, brought forth into this scurvy and disastrous world of ours.« (Laurence Sterne, *Tristram Shandy*, Kapitel 5. Collins Classics)

Verschiedene deutsche Ausgaben zeugen von der alles überschattenden Übersetzungsproblematik. So heißt es bei A. Seubert: »Am 5. Tag des Novembers 1718, also so genau neun Kalendermonate nach jenem Ereigniß als irgend ein Ehemann vernünftigerweise erwarten konnte, wurde ich, *Tristram Shandy*, Wohlgeboren, in diese schnöde und unheilvolle Welt gesetzt.« Erwin Wolff übersetzt: »Am fünften Tag des November 1718, was, von dem bewussten Zeitpunkt an gerechnet, neun Kalendermonaten so nah kommt, wie ein Ehemann vernünftigerweise nur erwarten kann, – wurde ich, *Tristram Shandy*, Gentleman, ans Licht dieser unserer schäbigen und unheilvollen Welt gebracht.« Und zum Abschluss Michael Walter: »Am fünften Tag des November 1718, was, von dem bewussten denkwürdigen Ereignis an gerechnet, neun Kalendermonate so gut vollmachte, als dies irgendein Ehemann nur rechtens hätte erwarten können, – kam ich, Tristram Shandy, Gentleman, in diese spottschlechtkummervolle Welt.« Vgl. auch Babelfish: »Am fünften Tag des Monats November 1718, die den aera am fixiert war so nahe neun kalendar Monat wie jeder Mann in der Vernunft hätte erwarten können, – ich war *Tristram Shandy*, Gentleman, weiter in diese Skorbut und katastrophale unsere Welt gebracht.«

Aleph und seine Kryptologen

46 **Die Acht-Punkte-Proklamation des poetischen Actes** Der Wiener Artclub, ein zusammengewürfelter Haufen aus Künstlern, Musikern und Literaten, wurde 1946 ins Leben gerufen. 1952 stieß H. C. Artmann dazu. Man traf sich zuerst im Strohkoffer, dann im Domcafé, Café Glory und Hawelka. Auf April 1953 wird die Acht-Punkte-Proklamation datiert, und »am 13. dezember 1954 konstituierten wir uns als club unter dem Namen ›exil‹«. Vgl. Gerhard Rühm, *Die Wiener Gruppe. Achleitner, Bayer, Rühm, Wiener. Texte, Gemeinschaftsarbeiten, Aktionen* (1967). Exil heißt denn auch die Gaststätte, die Oswald Wiener (*1935) nach seiner Flucht aus Wien in Berlin-Kreuzberg eröffnet hat.
Hier sei stellvertretend Punkt 3 der Proklamation zitiert: »Ein poetischer Act wird vielleicht nur durch Zufall der Öffentlichkeit überliefert werden. Das jedoch ist in hundert Fällen ein einziges Mal. Er darf aus Rücksicht auf seine Schönheit und Lauterkeit erst gar nicht in der Absicht ge-

schehen, publik zu werden, denn er ist ein Act des Herzens und der heidnischen Bescheidenheit.«

49 **Jörg Schröder** (*1938) Verleger des März-Verlags und Schriftsteller. Nach Stationen beim Westdeutschen Verlag und Kiepenheuer & Witsch kam Schröder zu dem auf Judaica spezialisierten Melzer-Verlag, den er teils mit Belletristik, teils mit erotischer Literatur (Pauline Réage, *Die Geschichte der O.*) sanierte. Die Kooperation mit Maurice Girodias (1919–1990), dem Verleger der Pariser Olympia-Press, führte 1969 zur Gründung des März-Verlags. Den Vertrieb übernahm Zweitausendeins.

Für die Verlagsszene seit den Sechzigerjahren sind die autobiografischen Bände *Siegfried* (mit Ernst Herhaus, 1972; ab 1975 nur die zensierte Version) und *Cosmic* (mit Uwe Nettelbeck, 1982) bemerkenswert, weil Schröder wie ein Berserker schonungslos über alle herzieht.

Nach dem Konkurs des Verlags wurde für *Schröder erzählt* ein neues Vertriebssystem entwickelt: »Weil wir zu solchen teuren und frustrierenden Auseinandersetzungen keine Lust mehr hatten, erfanden wir einen Buchtyp, der ohne Lager auskommt. Das heißt, wir stellen mit Hilfe der Desktop-Technik nur so viele Folgen her, wie bestellt und vor der Auslieferung bezahlt sind. Sollte sich jemand durch unsere Texte beschwert fühlen, kann er zwar den weiteren Vertrieb einer Folge unterbinden lassen, aber nicht in ein Buchlager vollstrecken – denn es gibt keins!« (http://www.maerz-verlag.de/maerz.htm) Vgl. Gerhard Henschel, *Mit Schmackes aus der Kurve getragen*. In: *FAZ*, 4.10.1994.

52 **Spiekershausen** Ich nutze jede Gelegenheit, um die im Manuskript namentlich erwähnten Orte aufzusuchen. Im Fall von Spiekershausen geschah das im Documenta-Jahr 2012. Vor dem Rathaus in Kassel kam ich mit dem Inhaber des Kiosks ins Gespräch, der mir in dem Dorf an der Fulda (an der »Fulle«, wie die Einheimischen sagen) alles zeigen

wollte, vor allem die Eisenbahnbrücke: fünf Gewölbebögen auf einer Länge von 120 Metern. Als wir am nächsten Tag mit dem Motorboot unter ihr hindurch fuhren, machte er mich auf die Trümmer der alten Brücke aufmerksam, die im August 1945 von US-Truppen gesprengt worden war. Fünfzig Zentimeter unter der Wasseroberfläche stellten sie für Badende eine nicht geringe Gefahr dar. Er selbst sei als Kind einmal vom Pfeiler ins Wasser gesprungen und habe sich dabei an den Steinen verletzt.
Mit dem Bahnhof Kragenhof, etwas außerhalb gelegen, verband er zudem viele Erinnerungen. Früher, als es kaum Autos gab, war die dazugehörige Gastwirtschaft ein beliebter Ausflugsort. Erst 1974, als die Schalter geschlossen wurden, fiel der schöne Bau in einen Dornröschenschlaf, und 1981 rückten die Bagger an. Heute sieht man kaum noch Spuren davon: Die Natur hat sich Stück für Stück zurückgeholt, was ihr in früherer Zeit abhanden gekommen war.

53 **Jean-Isidor Goldstein** (1925–2007) Künstler, Autor, Philosoph; besser bekannt unter dem Namen Isidore Isou. Mit seinem *Lettristischen Manifest* (1942) schuf er die Basis für Klanggedichte und »hypergrafische Romane«, also Synthesen aus Schrift und Bild, die einer Universal-Sprache mit dem Verzicht auf Repräsentation ein Stück näherkommen sollten als konventionelle Zeichensysteme. Isou war ein Weggefährte von Guy Debord (1931–1994), dem Kopf der Situationistischen Internationale (1957–1972) und Autor des Films *Hurlements en faveur de Sade* (1952), mit dem das Nichts Eingang in die Filmgeschichte fand. Zwei Beispiele für »Ästhetik der Zerstörung«. Bleibt die Frage, ob der Ikonoklast gegenaufklärerisch, irrational und faschistoid oder vielmehr Konstrukteur von etwas Neuem ist.

53 **Jakob Lorber** (1800–1864) Musiker und Autor, der sich als »Schreibknecht Gottes« verstand. Für Lorber war die Welt eine Emanation des göttlichen Geistes. – Als »Schreib-

knecht Gottes« ist der Mensch Medium, ausübendes Organ ohne kreativen Anteil an seiner Schöpfung, unter Umständen sogar Spielball übernatürlicher Kräfte. Das widerspricht der Auffassung vom Künstler als Demiurgen, wie sie AKG vertritt: Dieser schöpft nicht aus dem Unbewussten, auch verlässt er sich nicht auf göttliche Inspiration, sondern handelt kraft seines Verstandes.

53 **»Das Wort ist eine Kippfigur«** Im Manuskript durchgestrichen: »Immer wieder entgleite ihm sein alchemistisches Wesen.«

53 **Gartenzaunmethode** Verfahren der Kryptografie, bei der die Buchstaben des zu verschlüsselnden Textes der Reihe nach versetzt in zwei Zeilen geschrieben werden. Dann wird die untere Zeile an die obere gehängt. Fertig ist der Gartenzaun.

53 **apeïros** Das Stichwort verweist auf ein Fragment des Vorsokratikers Anaximander (um 610–nach 547 v. Chr.) und bezeichnet den Ursprung, »aus dem alles kommt und wohin alles zurückkehrt«. Für Anaximander ist das Apeiron der Ursprung allen Seins, das hinsichtlich seiner Größe »Unbegrenzte« bzw. »Unermessliche«.
Von der Zeitschrift gleichen Titels (Nouvelle Serie, hrsg. v. Roberto Altmann) sind seit 1971 acht Ausgaben erschienen. Sie enthalten Beiträge von Raoul Hausmann (1886–1971), Tom Philipps (* 1937), Paul-Armand Gette (* 1927), Jacques Villeglé (* 1926) u. v. m.

54 **Heinrich (bzw. Hieronymus) Lorm** (1821–1902) Eigentlich Heinrich Landesmann: Schriftsteller und Philosoph, Erfinder des Lorm-Alphabets für Taubblinde (1881). Beim »Lormen« sind Buchstaben bestimmten Stellen der Hand und der Finger zugeordnet. Sie werden durch Berührung und kurze oder lange Abstriche dargestellt. A = Punkt auf die Daumenspitze; B = kurzer Abstrich auf der Mitte des Zeigefingers; C = Punkt auf das Handgelenk; D = kurzer Abstrich auf der Mitte des Mittelfingers u. s. w.

Bei einem Besuch in Mikulov (früher Nikolsburg) in Südmähren kommt man nicht umhin, sich mit dem Erfinder zu befassen. Dabei sollte man keinesfalls versäumen, den jüdischen Friedhof zu besuchen. Bei entsprechendem Wetter fühlt man sich wie ins 15. Jahrhundert versetzt.

54/ **Die Junggesellin** Laut Tucholsky (1890–1935), der Victor
55 Margueritte (1866–1942) an der Côte d'Azur besuchte, habe der Autor den Bubikopf in die Literatur eingeführt. Sein skandalöser Roman *La Garçonne* (Deutsch auch als *Die Aussteigerin*) erschien 1922 und wurde (nicht zuletzt wegen des Versuchs, ihn zu verbieten) ein internationaler Erfolg. Tucholsky spricht von 565.000 Exemplaren in Frankreich (vgl. *Vossische Zeitung* vom 22.11.1924), andere Quellen von 750.000. In einem alten Prospekt des Internationalen Renaissance-Verlags ist gar von 1,2 Millionen Exemplaren die Rede.

Tucholsky: »Das Buch ist in fast alle Sprachen übersetzt. Bevor die rechtmäßige spanische Ausgabe herauskam, lagen sieben unbefugte Nachdrucke in Spanien vor; in Argentinien haben sie die französische Ausgabe Seite für Seite fotografiert und so herausgegeben; und selbst der Osten, wo schon der Chinese Werthern und Lotte zierlich auf Glas gemalet, blieb nicht zurück: Es gibt auch eine japanische Übersetzung der *Garçonne*.« Die deutsche Ausgabe sei jedoch schludrig übersetzt.

Den Skandal um den Kult-Roman führte er nicht auf den Inhalt zurück, sondern auf den Pazifismus des Autors. Der hatte in Kenntnis des Versailler Vertrags den Zweiten Weltkrieg vorhergesehen und – was der 1935 verstorbene Tucholsky nicht wissen konnte – mit den deutschen Besatzern kollaboriert.

60 **Buchhandlung Niedlich** Buchhandlung und Galerie des linken Buchhändlers Wendelin Niedlich (*1927) in der Schmalen Straße 9 in Stuttgart, wo sogar Joschka Fischer (*1948) einst geklaut haben soll. Das ist aber nicht der Grund, warum 1998 schließlich Konkurs angemeldet wurde, vielmehr hatte das mit der Unordnung des Buchhändlers zu tun, der offenbar nichts vom Remissionsrecht hielt. Das hatte auch sein Gutes, denn bei Niedlich fand man in der zweiten Reihe längst vergriffene Titel – nicht selten vom Autor signiert.

61 **Max Bense** (1910–1990) Kulturphilosoph und Schriftsteller, Theoretiker der Stuttgarter Schule, lebte über vierzig Jahre in dem von ihm so genannten »verhunzten« Stuttgart, wo die »geistfeindliche Machtapparatur der Kirchen« herrschte. Vgl. *Descartes und die Folgen* (1955). Autoren wie Helmut Heißenbüttel (1921–1996), Friederike Mayröcker (*1924), Eugen Gomringer (*1925), Ernst Jandl (1925–2000), Franz Mon (*1926), Reinhard Döhl (1934–2004; Pseud. Traugott Schneider) und Tim Ulrichs (*1940) gehörten zu seinem Kreis und fanden in der Vierteljahresschrift *Augenblick* (1955–1961) oder in der *edition rot* (1960–1976) ein Forum für experimentelle Literatur (Konkrete Poesie).

64 **Heinrich von Ofterdingen** Sagenhafter Minnesänger und Held des gleichnamigen Romanfragments von Georg Philipp Friedrich Freiherr von Hardenberg, besser bekannt unter dem Namen Novalis (1772–1801). Darin geht es um die »blaue Blume«, den universellen Poesiebegriff der Frühromantik. Bei Mathilde handelt es sich um Klingsohrs Tochter, die Heinrichs Geliebte und Muse wird. In der Figur des Zauberers Klingsohr berührt Novalis den Legendenkreis vom Heiligen Gral (vgl. Wolfram von Eschenbachs *Parzival*).

65 **Pongiden** Menschenaffen, also Orang-Utans, Gorillas und Schimpansen. Der Mensch nimmt aufgrund morphologischer, kultureller und geistiger Unterschiede eine Sonderstellung ein und zählt zur Familie der Hominidae.

Der Verlag

69 **Trypophobie** Die Angst vor allem, was irgendwie nach einem Loch aussieht, seien es schwarze Flecken im Schnee oder ein Haufen Rohre in der Seitenansicht. Ein Betroffener empfiehlt, »Trypophobia« bei Google-Bilder einzugeben … Der Empfehlung kann ich mich nur anschließen.

74 **Bibliosoph** Buchwissenschaftler; Buchwissenschaft wird in Leipzig, Mainz, Erlangen, München, Münster und St. Gallen gelehrt. Das Mainzer Institut für Buchwissenschaft, hervorgegangen aus dem Gutenberg-Museum, ist das älteste und in unserem Kontext auch wichtigste, hat AKG doch an der Johannes Gutenberg Universität Mainz studiert.

74 **Sammlung Albatros** Vorläufer des modernen Taschenbuchs; vgl. Penguin-Books, Sammlung Göschen, Reclams Universal-Bibliothek, Rowohlts-Rotations-Romane u. a.

77 **Querelle** (von frz. *querelle*: Beschwerde, Klage, Streit) Roman von Jean Genet (1910–1986), 1955 bei Rowohlt auf Deutsch erschienen, 1982 von Rainer Werner Fassbinder (1945–1982) verfilmt. Der Matrose und Mörder Querelle sühnt seine Tat, indem er sich einem Mann hingibt.

77/ **Klingspor** Berühmte Schriftgießerei in Offenbach; das
78 Klingspor-Museum für internationale Buch- und Schriftkunst wurde 1953 auf der Basis der 3.000 Bände umfassenden Privatsammlung von Karl Klingspor (1868–1950) gegründet. Seitdem sind dort regelmäßig Ausstellungen mit Illustrationen, Bucheinbänden, Pressen- und Privatdrucken aus aller Welt zu sehen.

84 **Henndorf am Wallersee** Der kleine Ort im Salzburger Land wurde in den Vierziger- und Fünfzigerjahren von Schauspielprominenz aus Salzburg gern als Sommerfrische genutzt. Carl Zuckmayer (1896–1977) lebte dort im Exil, um ihn scharte sich der sog. Henndorfer Kreis, zu dem Ödön von Horváth (1901–1938) und Stefan Zweig (1881–1942) gehörten. Der österreichische Staatspreisträger Johannes Freumbichler (1881–1949) besaß dort ein Haus, in dem sein Enkel Thomas Bernhard (1931–1989) seine Kindheit verbrachte.

84 **Palotzenland** Die Palotzen bildeten die größte ethnische Einheit des ungarischen Oberlands, ursprünglich eines Verwaltungsdistrikts im Nordosten des Königreichs Ungarn, im Grenzgebiet zur heutigen Slowakei.

89 **Dieter Kunzelmann** (*1939) Politaktivist und Chef-Provokateur der 68er-Bewegung, Happening-Künstler und Mitglied der Situationistischen Internationale. Als Gefolgsmann von Theodor W. Adorno (1903–1969), Herbert Marcuse (1898–1979) und Max Horkheimer (1895–1973) und Gründer der »Subversiven Aktion« (1962) bekämpfte er die »repressive Macht der Konsumgesellschaft«. Vgl. Frank Böckelmann/Herbert Nagel: *Subversive Aktion. Der Sinn der Organisation ist ihr Scheitern* (1976; erw. Aufl. 2002).

89 **Schwabinger Krawalle** Der Schauspieler und Musiker Wolfram Kunkel (*1943), damals neunzehn Jahre alt, war einer der Straßenmusikanten, die am Abend des 21. Juni 1962 auf der Leopoldstraße von der Polizei festgenommen wurden. Die Lage eskalierte und führte zu tagelangen Straßenschlachten mit hohem Sachschaden, Vorgeschmack auf die Studentenunruhen von 1968.

»Dann wurde auch getanzt auf der Straße, man schleckte da sein Eis, mitten auf der Straße, bis dann halt die Polizei wohl einschreiten musste, und die kam ja dann auch bald vom Siegestor her mit Megaphonen und bedrohte die Leute eben, sie sollten abhauen, sonst würden sie irgendwann mal härter durchgreifen und das wurde ja dann auch ordentlich durchgegriffen. Das habe ich miterlebt, ich habe auch selber einen Schlag abbekommen von einem Gummiknüppel, ich hatte keine Ahnung, dass das so eine Wucht hat, dass mir gleich das Hemd hinten abgerissen ist, unterhalb vom Kragen.« (Deutschlandradio Kultur *Zeitreisen*, 13. Juni 2012)

90 **Speziallager Buchenwald Nr. 2** Sowjetisches Speziallager für politische Gefangene – Nationalsozialisten, Mitläufer und Kriegsverbrecher – auf dem Gelände des ehemaligen KZ Buchenwald. – Ich empfehle einen Besuch im Winter, wenn es richtig schön kalt ist. Schnee wäre nicht schlecht.

90 **Jean Améry** (1912–1978) Österreichischer Schriftsteller; emigrierte 1938 nach Belgien und kam 1940 nach Gurs, von wo ihm ein Jahr später die Flucht gelang. Als Widerstandskämpfer wurde er 1943 verhaftet, gefoltert und nach Auschwitz, dann nach Buchenwald und Bergen-Belsen verfrachtet. Nach der Befreiung arbeitete er als Kulturjournalist und Radio-Essayist. Améry beging 1978 in einem Salzburger Hotel Selbstmord. Zuvor hatte er ein Buch mit dem Titel *Hand an sich legen* (1976) veröffentlicht.

Gisela

95 **Sprachkritik** Vgl. *Aus dem Wörterbuch des Unmenschen* von Dolf Sternberger, Gerhard Storz und Wilhelm E. Süskind (1962).

96 **Café Laumer** Während der Buchmesse wird das Traditionscafé Laumer an der Bockenheimer Landstraße 67 im Frankfurter West-End traditionell zum Café Rowohlt. Dann ist es ein beliebter Treffpunkt von Lektoren und Autoren – nicht nur wegen seiner reichen Auswahl an vorzüglichen Kuchen in Dimensionen, von denen man hierzulande nur träumen kann. Dass »ein Stück Käsemohnkuchen und ein

Stück Herrentorte zusammen inzwischen acht Euro kosten«, war der *Frankfurter Rundschau* am 15.12.2012 sogar eine Meldung mit Bild wert. Zwei Monate später meldete die ebenso traditionsreiche linke Tageszeitung Konkurs an, was aber nichts mit den Kuchenpreisen zu tun hat.

97 **Gisela Elsner** (1937–1992) Deutsche Schriftstellerin; Ehefrau von Klaus Röhler (1929–2000); beider Sohn ist der Filmregisseur Oskar Roehler (*1959), der sich an seiner Herkunft abarbeitet. *Die Riesenzwerge* (1964) begründeten den Ruf der »Meisterin des bösen Blicks«, doch der dauerhafte Erfolg blieb Gisela Elsner versagt.

Aleph 1968

102 **Die Kleine Weltlaterne** Hertha Fiedler (1923–2010) herrschte ein halbes Jahrhundert lang über die Berliner Jazz-Kneipe und lockte Künstler und Literaten aller Schattierungen an. Die Liste derer, die in der Kleinen Weltlaterne ein und aus gingen, ist zu lang, um hier abgedruckt zu werden. – Beim nächsten Berlin-Besuch einfach mal hingehen und Bier mit Buletten bestellen.

102 **Creamcheese** Legendäre Multimedia-Disco in Düsseldorf und ein Stück Zeitgeschichte: Die Szenekneipe wurde von Günther Uecker (*1930) gestaltet, Künstler wie Ferdinand Kriwet (*1942), Joseph Beuys (1921–1986) und Daniel Spoerri (*1930) stellten in der angeschlossenen Galerie aus, was die Jeunesse dorée zwischen sechzehn und zwanzig jedoch wenig scherte.

104 **Die neue Straßenverkehrsordnung** Tarnschrift der RAF aus der Feder von Horst Mahler. Der Text auf dem Originalumschlag der bundesdeutschen Straßenverkehrsordnung lautet: *Die neue Straßenverkehrsordnung mit den neuen Verkehrszeichen und Hinweisschildern sowie Bußgeldkatalog*. Darin: *Die Lücken der revolutionären Theorie schließen* von Horst Mahler (1971).

Dem Anwalt Otto Schily (*1932) ist es zu verdanken, dass der Maoist Klaus Wagenbach (*1930) und sein Verlag, in dem die Kampfschrift erschien, Razzien, Prozesse und Hetzkampagnen der Springer-Presse einigermaßen überstanden haben.

108 **Paul Celan** (1920–1970) Lyriker und Übersetzer, dessen Gedicht *Die Todesfuge* (entstanden 1944/45) in jedem Deutschbuch für Mittelschulen enthalten ist. Die Plagiats- oder Goll-Affäre wurde von Claire Goll (1891–1977) ausgelöst, die zeitlebens behauptete, dass Celan ihren Mann Ivan Goll (1891–1950) kopiert habe.

109 **Der katholische Kellner** Vgl. Seite 108 »der jüdische Verleger« (Hinweis des heidnischen Herausgebers).

110 **Fiedlers Vortrag** Der amerikanische Literaturwissenschaftler Leslie Fiedler (1917–2003) wurde 1968 mit dem Vortrag *Close the Gap, Cross the Border* schlagartig berühmt. Darin erklärte er die Moderne für tot, um die Postmoderne auszurufen, was unter Literaten eine wie immer heftige Debatte über »Traum, Vision, Ekstase« in der Literatur auslöste. Oder wie Martin Walser Fiedlers Thesen kopfschüttelnd zusammenfasste: Die Literatur sollte »so weit weg als möglich von Proust und Brecht« sein. Vgl. M. W., *Über die Neueste Stimmung im Westen*. In: *Kursbuch* 20/1970.

111 **Bernard Heidsieck** (*1928) Französischer Lautpoet, Autor von »Tout autour de Vaduz«, einer »poésie sonore« zur Einweihung des Centrums für Kunst und Communication in Vaduz (1974).

»Après avoir décidé de faire de Vaduz, ce maxivillage, capitale de ce mini-territoire situé au centre de l'Europe, de notre sublime Europe, Le Liechtenstein, l'un sans doute des plus petits pays au monde, le centre même de notre globe, de notre fichu globe terrestre!, il s'est agit alors de tracer sur une carte du monde, à partir de Vaduz, des cercles d'égale largeur, s'en éloignant en parallèles successives jusqu'à en boucler la surface totale. Ce fut la première mise à plat de ma »commande«. Le travail suivant ayant consisté à inscrire dans chacun des cercles, en partant de Vaduz, cercle après cercle, et à leur emplacement géographique, toutes les ethnies – et non nationalités – rencontrées au cours de ce parcours circulaire, toutes les ethnies possibles, vivant là, dans leur spécificité de langue, culture, coutumes, aspirations et singularités.« Vgl. www.infern-magazine.com/2011/12/05.

116 **Theater am Turm** (TaT) Städtisches Theater der Stadt Frankfurt, dessen Geschicke von 1965–1969 von Claus Peymann (*1937) gelenkt wurden, der das Theater für die Interessen der Studentenbewegung öffnete. 1974 führte *Der Müll, die Stadt und der Tod*, das umstrittene Stück über Immobilienspekulation, zu Rainer Werner Fassbinders (1945–1982) Abdankung als Intendant.

Die Kunst der Unterwerfung

120 **Raubdruck** Das geraubte Fahrrad wechselt den Besitzer, nicht aber den Eigentümer, obwohl der seiner ledig ist. Das ist bei sog. Raubdrucken der Sechziger- und Siebzigerjahre anders. Auch Arno Schmidt (1914–1979), auf den sich *Die Kunst der Unterwerfung* bezieht, wurde durch den »Raubdruck« nicht seines Buches beraubt, sondern eher bereichert, denn als die Affäre um *Zettel's Traum* (1970) bekannt wurde, wuchs das Leserinteresse an dem Autor beträchtlich.

Der Freiburger Jurist Götz von Olenhusen, Experte für Copyright und Verlagsrecht, war bekannt als Sammler von Raubdrucken. Vgl. Albrecht Götz von Olenhusen/Christa Gnirß: *Handbuch der Raubdrucke* (1972); Raubdruck-Archiv, Freiburg im Breisgau 2002 (überarbeitete und ergänzte Fassung auf CD-ROM). – Der berühmte Magister Johann Georg Tinius (1764–1846) kann allenfalls als Druckräuber bezeichnet werden.

120 **Kneipe in Berlin** 1969 entzog sich der Schriftsteller Oswald Wiener (*1935) seiner Strafe für eine »Uni-Ferkelei« (wegen der er sechs Monate ins Gefängnis sollte), indem er nach Berlin floh. Dort am Paul-Lincke-Ufer 44A in Kreuzberg betrieb er eine Gaststätte mit dem Namen Exil, bis er Mitte der Neunzigerjahre nach Kanada auswanderte.

Wittlings Ende

131 **Ewald Katzengraben** Im richtigen Leben heißt der Verleger Christian Ewald (*1949) und der Verlag Katzengraben-Presse. Der fragliche Titel von Jcoab und Wlhilem Gimrm, *Ein Mäerchn*, erschien mit »güldenen« Illustrationen von Matthias Gnatzy, Besigheim (2004). Das Buch hat einen Umfang von 34 Seiten im Format 17,5 x 23 cm und enthält eine Goldprägegrafik von Matthias Gnatzy (*1948). Japanische Blockbindung, Marmorpapierbezug mit Banderole, in gedruckter und genähter Papiertüte.

133 **Imre Reiner** (1900–1987) Vor etlichen Jahren, nachdem das Deutsche Literaturarchiv in Marbach nur Teile seines Nachlasses zu Lebzeiten kaufen wollte, lud mich Imre Reiner zu sich nach Ruvigliana bei Lugano ein. Leider war ich ihm keine große Hilfe, aber drei Editionen konnte ich immerhin erwerben: *Die Ohrfeige* von Robert Walser (1965), *Poems* von John Donne (1968) und *Sul Teatro di Marionette* von Heinrich von Kleist (1980). Weitere Bücher und Kassetten mit Radierungen und Holzstichen, die ich mitnahm, um sie Sammlern und Museen in Chur, Zürich, St. Gallen und Vaduz anzubieten, musste ich nach einem halben Jahr leider wieder zurückgeben.

Bis zum heutigen Tag habe ich grenzenloses Mitleid mit dem unglücklichen Künstler, dessen Hab und Gut, insbesondere die Frucht seiner jahrelangen Arbeit, ein Raub der Flammen wurde. Wo das war, konnte ich leider nicht ermitteln – jedenfalls nicht im Krieg (da wohnte er schon in

der Schweiz). Leib und Leben konnte er retten, aber von seinem Atelier blieb nichts übrig, gar nichts. Zeichnungen, Druckgrafiken, illustrierte Bücher, unzählige Bogen seltener Papiere, Maschinen und Werkzeuge aller Art sind verbrannt. Als Reiner den Schaden sah, musste er feststellen, dass es nichts mehr zu retten gab. Und ich sehe ihn vor mir, wie er geweint hat … Ja, ich hätte geweint an seiner Stelle.
Als er mir in seiner Villa über dem See von der Katastrophe erzählte, tat er das scheinbar ungerührt. Nach so langer Zeit hatte er mit allem abgeschlossen. Er bereitete sich auf den Tod vor. Tatsächlich starb er fünf Jahre nach meinem Besuch.

133 **Frühe Schriften und typische Scheiße** Typischer Titel von Dieter Roth (1930–1998) für seine zahllosen Schriften mit ebenso zahllosen Abbildungen im Text und auf Tafeln. Sammlung Luchterhand 125 (1973).
In den Siebzigerjahren erlangte die von Otto F. Walter (1928–1994) verantwortete Sammlung Luchterhand eine gewisse Berühmtheit, weil die Autorinnen und Autoren des Verlags, allen voran Günter Grass, einen Aufsichtsrat aus Verlagsmitarbeitern und Autoren verlangten. 1987, als der Verlag mit allen Autorenrechten verkauft werden sollte, kam es zum Eklat. Die Proteste führten dazu, dass der literarische Teil vom Verkauf ausgeklammert und unter Leitung von Elisabeth Raabe (*1939) und Regina Vitali (*1942) vorerst weitergeführt wurde. Heute gehört Luchterhand wie 44 weitere teils namhafte und traditionsreiche Verlage zur Verlagsgruppe Random House (Stand 2013).

135 **Montségur** (okzitanisch »sicherer Berg«) Die Burgruine in den Pyrenäen gilt als Symbol für den grausamen Vernichtungskampf, den der Bischof von Narbonne im Mittelalter gegen die Katharer führte: 1244 wurden Burg und Dorf zerstört, 225 Katharer erlitten den Verbrennungstod. Der Legende nach haben die Katharer den Heiligen Gral auf der Burg Montségur verborgen. Vgl. Wolfram von Eschenbach, *Parzival.*

142 **Wenigstens mir gegenüber** Im Manuskript durchgestrichen: »Hast du schon vergessen, warum du das alles tust? Hast du aufgehört, die Faust zu ballen?«

143 **J. Kitzinger** (*1927) Generationen von Münchner Studenten kennen den Antiquar in der Schellingstraße 25. In Philosophie und Literatur gibt es nichts, was er nicht kennt. Auch im hohen Alter saß er Tag für Tag noch persönlich an seinem Platz, um bei Bedarf Auskunft zu erteilen, eine Aufgabe die mittlerweile sein Sohn übernommen hat.

143 **Jean Gebser** (1905–1973) Philosoph, Schriftsteller und Übersetzer. Seine Übertragungen von Lorca und anderen spanischen Dichtern erschienen in der Rabenpresse in Berlin, jenem Verlag, den er 1926 mit seinem Freund VauO Stomps gegründet hat (Druckerei und Verlag Stomps & Gebser, Buch- und Kunstdruckerei). Sein Hauptwerk *Ursprung und Gegenwart* (1949–1953) ist der Geschichte des Bewusstseins gewidmet.

Münchner Geschichten

146 **Klitzekleine Bertelsmänner** Peter Engel und Winfried Christian Schmitt schrieben *Klitzekleine Bertelsmänner, literarisch-publizistische Alternativen* 1965–1973 (1974) und suggerierten mit dem Titel, dass Kleinverleger genau wie die Großen vom Erfolg träumen. Nicht Überzeugung macht demnach den Kleinverleger, sondern Mangel und Not.

147 **Literaturpreise** Als weiteres Beispiel sei der Feldkircher Lyrikpreis erwähnt: Betrug das Preisgeld früher 1500 Euro, sind es neuerdings noch 1.000 Euro. Lächerlich wenig, wenn man bedenkt, was man dafür alles auf sich nimmt – außer Schreiben natürlich. So muss man sich mit einem »Thema« auseinandersetzen wie »Satt liegt deine Hand in der Wölbung meines Rückens«. Das ist an sich schon schlimm genug, doch überdies gilt es, eine Reihe von Auflagen zu erfüllen. Erst dann winken das Preisgeld und ein Gedicht-

band in einem wie immer renommierten Verlag, den keiner kennt.

149 **Kapellmeister der öffentlichen Meinung** Wie groß die Meinungsmacht der Dirigenten und Kapellmeister auf die Berichterstattung ist, hat Uwe Krüger untersucht: Journalisten handeln demzufolge im Eigeninteresse und vertreten die Meinung der Gruppen, denen sie zugehören möchten, also der Mächtigen. Sie stehen auf der Seite der Eliten. Vgl. Uwe Krüger, *Meinungsmacht: Der Einfluss von Eliten auf Leitmedien und Alpha-Journalisten – eine kritische Netzwerkanalyse* (2013).

151 **einen Riegel vorschieben** Im Manuskript durchgestrichen: »Aleph fand, dass sich die Heilsbotschaft nicht von vielen anderen unterschied, egal, ob sie aus Poona oder aus dem Weltall stammen.«

151 **Hermes Trismegistos** Der »dreimal größte Hermes« galt bis ins frühe 17. Jahrhundert als griechisch-ägyptischer Autor einer Reihe hermetischer Schriften, bis um 1614 der Nachweis erbracht wurde, dass es sich um Traktate aus hellenistischer Zeit (336–30 v. Chr.) handelt. In esoterischen Kreisen werden sie als Grundlagentexte der Alchimie und Astrologie gelesen.

151 **Castaneda, Sun Bear und der Papalagi** Carlos Castaneda (1925–1998), amerikanischer Anthropologe und Schriftsteller, dessen Schriften über Schamanismus und den mexikanischen Indianer Don Juan bei Esoterikern hohes Ansehen genossen. Desgleichen Sun Bear und seine Frau Wabun (Indianische Astrologie). Das 1920 erschienene kulturkritische Buch des Malers Erich Scheurmann (1878–1957) *Der Papalagi* ist seit den Hippies in millionenfacher Auflage verbreitet.

151 **Sannyasin** Spirituelle Schüler von Bhagwan Shree Rajneesh (1931–1989), äußerlich erkennbar an der orangen oder roten Kleidung und der Mala, einer Halskette mit 108 Holzkugeln und dem Bildnis des Meisters. Seit 1985 verschwanden sie allmählich aus der Öffentlichkeit.

152 **Maroverlag** Den Augsburger Verlag gibt es dank Benno Käsmayr (*1948) seit über vierzig Jahren. Es ist zweifelhaft, ob Charles Bukowski (1920–1994), William S. Burroughs (1914–1997) oder Jack Kerouac (1922–1969) ohne ihn hierzulande überhaupt jemand kennen würde. Den 2002 erhaltenen Kurt-Wolff-Preis hat sich der Verleger jedenfalls redlich verdient.

153 **Christoph Derschau** (1938–1995) Als Berserker der Poesie und Anarcho-Dichter wurde er gefeiert, sein Radikal-Subjektivismus war Programm. Vorbilder fand er in der amerikanischen Underground-Literatur. *Die grüne Rose* (1981) hätte man als Ballett und als Performance erleben können, wenn man 1979 zufällig in Hamburg oder 1980 in Münster und Dortmund gewesen wäre.

154 **Die Bieresch** Eine Volksgruppe aus dem nach ihr benannten Roman von Klaus Hoffer. Dieser gliedert sich in die beiden Teile *Halbwegs* (1979) und *Der große Potlatsch* (1983) und schildert die Erlebnisse des Ich-Erzählers Hans, der nach Zick am Ostufer des Neusiedler Sees reist, um dort mit den seltsamen Sitten und Gebräuchen der Bieresch konfrontiert zu werden. Vgl. Klaus Hoffer, *Bei den Bieresch* (2007).

154 **Der Deutsche Herbst** Die Monate September/Oktober 1977 waren geprägt durch Anschläge der Roten Armee Fraktion (RAF). Dazu zählten die Ermordung Hanns Martin Schleyers, die Entführung der Lufthansa-Maschine nach Mogadischu in Somalia sowie die Selbstmorde der inhaftierten RAF-Mitglieder in Stuttgart-Stammheim. Wer lange Haare hatte und mit dem 2CV oder VW-Käfer unterwegs war oder gar die Grenze passierte, musste mit längeren Wartezeiten rechnen.

154 **John Giorno** (*1936) Amerikanischer Performancekünstler und Poet, Begründer von Giorno Poetry Systems, einer Plattenfirma, die mit Künstlern wie William S. Burroughs

(1914–1997), Philip Glass (*1937) und Laurie Anderson (*1947) zusammenarbeitet.

155 **Ian Hamilton Finlay** (1925–2006) Schottischer Lyriker und Künstler, Autor von sog. One-Word-Poems, eine Art Konkrete Poesie in freier Wildbahn, z. B. in Stuttgart-Büsnau (1975).

Wiener Verhältnisse

159 **Europäisches Forum Alpbach** Jeden Sommer im August wird das Tiroler Bergdorf Alpbach zu einem »Zauberberg« der Philosophen, denn seit 1945 treffen sich dort alle großen Geister, die der Welt etwas mitzuteilen haben.

165 **Gerhard Lampersberg** (1928–2002) Österreichischer Komponist und Mäzen, verheiratet mit der Sopranistin Maja Weis-Ostborn (1919–2004). Diese stammte aus einer altösterreichischen Adelsfamilie und hatte 1954 den Tonhof, einen herrschaftlichen Gutshof in Maria Saal in Kärnten, als Mitgift bekommen. In den späten Fünfziger- und frühen Sechzigerjahren gingen dort Schriftsteller und Künstler ein und aus, darunter Christine Lavant (1915–1973), H. C. Artmann (1921–2000), Friedrich Cerha (*1926), Bibiana Zeller (*1928), Gerhard Rühm (*1930), Konrad Bayer (1932–1964), Hubert Fabian Kulterer (1938–2009), Wolfgang Bauer (1941–2005), Peter Handke (*1942), Peter Turrini (*1944) und Gert Jonke (1946–2009). In der Scheune des Tonhofs kamen avantgardistische Theaterstücke und Konzerte zur Aufführung, während an den Wänden Bilder und Tapisserien ausgestellt wurden. Vgl. Thomas Bernhard, *Holzfällen* (1984) und die damit verbundene Affäre, in die Hans Haider von der *Presse* involviert war.

Nach der Wende

172 **Ein guter Titel für einen Vortrag** Der 1988 im Kunstmuseum Bern gehaltene Vortrag erschien unter dem Titel *Die*

Krise der Linearität in der von Gerhard Lischka (*1943) betreuten Reihe *Um 9* im Benteli-Verlag (1992).

172 **Schloss Ettersburg** UNESCO Weltkulturerbe bei Weimar in Sichtweite von Buchenwald, Anna Amalias Musenhof und Jagdschloss. Heute Tagungsort und Sitz der Bauhaus-Akademie.

174 **Theo Pinkus** (1909–1991) Schweizer Buchhändler und Verleger in Zürich. Als Lehrling im Rowohlt-Verlag, damals noch in Berlin, kam er mit dem kommunistischen Jugendverband in Berührung, was seinem Leben die Richtung vorgab. Da er Jude, Kommunist *und* Ausländer war, kehrte er 1933 schleunigst in die Schweiz zurück. Eine Dokumentation über die Geschichte der Schweizer Arbeiterbewegung, mit Studenten der Universität Zürich erarbeitet, führte zur Gründung des Limmat-Verlags. Vgl. *Schweizerische Arbeiterbewegung. Dokumente zu Lage, Organisation und Kämpfen der Arbeiter von der Frühindustrialisierung bis zur Gegenwart.* Herausgegeben und eingeleitet von der Arbeitsgruppe für Geschichte der Arbeiterbewegung Zürich (1975).
Wenn man ihn – nur um ein Beispiel zu nennen – nach Franz Mehring fragte, weil man eine Arbeit über Naturalismus schreiben wollte, dann griff er hierhin, rannte dorthin, bat um Geduld und verschwand im Flur, um wenig später mit einem Stapel Bücher, Zeitschriften und Artikeln wiederzukommen, die alle mit Mehring und dem Naturalismus zu tun hatten. In der Wildbachstraße 48 in Zürich sah es aus wie in dem Haus der namenlosen Frau, die in *Fahrenheit 451* den Flammen zum Opfer fällt, nachdem sie von Frau Blake, ihrer Nachbarin, denunziert wurde.

180 **Heinrich Wohlwend** Ein berüchtigter Treuhänder und »furchtbarer Jurist« dieses Namens konnte nicht nachgewiesen werden. Die Attribute verweisen jedoch auf die von Rolf Hochhuth (*1931) ausgelöste Filbinger-Affäre (1978). Der Dramatiker hatte den Baden-Württembergischen Mi-

nisterpräsidenten Hans Filbinger (1913–2007) wegen seiner Nazivergangenheit als »furchtbaren Juristen« bezeichnet, worauf dieser eine Unterlassungsklage einreichte. Sie wurde schließlich abgewiesen, weil das Gericht die Charakterisierung als persönliche Meinungsäußerung des Autors wertete. Vgl. Thomas Bernhards Theaterstück *Vor dem Ruhestand* (1979).

181 **Wadim Maslenikow** Der Gymnasiast in dem *Roman mit Kokain* von M. Agejew. Titel der russischen Ausgabe: *Roman s kokainom* (1936). Deutsch von Norma Cassau und Valerie Engler (2012).

183 **Stalking noch kein Straftatbestand** Seit dem 31. März 2007, als der Straftatbestand der Nachstellung in Deutschland eingeführt wurde, kann die sog. einfache Nachstellung nach §238 StGB mit Freiheitsstrafen bis zu drei Jahren bestraft werden.

186 **ZVAB** Das Zentrale Verzeichnis Antiquarischer Bücher ist nach eigener Darstellung »weltweit das größte Online-Antiquariat« mit rund 25 Millionen Titeln, darunter Noten, Grafiken, Autografen, Postkarten und Schallplatten.

Am Ziel

189 **Dulce et decorum est nescire** Abgeleitet von Horaz (*carmina* 3,2,13): dulce et decorum est pro patria mori (Süß und ehrenvoll ist es, fürs Vaterland zu sterben). Hier also etwa: Süß und ehrenvoll ist es, ahnungslos zu sein.

190 **Volker Michels** (*1943) Umtriebiger Hesse-Herausgeber und virtuoser Vielfachverwerter im Hause Suhrkamp. Die erwähnte Literaturgeschichte *Traditionen und Tendenzen. Materialien zur Literatur der DDR* (1972) war zugleich Raddatz' Habilitation.

192 **Jan Karski** (1914–2000) Augenzeuge des Holocausts und Diplomat. Obwohl er 1942 und 1943 die polnische Exilregierung in London sowie die britische und amerikanische

Regierung über die Zustände in Polen informierte, konnten die Gräuel der Nazis nicht verhindert werden.

193 **Ungelöschter Kalk** Offenbar wurde mit ungelöschtem Kalk oder Ätzkalk einst sogar Kaffee »gekocht«. Vgl. Adalbert Stifter, *Der Condor* (1840): »Während dessen hatte der junge Luftschiffer eine Phiole mit starkem Kaffee gefüllt, in ungelöschten Kalk gegossen und so die Flüssigkeit gewärmt; dann goss er etwas Rum dazu und reichte der Jungfrau einen Becher des heißen und erhitzenden Getränkes.«

199 **tun und lassen, was er will** Im Manuskript durchgestrichen: »Monologe ersetzen den Dialog, man betritt einen Kosmos aus Worten, innere Räume, in denen die Freiheit gedeiht. Will er überhaupt erkannt werden? Richtet er sich noch an die Welt? Oder schon an die Nachwelt? – Der wahre Tod ist das Vergessen; ihn fürchtete er weitaus mehr als den physischen.«

Nachwort

Genealogie hat mich nie sonderlich interessiert. So wichtig bin ich nicht, dass ich mich meiner selbst vergewissern muss, finde ich. Wem soll sie dienen außer dem, der sie betreibt? Ich halte die Beschäftigung mit der eigenen Herkunft für egozentrisch und morbid, eine Art Junggesellenmaschine für Senioren, die nichts Besseres mit sich anzufangen wissen.

Mein Vater ist ein gutes Beispiel dafür: Nach seiner Pensionierung trug er allerlei nutzlose Informationen, Urkunden und Dokumente über seine Ahnen zusammen, schrieb zahllose Briefe, kaufte Bücher und Broschüren und telefonierte in der Welt herum, um irgendwo noch Verwandte aufzuspüren. Dann ließ er einen Stammbaum zeichnen und beauftragte einen Heraldiker damit, ein Familienwappen zu entwerfen, ein gleichseitiges Dreieck auf blauem Grund, mit goldenen Sternen in jeder Ecke. Die Vorlage hatte er dem *Genealogischen Handbuch der Oeselschen Ritterschaft* (Tartu/Estland 1935) entnommen. So gelang ihm der Nachweis, dass seine Familiengeschichte bis ins Jahr 1397 zurückreicht. – Als ob mir das nicht egal wäre!

Vor zwei Jahren meldete sich jedoch ein junger Mann bei mir, der mich zwang, meine geringschätzige Haltung zu korrigieren, wenn nicht vom Kopf auf die Füße zu stellen. Der Telefonanruf weckte mich mitten in der Nacht, und was ich zu hören bekam, war ein für meine Ohren fremdes, altertümliches Deutsch, das mich sofort stutzig machte. Heute weiß ich, dass es sich um Launa-Deutsch handelt, eine Sprache, die auf deutsche Emigranten in Chile zurückgeht. Der nächtliche Anrufer war einer von den rund 20.000 Chilenen mit deutscher Muttersprache.

Lucas Perez Duarte ist der älteste Sohn von Clarissa Duarte und Joaquin Perez. Dieser stammt von Hildegard Kleinschmidt und Manolo Perez ab, der seinerseits ein Nachkomme von deutschen Einwanderern war.

Hildegard hatte ihren Mädchennamen wieder angenommen. Streng genommen hieß sie nämlich Kraus, war sie doch in erster Ehe mit Alfred Kraus verheiratet gewesen, den sie Anfang der Sechzigerjahre in Deutschland verlassen hatte. Eine Existenzkrise infolge des Todes ihres gemeinsamen Kindes hatte sie dazu veranlasst, in Mexiko unterzutauchen. Von dort führte ihr Weg weiter in den Süden nach Chile.

Hildegard Kleinschmidt war eigentlich Hamburgerin, ihre Mutter stammte aus dem Dithmarschen und hieß auch so ähnlich, nämlich Lotte Dithmar. Deren Vorfahren kamen ursprünglich aus Pommern, wo der Name noch vereinzelt anzutreffen ist. In der spärlich dokumentierten Familiengeschichte tauchen immer wieder die Güter Pommershof und Petersmark auf (Kreis Neustettin, heute Szezecinek in Polen) sowie Bärwalde, »ein Städlein nicht sonders weit von Neuen-Stettin auff Polen zu«, wie Matthäus Merian 1652 in seiner *Topographia Electoratus Brandenburgici et Ducatus Pomeraniae* schrieb.

Unter Hildegards Vorfahren mütterlicherseits gab es Glasermeister, Schlosser, Gastwirte und ein Mühlenbesitzer. Ihr Urgroßvater Ernst, geboren 1811 in Bärwalde, gestorben 1883 daselbst, war das vierte von acht Kindern und kam auf der Weizenburger Mühle zur Welt. Er fristete sein Dasein als Glaser und Brauer. Wie das polnische Städtchen Barwice zu seinem Namen »Klein-Paris am Gänsebach« kam, wird wohl immer ein Rätsel bleiben. Der Marktplatz, die Kirche, die Post, der stillgelegte Bahnhof und das Solarium – alles sieht heute noch ziemlich trostlos aus. Da hat das nahe Neustettin trotz der allgegenwärtigen Spuren des Sozialismus mehr zu bieten.

Verwandtschaftsbeziehungen sind seit eh und je für mich ein Buch mit sieben Siegeln, aber immerhin ahnte ich: Da gibt es eine Verbindung zwischen mir und diesem Chilenen mit seiner deutschstämmigen Großmutter. Als diese fünf Jahre nach ihrer dem Krebs erlegenen Tochter ebenfalls starb, fand Lucas das Manuskript im Nachlass seiner Tante. Darin ging es um einen Lektor in der Bundesrepublik Deutschland, der in Wiesbaden, Berlin, München und Wien gearbeitet hatte und dann nach Liechtenstein gezogen war, wo er einige Jahre später in seiner Wohnung an Herzversagen starb. Die Internet-Recherche brachte Lucas auf meine Spur; die Ähnlichkeit einzelner Namen (Lotte Dithmar) und die Tatsache, dass ich publizistisch tätig bin, mögen dabei ausschlaggebend gewesen sein.

Als er mich fragte, ob ich einen Blick in das Manuskript werfen wolle, stimmte ich bereitwillig zu: »Gerne will ich das tun. Können Sie es mir schicken? Oder kommen Sie vielleicht mal nach Europa?«

»Ich kann Ihnen Scans schicken, wenn Sie wollen. Es sind aber über 400 handschriftliche Seiten«, warnte er mich.

Bald darauf hatte ich einen Stapel Papier vor mir liegen. Die Handschrift war mit etwas Übung leicht zu lesen. Bei der ersten flüchtigen Durchsicht fielen mir die vielen regionalen Bezüge auf. Die Darstellung endete nach der Jahrtausendwende, sodass ich manches aus eigener Anschauung kannte: Die vielen Baustellen im Ort, die über Mittag geschlossene Landesbibliothek und den Leiter des Literaturarchivs, mit dem ich in Marbach am Neckar war, wo er sich für Schillers Geburtshaus interessierte, während ich mehr dem Vorspeisenteller beim Griechen Beachtung schenkte.

Nach der Lektüre beschloss ich, alles mit dem Computer zu erfassen. Das Ergebnis liegt nun vor und bedarf an vielen Stellen der Erläuterung. Nach Rücksprache mit Lucas habe ich offenkundige Fehler korrigiert und behutsam in die Struktur eingegriffen, um den Text verständlicher zu machen. Das Ziel war ja keine historisch-kritische Ausgabe, bei der es um Quellentreue geht, sondern eine möglichst lesbare und wahrheitsgetreue

Biografie. Dass diese aber nicht frei ist von Mystifikationen und gleichzeitig manches über die tot geglaubte Erzählerin preisgibt, versteht sich von selbst.

Schließlich habe ich auch Andrea K. ausfindig gemacht. Das war eine Kleinigkeit, dank twixtel eine Sache von wenigen Minuten. Unsere Gespräche dauerten allerdings etwas länger, denn am liebsten wäre es ihr gewesen, wenn ihr Name ganz getilgt worden wäre (wozu ich mich aber nicht durchringen konnte). Also haben wir uns auf die abgekürzte Form »Andrea K.«, bzw. »Andrea«, geeinigt – ein vertretbarer Kompromiss, wie ich finde.

Inzwischen war ich schon mehr als einmal in Chile, und Lucas hat mich hier besucht. Er ist ein schüchterner junger Mann, eben zum zweiten Mal Vater geworden. Seine Tochter Katalina hat endlich ein Brüderchen bekommen.

Als versierter Fremdenführer durfte ich ihm im Umkreis von hundert Kilometern alles Sehenswerte zeigen – von der Stiftsbibliothek in St. Gallen bis zum Heidi-Dorf (Katalina war sieben; ihr haben die Ziegen am besten gefallen). Im Gegenzug hat er mich durch Temuco geführt, wo es angeblich dreizehn Monate im Jahr regnet. Die landschaftlich reizvoll gelegene Stadt in der chilenischen Schweiz, dem ehemaligen Königreich Araukanien, hat 250.000 Einwohner. Das Seengebiet, vor allem rund um den Llanquihue-See, wurde in der zweiten Hälfte des 19. Jahrhunderts von deutschen Einwanderern besiedelt, die in der Region noch zahlreich anzutreffen sind: Namen von Schulen, Geschäften und Straßen und andere meist geografische Bezeichnungen deuten darauf hin.

Der Schriftsteller und Komponist Oskar von Riesemann (1880–1934) hielt in seinen Reisebriefen *Rund um Süd-Amerika* (Berlin 1913) fest: »[D]eutsch, ausschließlich deutsch ist hier [...] das Dreigestirn Doktor, Apotheker, Wurstmacher, und deutsch sind alle, wenigstens alle guten Hotels. Letzteren Umstand kann der Reisende, zumal der deutsche, nicht hoch genug preisen.« Also preisen wir auch.

Nachdem ihre Sprache lange Zeit fast unverändert geblieben war, führte der wirtschaftliche Aufschwung zu einer Durchmischung und damit zum Rückzug des Deutschen. Das klingt dann so, ich zitiere: »Diese Firma macht uns starke Kompetenz«, »der Brief ist mit der ordinären Post gekommen«, oder »was ich zu sagen habe, ist von höchster Importanz.«

Manchmal denke ich, Lucas spricht Jean Paul (wenn Sie wissen, was ich meine).

Anlässlich meines letzten Besuches in Chile zeigte er mir die Fotoalben, alte Familienalben mit Bildern von Kindstaufen, Geburtstagen und Urlaubsreisen.

»Das war meines Vaters liebstes Hobby, darauf verwendete er viel Zeit und Geld«, sagte er. Man könne davon ausgehen, dass in jedem Album eine begrenzte und daher überschaubare Anzahl Personen auftritt – wie in einem Theaterstück. Nicht selten sei das Stück jedoch unvollendet, denn viele Alben seiner Sammlung waren halbleer – oder halbvoll, wem das lieber ist. Jedenfalls enthielten sie einen in sich geschlossenen Kosmos und oft auch eine erkennbare Dramaturgie oder Chronologie, nämlich wenn Eltern das Album für ihre Kinder anlegen und thematisch vorgehen: »Meine Karriere als Fußballer«, »Urlaubsreisen 1980–1990« oder »An Tante Gertruds 80. Geburtstag«.

Manche Fotos wurden nachträglich mit der Schere bearbeitet, und stets waren die Konturen einer gewaltsam aus der Geschichte verbannten Person zu erkennen, er wisse auch nicht, wer das war. Niemand wisse das. Ein Drama!

* * *

Heutzutage sind Bücher Hybride aus Texten, Bildern, Audios und Videos. Wie Computerspiele funktionieren sie oft sogar interaktiv. Der Leser kann über den Fortgang der Handlung bestimmen und Wünsche äußern, wie es weitergehen soll. Wenn die nicht erfüllt werden, steigt er aus … Was der Autor um jeden Preis verhindern muss.

Dadurch hat sich seine Beziehung zum Leser verändert. Dieser ist Co-Produzent oder Co-Autor, also Produzent und Rezipient in einer Person. Als sogenannter Prosument greift er in den Produktionsprozess ein, sodass die viel beschworene Autonomie des Autors oder »freien« Schriftstellers verschwindet. Der Autor beugt sich also der höchsten Instanz: dem Diktat des Lesers.

Wenn bestimmte Wörter aus Gründen der politischen Korrektheit (die bekanntlich soziologisch bedingt ist und dem Zeitgeist unterliegt) nicht mehr geduldet werden, dann müssen Bücher rückwirkend korrigiert, die Bibel mithin umgeschrieben werden. Deshalb kennt das Buch kein Original mehr, keine Urschrift, sondern nur verschiedene Versionen. Vgl. Dirk von Gehlen, *Eine neue Version ist verfügbar* (2013).

Dieses dynamische Prinzip manifestiert sich als work in progress in Updates, die der Leser unter Berufung auf die Schwarm-Intelligenz steuert, weil sie der individuellen Intelligenz überlegen sei. Und da er auf die Lektüre nicht *nicht* reagieren kann, reagiert er in jedem Moment quasi wie ein Staubsauger, der umso stärker saugt, je mehr Staub vorhanden ist. Man nennt das »positive Rückkoppelung« (wobei fraglich ist, ob sie in qualitativer Hinsicht tatsächlich positiv ist).

Der Prosument auf der Höhe seiner Zeit verfügt natürlich auch über einen 3D-Drucker. Damit wendet er das interaktive Prinzip, das sich beim Schreiben digitaler E-Books bewährt hat, schließlich auf die analoge Welt an: Er textet die Welt neu. Oder wie es bei Samson heißt: »Sie opfern die Ernte dem Feuer, listig wie dreißig Füchse, und formen die Welt nach ihrem Bilde, so wie von den heiligen Worten versprochen.« Diesen Vorgang muss man sich wie eine Art Photoshop vorstellen, mit dem beispielsweise aus einem expressionistischen Holzschnitt ein impressionistisches Aquarell im Stil von Cézanne wird. Mit diesem »Übersetzungsprogramm« macht der Prosument nicht mal vor seinen Brüdern halt.

Um seinen Text zu verbreiten und andere daran teilhaben zu lassen, kopiert oder druckt er ihn aus, doch anstatt Tinte verwendet er Kunststoff oder Flüssigharz. So möbliert er den Raum allmählich um, wobei das Authentische verblasst und einer Kultur des Kombinierens Platz macht. Vgl. S. 35: »Das Bühnenbild werde zwar ab und zu um-, aber nie neugebaut.«

Laut Einstein liefert die Theorie zwar viel, »doch dem Geheimnis des Alten bringt sie uns nicht näher«. Während jahrelang versucht wurde, Gott über die Schultern zu blicken, um ihm den Code zu entreißen, aus dem alles gemacht ist, wird der Mensch jetzt selbst zum Schöpfer, zum Texter und Redakteur der Welt.

Aleph Kraus-Góngora hat solchen Konstruktivismus in seiner Poetik stets begrüßt. Und dennoch glaube ich, dass es ihm schwer fiel, sich die letzte Konsequenz auch nur vorzustellen. Da sich die Entwicklung zeitlich mit seinem eigenen Lebensabend traf, blieb ihm abschließend nur noch zu sagen: »Es war schön bei euch! Haltet die Ohren steif und lasst mal wieder von euch hören!«

* * *

Zum Schluss noch ein Wort zum Titel des Buches: In Hildegard Kleinschmidts Nachlass gibt es keinerlei Hinweise auf eine Schlagzeile oder Überschrift ihres Manuskripts. Die Autorin beginnt ganz unvermittelt auf Seite 1 ihrer Aufzeichnungen und endet ebenso unvermittelt auf Seite 468 – ohne Deckblatt und ohne Namensnennung.

»Sprich, damit ich dich sehe«, ein Sokrates zugeschriebenes Zitat, das ich in Johann Georg Hamanns *Aesthetica in nuce* (1762) fand, hätte als Titel sehr schön gepasst, musste aber leider verworfen werden. Meines Erachtens trifft es den Kern von AKGs Ästhetik: Die Sprache ist alchemistische Schöpfung, und nur diese kann Objekt der Wahrnehmung sein. Oder mit negativen Vorzeichen: Kommunikation ist Leben, wo sie fehlt, ist das Nichts. Von dort kommt und dorthin mündet alles.

Nur, wie gesagt: Der Titel kam nicht in Frage, weil er schon belegt ist. *Sprich, damit ich dich sehe* oder *Rede, dass ich dich sehe* oder *Sprich, dass ich dich sehe* – das alles gibt es bereits. Einmal als Erfahrungsbericht im Umgang mit Sehbehinderten, einmal als Beitrag zur Pädagogik und einmal als Titel für eine Sammlung *Essays, Reden und Gespräche mit Christa Wolf.*

Nach einigem Kopfzerbrechen und vielen weiteren Vorschlägen beschlossen wir, das Buch *So kalt und schön* zu nennen. Die Redewendung – ein geflügeltes Wort in Lucas' Familie – geht auf dessen Großmutter zurück, die bei mancher Gelegenheit zu sagen pflegte: *Tan frío y hermoso.* Worauf sich das bezog? – Auf alles: Kraus-Góngora, die Welt, das Leben, den Nebel … Ungenau kommt in diesem Fall der Wahrheit am nächsten.

Jens Dittmar

Inhalt

Vom gleichen Autor

Basils Welt. Eine Zumutung
164 Seiten, gebunden mit Schutzumschlag

»Dittmar beschreibt in *Basils Welt* sensibel die Suche eines Vereinzelten nach Glück und Hoffnung – und das damit verbundene Scheitern. Und er tut dies sprachlich so virtuos, dass aus der vermeintlichen Prosa, dem Roman, bisweilen Poesie wird: elegant, präzise und vor allem in jeder Hinsicht berührend und bewegend.« (Olivier Berger, *Südostschweiz am Sonntag*)

Als wär's ein Stück Papier. Erzählungen
166 Seiten, gebunden mit Schutzumschlag

»Besonders lesenswert ist auch die Geschichte Pingpong und Marco Polo. Ein zunächst unschuldig wirkendes, fiktives Klammertier greift Hamster und Herrchen an. Eine Geschichte, die harmlos beginnt, endet in einem Blutbad. Dittmars Texte sind dicht, sprachspielerisch und setzen Konzentration voraus.« (Emily Walton, *Buchkultur* 139/2011)

Sterben kann jeder. Roman
170 Seiten, gebunden mit Schutzumschlag

»In erster Linie aber ist es die Kunst der subtilen Pointen, die Jens Dittmars Stil unverkennbar und seine Bücher zu besonderen Leseerlebnissen machen.« (Franz Blaha, *Driesch* 14/2013)